두 증인이 온다!

| 오수송 지음 |

Q 쿰란출판사

추천의 글

　이 책은 기독교 역사 또는 교회들에 있어서 중요한 의미를 갖는 오늘날의 상황 속에서 크리스천들의 역할이 무엇인지 진지하게 이해하고자 하는 사람들을 위한 책이다. 저자 오수송 목사의 저술들은 예언적 복음 증거 사역과 마지막 교회 시대에 관심이 있는 분들에게는 축제의 기쁨을 제공할 것이다. 이 책은 또한 세상의 영혼들을 어두움의 권세로부터 하나님의 나라로 인도하는 사역에 헌신된 신자들에게도 똑같은 기쁨이 될 것이다.

　저자의 책 《두 증인이 온다》는 요한계시록 11장에 나타난 마지막 때의 두 증인의 성경적 의미에 관한 참신한 통찰력으로 가득 차 있다. 능력으로 충만한 이 하나님의 종들이 도대체 누구인가에 대해 지금까지 다양하고 많은 해석들이 있었지만, 저자는 이 주제를 처음부터 끝까지 균형 잡힌 성경적 바탕 위에서 철저하게 분석해 놓고 있다.

　저자의 해석은 참으로 신선하고 논리적이며 시의적절하기까지 하다. 한마디로 마지막 시대를 꿰뚫는 놀라운 책이다. 우리는 이 책에 나타난 두 증인의 역할들에 대해 읽으면서 세상 속에서 우리가 어떤 사명을 감당해야 할지 이해가 명확해지고 더욱 풍성해짐을 느낀다.

나는 오늘날의 다양한 영성 운동들이 앞으로 이러한 두 증인에게서 구체적으로 나타난 미래적 영성의 바다로 흘러 들어가게 될 것임을 확신하고 있다.

후안 까를로스 오르티즈(Juan Carlos Ortiz) 목사

추천자 소개 : 최장기 스테디셀러 《제자입니까》, 《주님과 동행하십니까》 등의 저자. 세계적 영성가로서 영적 제자훈련을 통해 전 세계의 크리스천들에게 큰 영향력을 끼치고 있다.

머리말

　이 책은 초신자들을 위한 책이 아니다. 신앙생활을 오래 한 신자들을 위한 책이다. 특히 종말과 주님의 나라에 대해 고민한 적이 있는 분들을 위한 책이다. 더군다나 이 책은 눈물과 기도로 세상을 중보하며 주님만을 추구하는 오늘날의 중보기도자들을 위한 책이며 기름 부으심이 있는 미래의 예언적 복음 증거 사역을 감당하실 분들을 위한 책이다.

　선교지에서 영적 전쟁을 감당하다가 지친 선교사들과 주님의 마지막 나라에 관심 있는 교회 지도자들을 위한 책이기도 하다. 그리고 요한계시록의 말씀의 깊이를 아는 분들을 위한 책이며, 주님의 다시 오심을 사모하고 기다리는 주님의 모든 거룩한 신부들을 위한 책이다. 영성 운동과 성령의 능력 사역에 부르심을 입은 자들을 위한 책이며, 마지막 때 강력한 하나님의 군대로서의 교회론에 관심 있는 분들을 위한 책이기도 하다.

　이 책은 전적으로 하나님의 은혜 가운데 주님께서 부어 주시는 기름 부으심과 통찰력 가운데 완성되었다. 특별히 광야의 고난 가운데 '두 증인 영성 시리즈'의 첫 번째 책으로 출간되어 기쁘기 한이 없다. 요한계시록 11장에 예언된 두 증인의 영성과 사역을 통해 마지막 기독교의 모습을 말씀 그 자체를 통해 보게 하신 주님께 영광을 돌리는 바이다. 그러므로 이 책은 오직 주 예수님의 책이며 성령님이 주신 책이다.

이 책은 요한계시록에 대해 철저히 성경 해석학적 측면에서 오늘날의 영성 운동들을 바라보며 쓰였다. 그러므로 평신도로부터 종말론 연구가들까지 함께 읽을 수 있을 것이다. 이 책은 부족하지만 위에 언급한 모든 분들에게 말씀의 검을 제공할 것이며 소망 가운데 마지막 때 적그리스도와 싸워야 할 그리스도의 몸에 주님의 비전과 영적 무기들을 제공할 것이다.

성삼위 하나님께 이 책을 산 제물로 드리며 특별히 이 작은 책을 적극적으로 추천해 주신 제자훈련의 세계적인 권위자 후안 까를로스 오르티즈 목사님께 감사를 드린다. 그 외에도 많은 은혜를 허락하신 셰퍼드 대학의 이성연 총장님과 샬롬 김 박사님, 주님이 귀하게 사용하시는 윤남옥 목사님과 이 책을 위해 헌신하신 박순금 집사님, 김옥심 집사님을 비롯한 많은 집사님들과 기도해 주신 목사님들께도 감사를 드리는 바이다.

머리말

끝으로 6년간의 광야생활 가운데 묵묵히 기도와 인내로 동반해 준 사랑하는 아내 조세자 사모와 다니엘, 요셉, 그레이스 그리고 막내 모세에게 이 책을 바친다.

LA에서
2009년 4월 30일
오수송 목사

- 추천의 글_2
- 머리말_4

PART 1 세계의 영성 운동들 어디로 가나?

   chapter 1 다양한 영성 운동들_10

   chapter 2 세계를 주도하는 새로운 사도 운동과 선지자 운동_22

   chapter 3 다양한 영성 운동들이 두 증인의 바다로!_31

   chapter 4 사탄의 미혹과 공격 – 하나님의 운동들을 훼방하다_35

PART 2 두 증인이 온다

   chapter 1 두 증인은 누구인가?_40

   chapter 2 두 증인의 마지막 영적 전쟁_48

      1강 창세기에서 요한계시록으로
      2강 두 증인 – 예수님의 영적 전쟁을 계승하다
      3강 두 증인 – 하나님을 대신하여 능력을 풀어놓다
      4강 두 증인의 활동 시기 – 이스라엘의 움직임을 주시하라

   chapter 3 두 증인의 영성 – 그 비밀이 드러나다_85

      1강 구약의 선지자들과 제사장들 – 요한계시록 11장 3절에 나타난 참된 의미
      2강 두 증인 – 하늘 문이 열리다!
      3강 두 증인의 영성 – 여호수아와 스룹바벨
      4강 두 증인의 영성 – 예레미야

차례

5강 두 증인의 영성 - 모세와 엘리야
6강 두 증인의 영성 - 사도 요한
7강 두 증인 - 십자가의 그리스도

PART 3 마지막 기독교가 온다

chapter 1 대부흥이 온다_196
1강 14만 4,000명이 새롭게 해석되다
2강 세계적인 재앙과 이상 징후들 - 하나님이 말씀하시다

chapter 2 초대교회를 회복하라!_221

chapter 3 기사와 표적 - 영적 전쟁의 승리_230

chapter 4 초대교회를 지나서 마지막 교회로!_240
1강 선지자 요엘과 사도 요한
2강 야훼의 날과 주님의 재림
3강 요엘 2장이 두 증인에게도 성취되다

chapter 5 최종적인 영혼 추수_254

chapter 6 교회여, 환난을 대비하라!_260

chapter 7 교회여, 두 증인을 준비하라!_272

■ 나가는 말_277

01
PART

세계의 영성 운동들 어디로 가나?

1장 다양한 영성 운동들
2장 세계를 주도하는 새로운 사도 운동과 선지자 운동
3장 다양한 영성 운동들이 두 증인의 바다로!
4장 사탄의 미혹과 공격 – 하나님의 운동들을 훼방하다

CHAPTER 01

마지막 때의 영성과 패러다임
마지막 기독교의 소망
두 증인이 온다

다양한 영성 운동들

    지금 세상은 경제적 위기 속으로 치닫고 있다. 우리가 사는 지구의 환경은 점점 피폐해지고 교회 안에서조차 소망을 발견하기 힘든 어려운 때를 살고 있다. 모두들 이제야말로 마지막 때가 가까워 오고 있음을 피부로 느끼고 있다.

    참된 신자들은 미래에 관심을 가지고 있다. 왜냐하면 기독교 자체가 미래적이고 종말론적인 종교이기 때문이다. 교회가 위기를 만날 때마다, 그리고 참된 신자들의 무언가 답답하고 영적으로 갈급한 마음이 하늘을 찌를 때마다, 기독교가 새로워져야 한다는 교회 갱신과 개혁에 대한 절실한 필요성이 요구될 때마다,

하나님은 새로운 영성 운동들을 일으키셨다. 주님 자신이 새로운 부흥 운동들을 이 땅에 일으키시고 그분 자신의 몸 된 교회들을 새롭게 하셨다.

우리가 이 시대에 일어나고 있는 다양한 영성 운동들을 왜 주의 깊게 바라보아야 하는지 그 이유가 여기에 있다. 그러나 세계적으로 일어나고 있는 새로운 사역들과 다양한 영성 운동들을 완벽하게 이해하고 설명하는 것은 거의 불가능하다. 그럼에도 불구하고 우리가 이해할 수 있는 분명한 한 가지 사실은 이러한 영성 사역들이 어떤 큰 흐름들을 형성하며 흘러가고 있다는 것이다. 그것을 알 수 있는 가장 간단한 방법은 주님이 교회 안에 어떤 신자들을 사용하여 어떤 종류의 영성 운동을 지금 일으키고 계신가를 지켜보는 것이다.

지금 세계적으로 그리스도의 몸 안에서 진행되고 있는 주요한 흐름들을 몇 가지로 정리해 보면 다음과 같다.

첫째는 말씀 묵상 운동의 확산이다. 기독교 안에서 말씀 묵상 운동은 여전히 지속적이고 영향력이 있다. 고통스러운 인생의 위기와 세상의 문제들에 직면할 때마다 신자들은 성경 안에서 근본적인 해결책을 찾으려고 노력한다. 말씀 앞에 무릎을 꿇고 하나님의 말씀을 읽고 묵상하면서 나의 삶과 인생에 지금도 말씀하시는 주님의 음성을 듣는다. 말씀 묵상은 곧 살아 있는 영성이 된다. 그래서 말씀 사역에 탁월한 신자들이 여전히 그리스도의 몸 안에서 큰 영향력을 행사하고 있는 것이다. 예를 들면, 유진 피터슨 같은 분은 개신교의 영성 신학을 이끌고 있는 대표적인 신학자이자 목회자이다.

그에 따르면 영성이란 신자들이 일상적인 삶 속에서 하나님과 함께하는 것이며 예배와 기도가 그 통로가 된다고 본다. 그는 성경을 우리 삶의 교과서라고 말한다. 성경의 본질은 바로 우리들의 삶의 이야기가 된다는 것이다. 이와 같이 복음주의는 여전히 말씀을 사랑하고 추구한다. 말씀은 모든 것의 기초이기 때문이다. 이것은 주님이 오실 때까지 영원한 진리이다.

그러나 한쪽에서는 말씀을 너무나 사랑한 나머지(?) 말씀 자체가 우상이 되어 버린 경우도 있다. 일반적으로 개혁교회에서는 성령의 외적 은사로서의 표적과 기사를 인정하지 않는다. 찰스 핫지(Charles Hodge)는 그의 조직 신학에서 표적과 기사로서의 기적을 초대교회의 사도들과 선지자들에게만 주신 특별한 권능이요, 은총으로만 정의한다. 현재는 그러한 기적들이 사라져 버렸다고 생각한다. 그래서 오늘날 교회 안에서 두드러지게 나타나는 성령의 역사들을 무시하고 거부한다. 즉 여전히 많은 개혁주의 진영에서는 오늘날 일어나는 기적들과 은사들에 대해 소극적일 뿐만 아니라 비판적이며 경계의 눈초리를 결코 늦추지 않는다.

이와 대조적으로 한국에도 잘 알려져 있는 풀러 신학교의 선교학 교수였던 피터 와그너(Peter Wagner)는 소위 제3의 물결운동을 주창했다. 이 운동은 은사주의자들이 아닌 일반 복음주의자들이 기사와 표적을 받아들이는 운동인데, 이들이 선호하는 것은 소위 능력 전도이다. 능력 전도는 은사와 표적으로 복음을 증거하는 방법이다.

한 예를 들면, 미국의 질 오스틴 여사는 다음과 같은 간증을 한 바 있다. 어느 날 친구와 함께 저녁식사를 준비하러 동네 체인점을 방문했다. 쇼핑을 마치고 계산대에서 돈을 지불하려고 하는데 그곳에서 일하는 한 여성을 바라보는 순간, 주님께서 주시는 지식의 은사가 갑자기 그녀의 마음속에 임하게 되었다. 지식의 은사는 다른 사람의 숨겨진 비밀에 대해 전도의 목적을 위해 주님이 초자연적으로 알게 하시는 하나의 능력적 은사이다. 그 순간 질 오스틴의 입에서는 자신도 모르게 다음과 같은 말이 불쑥 튀어나와 버렸다. "요즘 간음이 잘 되어 가세요?" 그 말을 들은 여종업원은 얼굴이 시뻘개져 버렸고 급기야는 통곡하기 시작했다. 나중에 알고 보니 남편이 다른 여인과 간통을 하고 있었고 그래서 그 여종업원은 남편과의 이혼을 심각하게 고려하고 있던 중이었다. 이 여성은 이 사건을 계기로 하나님이 살아 계심을 생생하게 체험하고 예수님을 그 자리에서 영접하게 되었다. 그러나 어떤 이는 다음과 같이 능력 전도를 심하게 비판하기도 한다.

> "능력 전도는 전혀 전도가 아니다. 제3의 물결 전도 전략은 복음의 메시지를 서서히 훼손시킨다. 그 강조점은 표적과 기사에 관한 것이지, 하나님 말씀 전파에 관한 것이 아니다."

그러나 올바른 성경 묵상에서 나오는 선지자적인 메시지들이 우리의 귀에 들리는 하나님의 말씀이라면, 참된 성령으로부터 오는 기적들과 능력들은 우리의 눈에 보이는 하나님의 말씀이다. 참된 기적들과 하늘로부터 오는 능력들과 은사들은 절망과 비관적인 암울한 환경으로 가득 찬 오늘의 현실 속에서 하나님께서 그분의 긍휼 가운데 우리에게 부어 주시는 은혜의 선물이다.

그럼에도 불구하고, 우리가 기적 극단론과 능력 제일주의에 빠지는 것을 주께서는 기뻐하시지 않는다. 오직 눈에 보이는 외적인 현상에만 집착하는 것은 위험하기까지 하다. 전 세계에서 일어나고 있는 놀라운 기적들은 앞으로 이 책에서 자주 강조되겠지만 기적만이 교회 성장과 하나님 나라의 유일한 도구가 아님을 동시에 기억하자.

앞에서 언급한 말씀 묵상 운동의 중요성이 여기에 있다. 기독교 복음의 뿌리와 반석은 하나님의 말씀이다. 눈에 보이는 현상들과 기적들은 사탄이 얼마든지 모방할 수 있다. 외적 현상 제일주의는 사탄이 미혹할 수 있는 열려 있는 함정이다. 그러나 하나님의 말씀은 사탄이 감히 흔들 수 없는 주님의 견고한 진이다.

둘째는 영적 전쟁 개념의 확산이다. 1990년대 이후 피터 와그너 박사를 비롯한 많은 선교학자들은 전도와 선교 그리고 교회 성장에 있어서 영적 전쟁을 강조해 왔다. 1989년 필리핀 마닐라에서 개최된 세계 복음화를 위한 제2차 로잔 대회에서 실시된 45개의 세미나 중 참석자가 제일 많았던 세 개의 세미나는 성령, 영적 전쟁, 기도를 주제로 한 세미나들이었다.

최근에는 은사주의자들은 물론 보수주의 일각에서도 삶 속에서의 신자들의 치열한 영적 싸움이나 중보기도를 통한 영적 전쟁, 선교지에서의 능력 대결, 도시 복음화와 관련한 전략적 영적 전쟁 등 이 분야에 관심이 비상해지고 이와 관련한 각종 서적 출판이나 세미나가 성행하고 있다.

신자들의 개인적인 생활 속에서 부정적인 영향을 미치는 악령들의 정체가 드러나고 인간의 죄악과 피 흘림, 우상 숭배와 환경 파괴의 결과로 이 땅에 저주를 퍼붓는 사탄의 역사를 끊고 우리가 살고 있는 이 땅에 하나님의 나라를 회복하려는 영적인 가르침들이 확산되고 있다. 이것은 초자연적인 영적 세계에 대한 신자들의 체험과 이해가 깊어지면서 영적 전쟁 개념이 하나의 중요한 영성 운동으로 자리 잡아 가고 있다는 증거이다. 이 영적 전쟁 운동은 마지막 때가 가까울수록 그리스도의 몸 안에서 더욱 강조될 전망이다.

셋째는 영혼 추수와 마지막 때의 영적 부흥에 대한 관심이다. 많은 신자들이 마지막 때의 영혼 추수와 부흥 운동에 비상한 관심과 특별한 비전을 가지고 사역하고 있다. 예를 들면, 엘리야 학교를 운영하며 임마누엘 가스펠 센터 대표인 김종필 목사(Elijah Kim)의 경우 보스턴을 중심으로 미국 교회의 부흥과 한인 교회들의 영성 회복을 위해 강한 기름 부으심 아래 사역하고 있다. 특히 마지막 때의 부흥 운동에 부르심을 입은 분이기도 하다.

이외에도 많은 선교 단체들이 마지막 때의 영혼 추수 운동을 전개하고 있는데 그중의 하나가 '백 투 예루살렘'(Back to

Jerusalem) 운동이다. 이 운동은 원래 불교, 힌두교, 이슬람 국가들을 복음화하려는 중국 가정교회의 비전 운동이었다.

선교 단체들은 중국의 실크로드를 따라 세계의 51개국에 적어도 10만 명의 선교사를 보내는 것을 목표로 하고 있다. 이러한 단체 중에는 주님의 지상 명령을 수행하는 전문인 선교단체인 '전문인 국제협력단'(International Corporation) 즉 인터콥이 있다. 그러나 다른 선교사들은 이러한 복음의 서진 운동에 반대를 제기하고 나서기도 한다. 이 운동들이 너무 공격적이고 너무 예루살렘 중심적이라는 지적이다. 복음은 동서남북으로 퍼져 나가는 것이 성경적이라는 지적이다.

그럼에도 불구하고 나는 개인적으로 성령께서 이러한 운동들을 기뻐하신다고 믿는다. 이러한 운동들의 근본적인 취지가 영혼들을 사랑하고 주님의 마지막 지상 명령을 수행하고자 하는 열정에서 비롯되었기 때문이다.

유대인 출신으로 유대인들의 선교에 열정을 가진 분들 중 한 사람이 키이스 인트레이터 목사이다. 그는 하버드 대학을 수석으로 졸업했으며 기적적으로 예수님을 영접했다. 성경에 대한 깊은 통찰력을 가지고 성령의 기름 부으심과 마지막 때의 이스라엘의 회복과 주님의 다시 오심에 대해 말씀 사역으로 깊은 영향력을 끼치고 있다.

최근에는 종말 자체에 관심이 증가되고 있는데 이러한 마지막 때의 영성을 가지고 사역을 감당하고 있는 사역 단체들이 세계적으로 늘고 있다. 예를 들면, 미국 캔자스시티에 있는 IHOP

(International House of Prayer) 같은 중보기도 단체가 그것인데 대표인 마이크 비클의 종말론도 그러하다. 즉 주님의 재림이 우리 시대 가까이 다가왔다고 믿고 있는 것이다. 이러한 재림의 긴박성은 비단 마이크 비클뿐만 아니라 전 세계적인 성령 사역자들과 중보기도자들 사이에서 크게 공감되고 있는 주제이기도 하다.

넷째는 세계적인 중보기도 운동이다. 중보기도 운동은 현재 더욱 강화되고 있는 추세이다. 이것은 성령께서 깨어 있는 신자들을 통해 강조하고 계시는 성령의 방법이다. 예를 들면 예수전도단의 중보기도자인 조이 도우슨의 가르침과 사역을 들 수 있고, 한국인으로서는 김춘근 장로의 JAMA(북미주 예수 대각성) 운동을 들 수 있는데 이 운동은 미국의 부흥과 이민 2세들의 영적 각성을 위한 중보기도 콘퍼런스를 중심으로 이루어지고 있다. 또한 미국의 여성 사역자인 신디 제이콥스의 경우 기도 단체인 '중보기도의 장군들'(Generals of Intercession)을 설립하여 예언 사역과 중보기도 특히 세계의 복음화를 가로막는 사탄의 견고한 진을 파하는 영적 전쟁적 중보기도 운동을 전개하고 있다.

이외에도 수많은 기도하는 하나님의 사람들이 성령의 인도하심을 따라 마지막 때를 향한 주님의 계획들을 마음에 품고 기도하고 있음은 자명한 사실이다.

다섯째는 가정교회 운동과 평신도 사역 운동이다. 근래 역동적으로 움직이고 있는 또 하나의 중요한 사역 운동은 바로 가정교회 또는 셀 교회 운동으로 불리는 소그룹 운동과 이를 통해 평신도들을 제자화 내지 사역자화하는 운동이다.

이 소그룹 운동은 일반적으로 성령 운동과 병행하여 이루어지고 있다. 예를 들면, 볼프강 짐존(Wolfgang Simson)은 미래 교회의 대안으로 가정교회의 개념을 다음과 같이 강조한다: "교회는 사람들이 모여드는 구조에서 사람들에게로 나아가는 구조로 바뀌고 있다. 따라서 교회는 사람들을 '교회로' 데려오려고 시도하지 말고 교회를 사람들에게로 가져가야 한다"라고 주장하며 적극적이고 공격적인 '침투적 교회개척론'을 제시하고 있다.

그에 따르면 가정교회는 마지막 때 하나님을 아는 지식이 물이 바다를 덮음같이 유일한 구원자 예수 그리스도를 불신자들 가운데 효과적으로 전할 수 있는 선교의 중요한 도구 중 하나이다. 가정교회의 중요한 존재 목적 중 하나는 불신자들을 계속 전도하여 가정교회들의 구성원들이 서로의 삶과 신앙을 공유하며 이 세상에서 생명력을 가지고 영적으로 지속적으로 성장해 나가는 것이며, 무엇보다도 중요한 것은 각 가정들이 하나의 미션 센터로서 불신자들을 초청하여 관계 속에서 그들을 그리스도께로 인도하는 데 있다.

이러한 가정교회는 평신도 제자화라는 목적과 맞물려서 이루어지고 있는데, 오늘날 평신도들의 위치는 그리스도의 몸 안에서 점점 더 그 가치를 인정받고 있다. 예컨대, 교회 갱신 학자인 하워드 스나이더(Howard Snyder)는 다음과 같이 말한다: "만인 제사장직은 예수님의 이름으로 모든 신자를 사역자로 부르시는 우주적인 부르심이다. 오늘날 교회 해방의 최우선 과제는 하나님의 백성들을 해방시켜 사역을 감당케 하는 것이다"라고 강력하게 주장하고 있다.

이러한 만인제사장설의 기초 위에서 세계적인 명성을 얻고 있는 《제자입니까》의 저자인 후안 까를로스 오르티즈(Juan Carlos Ortiz) 목사는 모든 제사장 된 크리스천들은 각자가 하나의 교구를 가지고 있는데 그의 교구는 그의 가정, 이웃, 친구들, 동료 직장인들, 학교 친구들 그리고 그들이 미워하는 원수들까지도 포함하고 있다고 가르친다. 그리고 그 교구가 바로 그들이 생활하는 가정이며 그곳이 가정교회이다. 그리고 이 가정교회 안에서 '안수받지 않은' 평신도 사역자들이 전통적 교회 안에서 목회자들이 행하는 대부분의 사역들을 행해야 함을 강조한다. 후안 까를로스 오르티즈 목사에 따르면 이곳에서는 모든 신자들이 가르침을 받은 바대로 직접 삶 속에서 행하며 제자훈련과 선교가 실제로 행해진다.

여섯째는 예배와 삶 속에서의 거룩한 신부 운동이다. 주님께서는 깨어 있는 리더십들을 통하여 오늘날 교회들 안에서 회복되어야 할 진리들을 계속 말씀하시고 가르치신다. 그중 한 가지가 신자들이 거룩한 그리스도의 신부로 준비되어야 한다는 진리이다. 이 거룩한 신부로서의 신자들은 거룩한 주님 앞에서 자신의 깊은 죄악들을 통회하고 자복하며 주님의 영광이 자신들을 통해 나타나기를 갈망해야 한다.

그러므로 깊은 회개를 통한 거룩함의 회복은 대단히 중요하다. 나는 개인적으로 이러한 운동들이 전 세계적으로 일어나고 있는 가운데 한국 교회 안에도 귀한 사역자들이 있음을 자랑스러워하고 있다. 그들 중에는 열린교회 김남준 목사, 큰믿음교회 변승우 목사 등이 있다. 김남준 목사는 청교도 영성으로 충만한 분으로 뜨거운 영혼 사랑과 참된 회심 및 거룩함의 교리를 신자들 가운데 일깨우고 있는 분이다. 또한 변승우 목사는 올바른 구원론을 강조하며 거룩한 신부 운동과 마지막 대추수를 준비하는 분으로 알려져 있다.

또한 그리스도의 거룩한 신부가 되기 위해서는 신자들이 주님을 향한 뜨거운 첫사랑을 회복하고, 주님과의 개인적 관계에 있어서 친밀감을 누리는 것이 대단히 강조된다. 존 비비어는 이러한 친밀감에 대해 그의 책에서 주님과의 대화를 다음과 같이 간증하고 있다. 그는 영혼 추수를 위한 사역과 능력을 위해 열정적으로 기도하다가 주님의 음성을 듣게 된다.

"존, 기독교의 목표는 사역이 아니다. 너는 귀신을 쫓아내고 병자를 고치고 사람들을 구원으로 이끌고도 결국 지옥에 갈 수 있다." 그리고 덧붙이셨다. "유다는 자기 일을 버리고 나를 좇았다. 그는 병자를 치유했고 죽은 자를 살렸고 귀신을 쫓아냈다. 그러나 그는 지옥에 있다."

존 비비어는 이렇게 말한다. "사도들이 권능을 받고 나가 병든 자를 고치고 죽은 자를 살리고 귀신을 쫓아냈을 때 유다도 그 중에 있었음을 우리는 잊지 말아야 한다. 나는 얼른 여쭈었다. '그러면 기독교의 목표는 무엇입니까?' 그분께서 즉각 대답하셨다. '나를 친밀하게 아는 것이다!' 주께서는 내 마음에 속삭이셨

다. '그 친밀한 관계에서 참 사역이 나올 것이다.'

이러한 의미에서 개신교는 수도원 영성 운동에서도 배울 것이 있다고 생각된다. 주님만을 묵상하고 주님만을 추구하는 관상기도는 그 방법에 있어서 지금도 논쟁적이지만 본질은 올바르다고 본다. 즉 주님과의 친밀한 사귐이 있는 기도라는 의미에서 거룩한 그리스도의 신부로서 주님의 임재 앞에 서는 하나의 영성 훈련으로 이해하면 될 것이다.

CHAPTER 02

마지막 때의 영성과 패러다임
마지막 기독교의 소망
두 증인이 온다

세계를 주도하는 새로운 사도 운동과 선지자 운동

앞에서 말한 여러 가지 영성 운동들이 다양한 모습으로 전개되고 있지만 특기할 만한 운동은 바로 사도 운동과 선지자 운동이다. 마지막 때에 성경에 등장하는 사도들과 선지자들 같은 영성과 능력을 가진 영적 지도자들이 나타나고 있다는 것이다. '사도나 선지자 같은 명칭을 직접적으로 사용하는 것이 성경적인가' 라는 의문도 제기되지만 주님께서 이러한 사도적 또는 선지자적 신자들을 교회 안에서 회복시키며 마지막 때에 주님의 나라를 위해 강력하게 일으키고 계신다는 것은 분명한 사실이다. 이 운동은 은사주의자들이나 오순절주의자들뿐만 아니라 교단과 교파를 초월하여 그리스도의 몸 안에서 빠르게 확산되고 있다.

최근에 피터 와그너 박사는 소위 신사도 개혁 운동을 주도하고 있다. 그는 이 시대에 새로운 사도들과 선지자들의 출현을 본다. 그는 초대교회가 그 기초를 놓았던, 그러나 현대 교회들이 잃어버린 사도들과 선지자들의 부활을 강조한다. 현대 교회에는 복음 전하는 자들과 목사들과 교사는 존재하지만 초대교회에서 가장 중요시했던 사도들과 선지자들을 잃어버렸다는 것이다.

> "그가 어떤 사람은 사도로, 어떤 사람은 선지자로, 어떤 사람은 복음 전하는 자로, 어떤 사람은 목사와 교사로 삼으셨으니 이는 성도를 온전하게 하여 봉사의 일을 하게 하며 그리스도의 몸을 세우려 하심이라"(엡 4:11~12).

사도 바울이 에베소서에서 언급한 위의 다섯 가지 직분을 오중직임이라고 부르며 성령께서 이제는 이 잃어버린 초대교회의 영적 기초들-특히 사도들과 선지자들-을 회복하고 계신다는 것이 그의 핵심적인 주장이다.

초대교회에서 일어났던 기적들이 이제는 이미 사라졌다고 믿는 신자들에게는 위의 개념이 어리석은 주장으로 보일 것이다. 또한 초대교회에서 주도적 역할을 감당했던 사도와 선지자들이 당시 1세기 교회들을 이 땅에 일으켜 세우고 단지 성경을 완성하기 위해 하나님이 '일시적으로' 사용하셨던 직분이라고 믿는 교회들에게는 이단적인 주장으로 보일 수도 있다. 그러나 사도직과 선자자직의 회복은 하나님의 구속의 완성과 맞물려 마지막 기독교 시대로 넘어가는 현 시점에서는 대단히 귀중하고 성경적인 통찰력이다.

> "그러므로 이제부터 너희는 외인도 아니요 나그네도 아니요 오직 성도들과 동일한 시민이요 하나님의 권속이라 너희는 사도들과 선지자들의 터 위에 세우심을 입은 자라 그리스도 예수께서 친히 모퉁잇돌이 되셨느니라"(엡 2:19~20).

사탄은 진실로 하나님의 사도들과 선지자들을 두려워한다. 하나님의 사도들과 선지자들은 그 옛날, 1세기 로마 제국 안에서 전 세계적으로 강력하게 구축된 사탄의 왕국을 피 묻은 그리스도의 복음으로 파괴시키며 정복해 들어갔던 바로 그 주인공들이기 때문이다. 복음을 위해 목숨을 아끼지 않았던 순교자들을 영적 전쟁의 최전선에서 지휘했던 하나님의 사령탑이 바로 사도들이요, 선지자들이었다. 사탄은 그때의 악몽을 되풀이하기를 원치 않는다. 그래서 사탄은 중세기의 영적 암흑 시대인 가톨릭 왕국 시대를 지나 현대에 이르기까지 사도와 선지자의 개념이 하나님의 교회 안에서 오랜 세월 동안 잊혀지고 무시되도록 몸부림을 쳐 왔다. 그런데 오늘날 성령께서 그토록 사탄이 두려워하는 사도적 직분들과 선지자의 능력들을 지금 교회 안에서 회복시키고 계신 것이다.

피터 와그너는 교회 안에 새롭게 등장하는 이러한 사도들과 선지자들 그리고 기사와 표적들이 새로운 시대를 이끌고 나갈 것임을 굳게 믿고 있다. 물론 피터 와그너의 이러한 신사도 개혁 운동이 가지는 한계점도 분명히 있다. 그는 2000년 과테말라 시의 한 스타디움에 전 세계에서 사도적 네크워크를 이끌고 있는 12명의 지도자들을 불러모아 신자들 앞에서 사도들로 공식 선포하는 공개 위임식을 열었다. 물론 우리는 사도적 권세와 선지자적 은사들을 존중해야 한다. 그럼에도 불구하고 주님께서 이들이 공개적인 사도들로 취임식을 갖는 것을 과연 기뻐하시겠는가?

초대교회의 사도들이 사도적 직분으로 주님의 부르심을 받은 것은 틀림없다. 그러나 그들이 교회 공동체 가운데 공개적인 취임식을 가진 후 사역을 감당했는가? 아니다. 사람들은 베드로와 다른 제자들 가운데 의심할 바 없이 드러나는 주님의 함께하심과 놀라운 하나님의 영광, 기적적 능력과 헌신적 섬김의 리더십 때문에 그들을 하나님의 참된 사도들로 인정한 것이다.

사람들 앞에서 스스로 사도로, 선지자로 자처하는 것은 위험한 일이며 교만한 일이다. 차라리 사도적 권세를 어느 순간 주님으로부터 받았다고 겸손하게 이야기하자. 너무나 부족한 자신이 수행해야 할 사역의 성격 때문에 자신에게 선지자적 능력이 임했다고 조심스럽게 간증하자. 그렇게 하는 것이 덕스러운 일이다.

확신컨대, 현재 피터 와그너가 주도하는 이러한 류의 운동들이 하나님께서 사용하시는 하나의 영성 운동임을 부인할 수는 없다. 이 운동에는 사도적 권세와 사도적 네트워크 개념, 하나님의 나라를 위한 전략적 영적 전쟁 등 마지막 때에 성령께서 그리스도의 몸 된 교회 공동체에 허락하시는 귀중한 통찰력들로 가득 차 있다.

그리고 이러한 영성 운동 가운데 우리가 기억해야 할 하나의 진리가 있다. 주님께서 보여 주시는 하나의 증거가 있다. 그것은 하나님은 여전히 전 세계적으로 사도적 리더들을 세우고 계시며 새로운 기사와 표적들을 확산시키고 계신다는 사실이다. 이것이 마지막 때에 그리스도의 몸 안에서 대단히 필요하기 때문이다.

앞으로 당분간 전 세계의 영성 운동들을 주도할 운동이 바로 이 새로운 사도 및 선지자 운동인데, 이 운동은 기본적으로 오순절신학이나 은사주의 능력들을 포함하고 있다. 이 운동은 초대 교회의 회복 차원에서 성령께서 강력하게 일으키시는 사도적 사역이나 선지자적인 영역의 차원에서 일어나고 있다. 이 운동은 현재 그리스도의 교회 안에서 강력하게 일어나는 영적 체험과 무관하지 않다.

즉 세계는 지금 유례 없는 지혜와 계시의 능력이 쏟아지고 성령의 강력한 기름 부으심을 경험하고 있으며 하늘이 우리 앞에 크게 열리고 있음을 목격하고 있다. 2008년에 미국의 베일러대학교 종교학연구소가 주관한 조사 연구 결과에 의하면 미국인들의 절반 정도가 적어도 두 번 정도는 초자연적인 경험을 했으며 보수적인 개신교인, 특히 오순절 교회, 하나님의 성회, 침례교

소속 기독교인들이 진보적 개신교인들과 로마 가톨릭 교회 교인들 그리고 유대인들에 비해 그러한 영적 체험을 더욱 많이 하는 것으로 나타났다.

이 체험들을 구체적으로 살펴보면 수호천사를 통해 위험으로부터 구출된 것(55%), 하나님이 무슨 일을 하도록 부르심(44%), 기적적인 육체적 질병 치유(23%), 하나님의 음성을 들음(20%) 등이었다. 이 대학의 크리스토퍼 베이더 교수는 "이것은 우리의 조사에서 우리를 가장 놀라게 했던 결과"라고 말한 바 있다. 또한 최근에 이슬람 권에서 사역하는 선교사들의 간증에 따르면, 비록 흔한 경우는 아니지만, 기독교로 개종한 일부 무슬림들은 꿈이나 환상을 통해 예수님이나 천사의 방문을 받고 기독교의 복음을 받아들이기로 결심했다는 것이다. 이러한 이야기는 초자연적인 세계의 실재를 단적으로 말해 주고 있다.

이러한 초자연적인 영역에서의 계시와 확장은 많은 사역자들을 통해 전 세계적으로 꾸준하게 이루어지고 있다. 예를 들면, 남미의 부흥사인 까를로스 아나콘디아는 아르헨티나 부흥의 주역이다. 그는 첫 5년의 사역 기간 동안 100만 명의 결신자들을 낸 바 있으며 30일에서 40일 동안 계속되는 집회에서 평균 4만여 명의 결신자를 이끌어 낸 세계적인 부흥사이다. 그는 대중 축귀 사역자로 유명하며 각종 질병이 치유되는 역사가 일어났다. 그의 대중 집회 사역으로 많은 불신자들이 교회로 몰려옴으로써 그는 남미의 전반적인 교회 성장에 큰 역할을 감당한 능력 사역자이다.

그리고 캐나다의 부흥사 토드 벤틀리(Todd Bentley)는 짧은 기간이었지만 소위 '플로리다 치유 부흥'으로 한때 유명세를 타기도 했다. 그에 따르면 '치유의 부흥'이라는 이름의 천사와 '변화의 바람'이라는 천사가 자기 사역에 이적을 가져온다고 한다. '치유의 부흥' 천사의 경우, 주님이 이 천사가 1940, 1950년대 '늦은 비 부흥' 때의 유명했던 미국의 치유 사역자 윌리엄 브랜함(William Branham)과 함께했던 천사라고 말씀하셨다고 주장한 바 있다. 벤틀리는 안수를 통해 기름 부으심과 능력의 임파테이션(Impartation-은사의 나눔) 사역으로 유명했으며 그의 치유 집회의 경우, 예수님의 십자가에 관한 설교가 없고 그의 온 몸을 덮은 문신과 이상한 느낌을 주는 몸치장 등으로 논쟁의 대상이 되기도 했다. 결국 그의 사역 단체인 Fresh Fire Ministries의 한 여성과의 불건전한 관계 때문에 공식적인 사역에서 중도 하차한 바 있다.

그럼에도 불구하고 이와 같은 기적적인 치유를 동반하는 부흥의 바람은 주님께서 사용하시는 신자들과 사역자들을 통해 지속적으로 일어날 전망이다.

그리고 아프리카에서는 이미 잘 알려진 독일의 부흥사 라인하르트 본케 목사의 특별한 능력 사역이 유명하다. 최근에는 나이지리아에서 세계적인 선지자 조수아를 통해 놀라운 기적들과 치유의 역사가 강력하게 일어나고 있다. 이외에도 복음 전도자 마헤쉬 차브다는 그의 치유 사역을 통해 지금도 강력한 그리스도의 복음을 세상에 전파하고 있다.

여성 사역자인 하이디 베이커의 경우, 아프리카 모잠비크를 중심으로 1,000개 교회를 개척하고 그리스도의 긍휼과 사랑으로 1,000명이 넘는 고아들을 돌보는 놀라운 사역을 전개하고 있다. 특별히 그 가운데 수많은 기적들이 일어나는 사도적 사역을 전개하고 있다.

이외에도 많은 신자들이 지금 세계 각지에서 사도적 사역을 전개하며 초대교회 사도들의 능력과 기름 부으심을 그대로 경험하고 있다.

또 한 가지 주목할 만한 사실은 주님이 전 세계적으로 많은 능력 있는 선지자와 예언 사역자들을 일으키고 계신다는 것이다. 예를 들면 릭 조이너도 그러하다. 그는 이 시대의 기름 부음 받은 목사요, 교사요, 예언자다. 성경과 교회사에 대한 깊고 예리한 통찰력으로 이 시대를 향한 하나님의 예언적인 메시지를 전 세계 교회에 전하고 있는 하나님의 그릇으로 알려져 있다.

또한 밥 존스(Bob Jones)는 선지자 중의 선지자라고 일컬어지는 분인데 그는 시대들을 이렇게 예언했다. 즉 1980년대는 하나님의 선지자들이 일어나며, 1990년대에는 사도들이 일어나는 시기로, 2010년대에는 하나님에 대한 믿음 운동이 일어나며 추수꾼들이 준비되고 대추수가 진행될 것이며, 2030년대에는 하나님의 가정들이 그리스도 안에 연합을 이루고, 2060년대에는 하나님의 교회들을 통해 놀라운 영광이 드러나며 수억의 청소년들이 그리스도께로 돌아올 것이라는 것이다.

물론, 릭 조이너와 밥 존스에 대해서도 일부의 비판적인 여론

이 여전히 존재한다. 그러나 우리는 두 가지 사실을 기억할 필요가 있다. 첫째는 능력 사역이나 영성 사역에 대해서는 주님이 오실 때까지 이단 시비가 끝나지 않을 것이라는 사실이다. 둘째는 이러한 능력 사역에 관계된 사역자들이 언제든지 타락할 위험성을 내포하고 있다는 사실이다.

주님의 교회들이 겸손한 마음으로 받아들여야 할 한 가지 사실은 진리의 성령께서 마지막 때에는 사도적 능력과 선지자적 영성을 가진 수많은 신자들을 전 세계적으로 일으키시고, 주님의 재림을 준비하도록 그분의 몸 된 교회들을 깨우기 원하신다는 것이다.

CHAPTER 03

마지막 때의 영성과 패러다임
마지막 기독교의 소망
두 증인이 온다

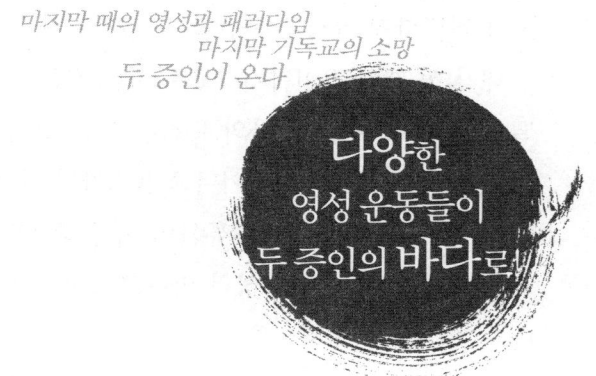

다양한 영성 운동들이 두 증인의 바다로!

위에서 간단히 살펴본 바와 같이 세계적인 여러 가지 사역들과 영성 운동들이 지금 활발하게 진행되고 있다. 동시에 앞으로의 시대는 시간이 흐를수록 정확한 영 분별이 요구되는 시대가 될 것이다.

우리는 다양한 영성 운동들을 추진하는 각 사역 단체들로부터 피상적인 장점들과 단점들을 지적해 낼 수는 있다. 그러나 그들의 영성 깊숙이 자리 잡고 있는 진실을 간파하기는 그렇게 쉽지 않을 것이다.

유일한 진실은 그들의 사역과 영성 운동들을 향한 주님의 평가이다. 사실 중요한 것은 주님께서 그들을 어떻게 평가하시고 그들의 사역을 어떻게 보시는가 하는 것이다. 이 문제는 각 사역자와 주님과의 일 대 일의 관계에서 결정될 것이다. 우리는 최대한 참된 주님의 역사들을 분별하려고 노력해야 하겠지만, 어느 누가 완벽하게 그것을 분별할 수 있겠는가?

내가 이 책에서 이야기하고자 하는 것은 그들의 사역을 영 분별 하는 것이 아니다. 나의 목적은 지금 일어나고 있는 영성 운동들의 전반적인 흐름이 어디로 흘러가고 있는가를 파악하는 것이다. 각 영성 운동들의 지류들이 어떤 강으로 흘러 들어가고 있고 마지막으로 어떤 영성의 바다로 모이는가를 예상하는 것이다.

다시 말해, 지금 성령께서 이러한 영성 운동들을 통해 그리스도의 몸인 교회들을 이 마지막 때에 어떤 방향으로 인도하고 계신가를 예측하는 것이다.

우리가 이 큰 그림들을 볼 수 있을 때 각 영성 운동이 가지는 작은 오류나 실패에 연연하지 않고 주님이 원하시는 궁극적인 목표를 향해 달려갈 수 있기 때문이다.

내가 생각하는 큰 강의 물줄기는 바로 사도적 운동과 선지자적 운동이다. 이 영성의 물결은 지금까지 우리가 생각해 왔던 단순한 오순절 운동이나 은사주의 운동보다 훨씬 더 포괄적이며 미래 지향적이다.

지금까지 언급했던 모든 영성 운동들이 각자가 독립적으로 주님이 이 땅에 다시 오실 때까지 존재할 것이지만 그럼에도 불구하고 이 사도적 운동은 전 세계적으로 지속적인 영향력을 미치며, 앞으로도 기독교의 큰 물줄기로서 신자들을 이끌어 갈 것이다.

앞으로의 시대는 많은 사람들이 공감하듯이 영성과 정신 세계의 시대이다. 초자연적인 세계에 대해 더 많은 사람들이 갈급해하고 그 해답을 찾기 위해 몸부림칠 것이다. 그 중심에 이 사도 운동과 선지자 운동이 놓여 있다. 이 운동은 지금 주도하고 있는 신자들이 은사주의자들이든, 정통적인 교단에 속해 있는 신자든 관계없이 초교파적이고 전 세계적으로 확산되고 있는 성령의 참된 운동이다.

영적 전쟁이라는 지류도, 주님과의 친밀감 운동이라는 지류도, 말씀 운동이라는 지류도, 영적 추수 운동과 종말론이라는 지류도 모두 이 강으로 흘러 들어간다. 그리고 이 하나님의 강은 도도히 흘러 종국적으로 큰 바다에 이를 것이다.

그렇다! 지금 주목하라! 지금 일어나고 있는 사도적 운동과 선지자 운동이 궁극적으로 도달할 이 큰 바다를 주목하라! 내가 이 책에서 핵심적으로 이야기하고자 하는 것이 바로 이 큰 바다이다! 그리고 내가 생각하는 그 큰 바다는 바로 요한계시록의 영성이라는 바다이고, 특히 요한계시록 11장에 등장하는 '두 증인의 영성'이라는 바다이다! 이것을 지금부터 이 책에서 다루게 될 것이다.

리처드 포스터(Richard J. Foster)는 예수님으로부터 시작하여 2,000년 동안 흘러온 기독교의 여섯 가지 영성을 묵상, 성결, 카리스마, 사회 정의, 복음 전도, 성육신으로 본다. 이러한 영성 운동들은 기독교 안에서 각각 발전되고 계승되어 온 것이다. 그러나 마지막의 마지막 때에는 지금 전개되고 있는 기독교의 주요한 영성 운동들이 두 증인의 영성 운동에서 조화를 이루고 통합될 것이다.

왜냐하면 이 두 증인의 영성과 사역이야말로 주님의 재림 직전에 일어날 기독교의 마지막 통합적인 영성 운동이며, 마지막 기독교의 모습 그 자체이기 때문이다. 이 사실은 이 책의 마지막 부분에서 다시 한 번 언급될 것이다.

04 CHAPTER

마지막 때의 영성과 패러다임
마지막 기독교의 소망
두 증인이 온다

사탄의 미혹과 공격
— 하나님의 운동들을 훼방하다

 성경에서 '증인들' 이란 단어는 얼마나 소중하고 귀한가? 신자들은 땅 끝까지 복음을 전하는 증인들이다. 그러나 사탄은 증인이라는 단어를 '여호와의 증인'과 연관시켜 그 참된 의미를 짓밟아 버린다. 주님의 재림은 얼마나 중요한 진리인가? 재림 신앙은 기독교의 처음이요 마지막이다. 그런데도 주님의 다시 오심을 강조하면 시한부 종말론으로 매도해서 비틀어 버린다. 이 얼마나 가증한 사탄의 공격인가?

 사탄은 예수님을 믿는 많은 신자들을 진리를 왜곡하는 미혹과 속임의 도구로 사용한다. 많은 사람들은 그것이 사탄의 속임

수인 줄도 모르면서 예수님의 이름으로 새롭게 일어나는 하나님의 참된 운동들을 강도 높게 비판한다.

한국의 복음주의 목사님들 중에도 최근 일어나는 성령 운동을 호되게 비판하고 매도하는 분들이 많다. 그분들은 강단에서 말씀 대신 능력을 과시하는 해괴한 일들이 벌어지고 있다고 고발한다. 예언을 하고, 악령을 쫓아내고, 방언을 하는 신비주의적 영성이 교회를 진리에서 떠나게 한다고 역설한다. 이것이야말로 목사가 양복만 입었지 무당이 하는 일과 뭐가 다르냐고 개탄한다.

미국에서도 예외가 아니다. 미국 캘리포니아에서 그레이스 채플을 담임하는 존 맥아더 목사도 그런 분들 중 한 분이다. 존 맥아더 목사는 탁월한 성경 교사와 강해 설교자로 잘 알려져 있으며 미국의 복음주의 교회 안에서 영향력이 있고, 한국에서도 잘 알려져 있다. 그러나 소위 은사주의 운동에는 무서울 만큼 냉혹하다.

주님이 오늘날 세계 속에서 행하시는 성령 안에서 도도히 흘러가는 큰 강과 물줄기들-하나님의 참된 운동들-을 인간의 얄팍한 책상 신학과 편협한 본인 위주의 체험을 바탕으로 무섭게 비판하며 거스르는 경우가 많다.

마지막 때에 행하시는 성령의 역사들을 극단적 신비주의로 보고 무조건 사탄의 역사로 매도하는 분들을 볼 때 나는 때때로 두려울 때가 있다. 그것은 주님의 성령을 탄식하게 하고 훼방하는 무서운 죄를 범하지나 않을까 하는 염려 때문이다.

우리가 이해할 수 없는 영적인 현상이나 체험에 대해 우리가 할 수 있는 말은 이런 것이다. "저는 그러한 현상에 대해서는 잘 모르겠습니다. 그러므로 함부로 비판하기를 원치 않습니다." 새로운 하나님의 역사는 교회 밖이 아니라 바로 교회 안에서 방해를 받고 비판을 받게 되어 있다. 사탄의 견고한 진이 바로 전통과 제도를 자랑하며 잠자는 교회들 안에 존재하기 때문이다.

예전에는 말씀 중심의 '개혁주의 영성 운동'과 은사와 능력 추구의 '오순절 영성 운동'이 서로 마찰을 빚으며 평행선을 유지했다. 그러나 요즘에는 이 두 가지 영성 운동이 균형을 이루며 통합되는 추세이다.

이 글을 읽는 독자들의 성향과 신학에 따라 달리 생각할 수도 있겠지만, 예언과 축귀와 방언 운동은 무당들의 점치는 행위와 귀신 쫓아내는 푸닥거리와 주문을 모방한 것이 아니다. 오히려 그 반대이다. 사탄은 하나님의 우주 창조 이후 성령의 능력과 은사들을 끊임없이 모방하면서 영혼들을 미혹시키고 자기만의 악의 세계를 구축해 왔다. 그래서 이 세계 안에는 참된 성령의 능력들과 지옥의 능력들이 공존해 있는 것이다.

중요한 것은 은사와 능력 그 자체를 거부하는 것이 아니라 정확하게 영 분별 하는 것이다. 만일 오늘날의 교회에 말씀만 존재하고 성령의 능력을 잃어버린다면, 초자연적인 현상과 역사를 추구하는 포스트 모더니즘 사회 속의 갈급한 많은 영혼들을 잃어버릴 것이다.

교회 안에서 잃어버린 영적인 능력 대신 그들은 무당이나 점쟁이, 점성술, 마술, 초월 명상, 최면술, 초능력술, 접신술, 뉴에이지 운동 등을 통해 영적인 갈급함을 해소하려고 방황할 것이다. 그러나 그 끝은 영적인 멸망과 지옥 불이다. 주님이 이 영혼들을 사탄에게 **빼앗기기**를 원하시겠는가? 절대 아니다! 주님은 영적으로 깨어 있는 그분의 교회들에게 사탄이 절대로 흔들 수 없는 말씀과 하늘의 능력들을 부어 주셔서 영혼들을 되찾으실 것이다.

마지막 때의 두 증인도 그럴 것이다. 이들이 행하는 수많은 기적들 때문에, 세상과 타협하지 않고 외치는 마지막 때의 메시지 때문에 두 증인은 수많은 기존의 복음주의 교회들로부터 이단으로 비판당하고 정죄될 것이다. 이 참된 하나님의 종들이 사탄의 권세가 지배하는 세상의 미움을 받을 뿐만 아니라 교회 안의 다른 형제자매들에게서 오해와 미움을 받는 경우가 발생할 것이다.

02
PART

두 증인이 온다

1장 두 증인은 누구인가?
2장 두 증인의 마지막 영적 전쟁
3장 두 증인의 영성 – 그 비밀이 드러나다

01 CHAPTER

마지막 때의 영성과 패러다임
마지막 기독교의 소망
두 증인이 온다

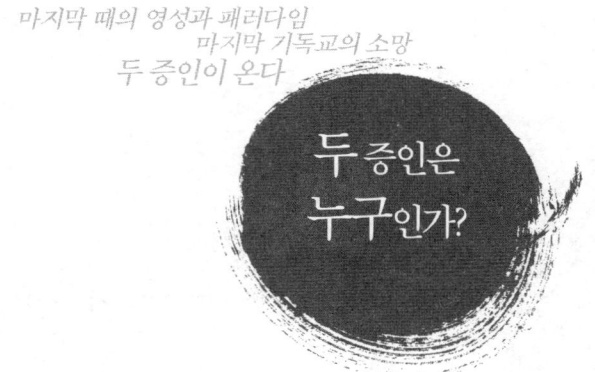

두 증인은 누구인가?

　주님의 나라를 위해 눈물로 기도하는 이 땅의 많은 중보기도자들에게는 항상 마음의 갈급함이 존재한다. "마지막 때 주님의 나라를 위해 어떻게 효과적으로 기도할 것인가?"
　주님이 주시는 지혜의 영으로 충만한 사역자들도 앞으로의 사역의 방향과 비전을 놓고 마음의 갈등이 있다. "미래의 기독교는 어떻게 흘러갈 것이며 마지막 때 주님의 나라를 위한 하나님의 전략은 과연 무엇인가?"
　때로는 선교지에서 영적 전쟁을 감당하는 선교사들과 마지막 때의 영적 추수와 부흥을 기다리는 깨어 있는 신자들은 한결같이 마지막 때에 관해 주님이 보여 주시는 계시적 깨달음에 목말라하고 귀중한 통찰력들을 얻고 싶어 한다.

이러한 마지막 때에 관한 중요한 하나님의 전략들과 계시들 중 하나가 바로 요한계시록에 나타난 진리들이며, 또한 요한계시록 11장에 등장하는 두 증인과 관련된 진리이다. 그러므로 영적으로 깊은 차원에 들어간 많은 신자들이 두 증인에 대해 알고 싶어 하는 것은 당연한 이치이다.

사도 요한은 그의 계시록에서 다음과 같이 기록한다.

"내가 나의 두 증인에게 권세를 주리니"(계 11:3).

그렇다면 두 증인은 도대체 누구인가? 하나님의 사역자들인가, 아니면 교회에 대한 단순한 상징적 의미인가? 그도 아니면, 마지막 때의 어느 날, 모세와 엘리야가 홀연히 하늘에서 다시 내려와 죽어 가는 영혼들을 구원하는 것인가?

복음주의 교회들 안에서 가장 널리 받아들여지는 해석은 두 증인이 교회 공동체를 나타내는 상징적 의미라는 것이다. 그렇기 때문에 요한계시록 11장은 그리스도의 초림부터 재림 때까지 교회 공동체가 경험하는 박해와 어려움, 그리고 교회의 능력과 휴거를 나타내는 것으로 해석한다. 이것은 요한계시록 11장 4절의 '두 증인=두 감람나무=두 촛대'라는 등식에 근거하여 촛대가 계시록적 이미지로 볼 때 교회를 상징하므로(계 1:20) 두 증인을 교회 공동체로 해석해야 한다는 입장이다. 그래서 교회는 그리스도의 초림부터 재림 사이의 기간에 복음을 전하는데 불 같은 엘리야와 모세의 권세로 사역한다는 것이다.

그러나 나는 두 증인을 마지막 때 '엘리야와 모세와 같은' 사역자들로 간주한다. 왜냐하면, '두 증인=두 촛대(교회의 상징)'일 뿐만 아니라 '두 증인=두 감람나무', 즉 두 증인이 역사적 실존 인물이었던 대제사장 여호수아와 총독 스룹바벨을 상징하고 있기 때문이다.

이 사실은 중요한 두 가지 진실을 말해 준다. 첫째는 두 증인이 역사적 교회 공동체와 뗄 수 없는 절대적인 관계를 가지고 있다는 것이다. 즉 두 증인은 이 땅의 교회와 관계없이 하늘로부터 내려오는 모세와 엘리야가 아니다. 두 증인의 기반은 바로 이 땅의 교회들이다. 그들은 역사적인 이 땅의 참된 교회들 안에서 신학적으로 준비되고 영적으로 훈련받고 마침내 능력으로 쓰임 받을 것이다.

두 번째 진실은, 두 증인은 우리가 추상적으로 생각하는 교회 공동체의 개념이 아니다. 설령, 두 증인이 교회 공동체의 상징적 의미라고 해도 교회 공동체가 건물이 아닌 '신자들의 모임'이라고 볼 때 결국 두 증인은 인간인 신자들이 된다. 그들은 실제적인 하나님의 신자들이다. 그렇기 때문에 사도 요한은 하나님께 쓰임 받았던 역사적인 두 인물인 대제사장 여호수아와 총독 스룹바벨의 이미지를 두 증인에게 예언적으로 적용시키고 있는 것이다.

그러므로 두 증인은 역사적 교회 공동체를 바탕으로 마지막 때에 하나님의 권능으로 나타날 주님의 참된 사역자들을 의미하는 것이 된다.

여기에서 우리는 또 한 가지의 의문을 갖게 된다. 즉 두 증인은 오직 두 사람만을 의미하는 것인가? 마지막 때에 두 사람으로 구성된 두 증인이 나타나 전 세계의 교회들을 인도하는 것인가? 주님께서 과연 그런 계획을 마음에 간직하시고 마지막 때의 시나리오를 작성하고 계신가? 이 질문에는 두 가지의 대답이 필요하다. 첫째 대답은 아니라는 것이고, 두 번째 대답은 그렇다는 것이다.

첫 번째 대답은 두 증인은 두 사람이 아니라는 것이다. 왜냐하면 성경에서 증인을 요구할 때는 두세 사람 이상을 의미했기 때문이다(민 35:30; 눅 10:1). 즉 넓은 의미에서 두 증인은 복수 개념의 많은 신자들로 형성된다.

마지막 때에는 두 증인의 영성과 능력을 가진 신자들이 그리스도의 몸 된 교회 안에서 수없이 많이 나타날 것이다. 이 책을 읽는 독자들 중에도 많은 영적 체험을 한 분들이 있을 것이다. 인간의 이성을 뛰어넘는 마지막 때에 관한 지식과 계시적 통찰력을 부여받은 분도 있다. 그런 분들 중에는 천국과 지옥에 대한 체험적 지식을 지닌 분도 많다.

한 국가와 각 족속을 위한 특별한 중보기도의 은사와 사명을 받은 분도 있다. 때로는 주님의 보좌 앞으로 그 영이 이끌림을 받는, 깊은 차원의 입신이나 환상을 경험한 분도 있다.

내가 아는 어떤 분은 자신이 교회당에서 엎드려 기도 중에 기도하는 자기를 내려다보고 있는 또 다른 자신을 생생하게 바라보았다. 그리고 내려다보고 있는 자신을 바로 그 위에서 또다시 바라보고 있는 또 다른 자신을 인식하곤 혼란을 경험한 적이 있다. 이것을 영적인 몸, 혼적인 몸, 육체적인 몸으로 이해할 수 있는지 나도 모르겠지만, 우리는 놀랍고 다양한 영적 경험들을 많은 평범한 사람들이 체험하고 있는 마지막 때에 살고 있다.

어떤 분은 자신이 받은 감당할 수 없는 기적적 능력의 기름 부으심 때문에 내심 잘못될까 두려워하며 고민하는 분도 있다.

이 시대에는 하늘이 땅에 매우 가까이 내려오고 있다는 느낌이 든다. 수많은 신자들이 놀라운 초자연적인 영역을 거닐며 영적 권능 안에서 주님의 나라를 위해 사역하는 법을 배우고 있다.

이들이 모두 두 증인이라고 불리는, 넓은 의미의 리더십 그룹에 속할 수 있는 잠재적인 신자들이다. 따라서 두 증인은 수천 명이 될 수도 있고 수만 명이 될 수도 있다.

두 번째 대답은 두 증인은 오직 두 사람만을 의미한다. 요한계시록 11장에 예언된 두 증인은 오직 두 사람이다. 주님께서 위에서 언급된, 포괄적인 의미에서의 두 증인 그룹 가운데 특별히 두 사람을 선택하실 것이다. 이들은 마지막 때에 특별한 사명을 가지고 예루살렘에 선교사로 보냄을 받게 될 것이며, 그곳에서 요한계시록 11장의 사건을 문자적으로 성취할 것이다.

이러한 두 증인 그룹은 현재의 기독교 세계와 전 세계의 교회들을 지도하는 리더 그룹에서 등장할 것인가? 아마도 아닐 것이다. 이러한 두 증인적 리더십은 의외로 그 이름이 전혀 알려지지 않은 무명의 용사들 가운데서 탄생될 것이다.

이것은 합리적이다. 왜냐하면 기독교의 주요 부흥 운동들의 주역으로 쓰임 받았던 하나님의 사람들은 기존 복음주의 운동의 중앙 무대에서 활동하던 사람들이 아니었다.

기존의 많은 영적 지도자들이 자신의 사역이 세계화되고 조직화되면서 순수함과 거룩함을 잃어버리고 타락해 갔다. 그래서 하나님께서는 더 이상 그들을 사용하실 수가 없었다. 하나님은 새로운 시대적 사역을 위해 주님의 말씀과 음성에 절대적으로 순종하는 사람들을 찾기 시작하셨다. 그때마다 주님은 기독교 안에서 이름 없는 무명의 용사들을 택해서 주님이 인도하시는 새로운 부흥 운동을 주도하게 하셨다. 이들은 어느 누구도 주목하지 않았던 기독교의 외곽 지대에서 등장했다. 새 포도주는 새 부대에만 담을 수 있기 때문이다(눅 5:36~39).

앞으로 마지막 때의 최종적인 '새 술'(new wine)은 전혀 새로운 내용물(new software)이 될 것이며, 이 새로운 내용물은 바로 두 증인의 영성이 될 것이다. 그리고 이 새로운 내용물은 마지막 때의 패러다임을 가진 두 증인적 교회라는 '새 부대'(new wineskin) 즉 새로운 그릇(new hardware)에 담기게 될 것이다.

그러므로 기대하라. 주님이 새로운 시대에 쓰시고자 하는 새로운 그릇이 바로 당신일 수도 있다. 이 글을 읽는 무명의 당신이 바로 두 증인이 될 수도 있다! 당신이 주님의 새로운 역사에 대해 겸손함으로 그 마음이 열려 있다면, 주님이 당신을 마지막 시대에 사용하실 것이다.

다시 말하거니와 최근 전 세계적으로 볼 때 주님의 직접 방문을 받는 사람들이 점차 늘고 있다. 천사들의 방문과 천국과 지옥에로의 입신, 예언과 기적들, 치유와 축귀 능력의 기름 부으심은 상상을 초월할 정도로 말 그대로 그리스도의 몸 안에 쏟아 부어지고 있다. 이러한 현상들은 주님의 재림이 급속히 가까워오고 있다는 징조들 중의 하나이며, 장차 마지막 때에 나타날 수많은 두 증인의 준비 단계로 보아야 한다.

따라서 나는 두 증인을 역사적 교회 안에서 모세와 엘리야의 능력을 행하며 거룩함과 진리의 능력으로 세상을 깨우는 사도들이요, 선지자 그룹으로 간주한다.

이들은 장차 전 세계적으로 나타날 적지 않은 수의 능력과 권세를 받은 하나님의 종들이다. 이들은 영적으로는 초대교회의 사도들을 계승할 것이다(행 1:8). 그리고 동시에 이들은 하나님 앞에 충성된 증인이며(계 1:5), 그리스도의 종들이고 순교 당한 안디바의 영적 후예들이다(계 2:13).

포스트 모더니즘 시대는 각자의 개성을 존중한다. 내가 잘났으면 다른 사람도 잘났다. 그런데 이해할 수 없는 한 가지 사실은 그럼에도 불구하고 이러한 시대에도 소위 '영웅'을 요구한다는 것이다. 인간은 영웅의 탄생에 대해 한편으로는 질투하고 시기하면서도 다른 한편으로는 그 영웅으로 인해 기뻐하고 소망을 얻고 위로를 받는다.

미래의 두 증인도 그럴 것이다. 이들은 중보기도자들에게는 기도 영역의 영웅들이다. 기사와 표적을 사모하는 신자들에겐 죽은 자도 살리는 능력의 영웅들이다. 종말의 때에 하늘로부터 오는 부흥의 불을 기다리고 사모하는 신자들에게는 하나님의 부흥을 직접 눈으로 보여 주는 부흥의 도구들이다. 고난의 길을 걷는 신자들에게 이들은 십자가의 험한 영성을 보여 주는 동반자들이요, 말씀에 갈급한 신자들에게는 하늘의 폭포수와 같은 생명수로 생기를 불어넣는 메신저들이다. 예수님을 모르고 지옥으로 달려가는 불신자들에게는 살아 계신 그 예수님을 말씀과 능력과 삶을 통해 보여 주는 기독교의 영웅들이다.

동시에 이들은 주님이 보시기에도 참 신앙의 영웅들이고, 주님이 이 땅에 보내 주실 하늘나라의 영웅들이다. 마지막 때의 기독교는 이러한 영웅들을 기다리고 있다. 하늘의 천사들도 이 영웅들을 기다리고 있다. 그리고 이 영웅들은 지금 우리 곁으로 가까이 달려오고 있다.

CHAPTER 02

마지막 때의 영성과 패러다임
마지막 기독교의 소망
두 증인이 온다

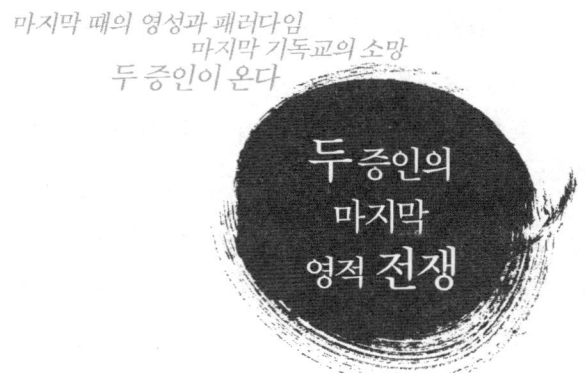
두 증인의
마지막
영적 전쟁

1강 창세기에서 요한계시록으로

창세기 1~3장은 창세기 전체 이야기의 중요한 기초가 된다. 뿐만 아니라 이것은 요한계시록에 기록된, 인간을 구원하시는 하나님의 이야기가 완성되는 것과 관련하여 대단히 중요하다.

창세기 1~3장은 하나님의 천지창조, 인간의 창조, 인간의 타락 과정과 악의 개입, 그 결과로서의 에덴동산 상실 등의 중심 주제를 담고 있다. 이것은 요한계시록 19장 이후에 나타나는 뚜렷한 주제인 새 하늘과 새 땅 창조, 그리스도 안에서의 인간 구원의 완성, 심판을 통한 악의 종말, 그 결과로서 새 에덴동산의 회복, 즉 새 예루살렘 성의 도래라는 요한계시록의 중심 주제에 비추어 볼 때 대단히 대조적인 모습을 보여 준다.

특히 창세기 1장과 3장에서 나타나는 사탄의 권세는 그리스도의 다시 오심으로 인간의 구원이 완성될 때까지 계속되는 야훼 하나님의 거룩한 전쟁의 대상이다. 이 하나님의 거룩한 전쟁의 대적으로서의 흑암의 권세는 창세기 1장 2절에 처음으로 언급된다.

> "땅이 혼돈하고 공허하며 '흑암'이 깊음 위에 있고 하나님의 영은 수면 위에 운행하시니라."

나는 창세기 1장 1~2절이 창세기 전체의 서론에 해당한다고 믿고 있다. 주 하나님께서 창조하신 원래의 세계는 지극히 선하고 아름다웠지만 나중에 인간의 죄악으로 땅은 더럽힘을 당했다. 그 배후에는 사탄의 권세가 자리 잡고 있는데 창세기 1장 2절의 흑암과 물은 바로 그러한 어두움의 권세를 상징하고 있다.

그러나 창세기 1장 2절에서 혼돈의 세력을 의미하는 수면은 하나님의 영, 즉 성령 하나님에 의해 다스려지고 통제된다. 이러한 사실은 이 말씀을 읽는 우리에게 얼마나 힘을 주는지 모른다.

사탄의 힘은 인간의 상상을 초월한다. 그러나 피조물인 사탄도 결국 하나님의 다스림 아래 있다. 예수전도단의 딘 셔먼이 말했듯이 신자들인 우리는 인정하든 인정하지 않든 영적 전쟁터에 서 있다. 특별한 중보기도자들만 영적 전쟁을 수행하는 것이 아니다. 평범한 모든 신자들이 그들의 삶 속에서 사탄의 공격과 미혹에 직면한다. 영적 전쟁은 우리가 주님 앞에 설 때까지 이 땅에서 계속되고 있는 것이다.

이런 의미에서 사탄의 권세가 결국 하나님에 의해서 통제되고 있다는 것은 우리가 하나님의 뜻에 순종하는 한 우리에게는 최종적인 승리가 보장된다는 것을 의미한다.

동시에 창세기 1장 2절의 말씀은 어두움의 권세를 상징하는 '물'에 대해 성령 하나님이 그분의 거룩한 전쟁을 직접 선포하시는 행위로 볼 수 있다. 왜냐하면 창세기 2장 4절 이후에서 이 땅의 인간들이 사탄의 지배하에 하나님께 직접 범죄하는 모습을 발견할 수 있기 때문이다.

인간들의 범죄는 자신들이 스스로 악을 선택한 자유의지의 결과이자 인간의 타락한 본성 배후에서 일하는 사탄 역사의 결과이다. 그러나 이러한 인간 타락과 관련된 사탄의 활동조차도 창세기 1장에서 천지를 창조하신 창조주 되신 하나님의 섭리 안에 있음을 성경은 말씀하고 있다.

창세기 1장의 이 '물 또는 바다의 세력'은 장차 적그리스도의 권세로 우리 앞에 다시 나타날 것이다. 요한계시록 13장을 보라.

"내가 보니 '바다에서' 한 짐승이 나오는데 뿔이 열이요 머리가 일곱이라 그 뿔에는 열 왕관이 있고 그 머리들에는 신성 모독 하는 이름들이 있더라 내가 본 짐승은 표범과 비슷하고 그 발은 곰의 발 같고 그 입은 사자의 입 같은데 용이 자기의 능력과 보좌와 큰 권세를 그에게 주었더라"(계 13:1~2).

그러나 이 적그리스도의 권세는 마침내 예수 그리스도의 재림을 통한 심판을 받게 되고(계 19장) 영원한 불과 유황 못에 던져지게 될 것이다(계 20:10). 그리고 새 하늘과 새 땅에서는 다시 '바다'가 존재하지 않을 것이다.

"또 내가 새 하늘과 새 땅을 보니 처음 하늘과 처음 땅이 없어졌고 바다도 다시 있지 않더라"(계 21:1).

이것은 예수님의 재림으로 사탄의 권세를 향한 야훼 하나님의 거룩한 전쟁이 완전히 승리로 끝났음을 의미한다.

우리의 영적 싸움은 이 땅에서 계속될 것이지만, 영원히 계속되는 것은 아니다. 주님이 이 땅에 다시 오심으로 모든 싸움은 끝이 날 것이다.

지금도 많은 신자들이 그들의 삶 가운데 큰 고통을 당하고 있다. 기도의 용사들이 사탄과의 힘겨운 싸움 가운데 때로는 지치

기도 하고 패하기도 한다.

그럼에도 불구하고 우리 주님께서는 이 거룩한 싸움을 계속 싸우라고 말씀하신다. 이러한 전쟁 없이는 승리의 영광도 없기 때문이다. 전쟁을 통하지 않고 영적으로 얻어지는 것은 아무것도 없다.

편하게 인생을 살려고 하지 말자. 나태하게 신앙생활을 하다가 그냥 천국 갈 생각은 말자! 이 땅에서 싸워 본 적이 없는 그대에게는 저 하늘에서도 아무런 상급이 준비되어 있지 않다. 이 땅의 전쟁터에서 주님의 나라를 위해 힘겹게 싸운 그대에게만, 그래서 전쟁 후의 거룩한 훈장처럼 대적들의 피가 흥건하게 묻어 있는 신자들만이 저 하늘의 영광을 온전히 누릴 것이다.

한 사람의 영혼도, 우리들의 어떤 사역도 기도의 전쟁 없이는 열매를 맺지 못한다. 그래서 우리는 이 땅에서 휴식을 취하지 않을 것이다. 우리의 안식은 전쟁이 끝나고 저 영원한 본향에서 이루어질 것이다. 그리스도 안에서 저와 여러분의 본질은 거룩한 영적인 전사들(Holy Spiritual Warriors)임을 잊지 말자!

창세기 3장에서도 아담의 타락에 근본적인 원인을 제공한 '뱀'에 대한 하나님의 거룩한 전쟁이 구체적으로 선포된다. 눈에 보이는 뱀을 통해 눈에 보이지 않는 사탄이 아담과 하와를 유혹하고 있다. 결과적으로 창세기 3장에서는 뱀을 향한 하나님의 준엄한 심판이 강조된다.

"여호와 하나님이 뱀에게 이르시되 네가 이렇게 하였으니 네가 모든 가축과 들의 모든 짐승보다 더욱 저주를 받아 배로 다니고 종신토록 흙을 먹을지니라 내가 너로 여자와 원수가 되게 하고 너의 후손도 여자의 후손과 원수가 되게 하리니 여자의 후손은 네 머리를 상하게 할 것이요 너는 그의 발꿈치를 상하게 할 것이니라 하시고"(창 3:14~15).

위의 구절을 주목하라! 하나님은 '뱀-여자'와의 전쟁이 '뱀의 후손-여자의 후손' 간의 전쟁으로 이어질 것임을 말씀하고 있다.

사도 요한은 하나님의 거룩한 전쟁의 대상인 사탄에 대해 구체적으로 '옛 뱀'이라고 표현함으로 요한계시록의 수신자들에게 창세기 3장의 '뱀'을 강력하게 상기시키고 있다.

"큰 용이 내쫓기니 옛 뱀 곧 마귀라고도 하고 사탄이라고도 하며 온 천하를 꾀는 자라 땅으로 내쫓기니 그의 사자들도 그와 함께 내쫓기니라"(계 12:9).

그리고 요한은 요한계시록 15장부터 20장에 걸쳐 만국을 미혹하며 하나님을 대적했던 '바벨론-짐승-거짓선지자-옛 뱀', 즉 용에 대한 심판 과정을 구체적으로 예언하고 있다.

그러므로 현재 우리가 절망하는 일시적인 삶의 실패는 영원한 실패가 아니다! 우리가 하는 중보기도들이 결코 땅에 떨어지는 것도 아니다!

한 개인을 향한 긍휼과 사랑, 고통 당하는 자들을 위한 섬김과 봉사, 이 땅에 주님의 나라가 임하기를 눈물로 기도하는 여러분의 기도와 수고는 결코 헛된 것이 아니다.

가난과 저주와 질병과 불행, 인간이 토해내는 절규와 한숨과 고통 가운데 역사하는 악의 권세가 영원한 것도 아니다. 그날이 곧 올 것이다. 주님께서 속히 오실 것이다. 우리들의 눈물을 닦아 주실 영원한 구원의 날이 곧 다가올 것이다.

사탄의 권세가 무저갱 속으로 무너지고 적그리스도와 악의 군대가 지옥 불속에 영원히 던져질 날이 곧 올 것이다. 우리의 전쟁은 궁극적인 승리가 보장된 전쟁이다. 분명 승리의 날이 곧 올 것이다.

신자들의 영적 싸움은 미래에 그 승리가 이미 보장된 가운데 오늘의 삶 속에서 실제로 싸워 나가는 하나의 과정이다. 그 싸움이 승리의 고지를 향해 한 걸음 한 걸음 진군하는 하나님의 자녀 된 우리를 통해 계속되고 있는 것이다.

이러한 창세기 3장 15절에 선포되었던 뱀의 후손과 여자의 후손 사이의 전쟁은 요한계시록 곳곳에 나타나고 있다.

뱀의 후손은 사탄의 백성들이요, 지옥의 군대들이다. 반면에 여자의 후손은 그리스도를 따르는 하나님의 백성들이요, 하늘에 속한 거룩한 군대들이다.

여자의 후손들은 소아시아의 일곱 교회 공동체(계 2~3장)이며 14만 4,000(계 7장, 14장)이고, 두 증인(계 11장)이다. 이들은 그리스도 안에서 이기고 승리한 자들로 나타난다(계 15:2).

반면에 뱀의 후손은 세속적 바벨론을 숭배하는 악의 시민들이며 짐승을 경배하는 '땅에 거하는 자들'이다. 그리고 '곡과 마곡'으로 표현되는 사탄의 군사들이다(계 20:8).

이와 같이 요한은 그의 계시록 안에서 양 진영 사이에 벌어지는 치열한 영적 전쟁 상황을 구체적으로 예언하고 있는 것이다.

특히 요한계시록 12장 17절에 나타나는 사탄인 용과 여자의 남은 후손과의 마지막 때의 전쟁 묘사는 이 모든 역사적인 영적 전쟁을 단적으로 잘 표현하고 있다.

> "용이 여자에게 분노하여 돌아가서 그 여자의 남은 자손 곧 하나님의 계명을 지키며 예수의 증거를 가진 자들과 더불어 싸우려고 바다 모래 위에 서 있더라."

그렇다면 앞으로 두 증인이 수행할 영적 전쟁의 본질이 무엇인가가 명확하게 드러난다. 마지막 때 이루어질 두 증인의 영적 전쟁은 바로 뱀의 후손과 여자의 후손 사이의 영적 전쟁을 대표하고 있다. 그리고 두 증인의 전쟁은 본질적으로 하나님의 거룩한 전사(God's Holy Warrior)이신 예수 그리스도의 이름으로 사탄에 속한 적그리스도와 그가 지휘하는 지옥의 군대를 대적하여 벌이는 영적 전쟁이다.

그러므로 기억하라! 이제 가까운 미래에 나타날 두 증인의 영적 전쟁은 창세기로부터 시작된 사탄과 하나님의 백성들 간의 영적 전쟁을 최종적으로 마무리할 것이다. 왜냐하면 이들의 영적 전쟁은 주님의 재림 직전에 일어날 교회들의 마지막 전쟁을 대표할 것이기 때문이다.

2강 두 증인 – 예수님의 영적 전쟁을 계승하다

두 증인의 사역은 예수님이 감당하셨던 바로 그 영적 전쟁의 연장선상에 있다. 예수께서 그의 사역 전반을 통해 경험하셨던 사탄과의 영적 갈등과 투쟁의 절정이 십자가에서 나타났음은 분명한 사실이다. 이것이 두 증인의 고난과 죽음에서도 나타날 것이다. 그러나 주님의 이 십자가 위에서의 승리는 궁극적으로 하나님과 인간 사이의 화해를 가져왔다. 마찬가지로 두 증인의 사역은 수많은 영혼들을 그리스도께로 인도함으로 하나님과 인간 사이의 중보자 사역을 감당하게 된다.

두 증인의 영원한 스승은 모든 그리스도인들이 그러하듯이 다름아닌 그리스도 자신이시다. 그리스도의 사역은 두 증인 사역의 가장 중요한 모델이 된다. 두 증인의 사역을 더 깊이 이해하기 위해서는 일차적으로 예수님의 사역을 이해하면 된다. 나중에 자세히 설명하겠지만 요한계시록 11장의 두 증인은 철저히 그리스도를 따르는 삶과 사역이다.

그러므로 하나님의 거룩한 전사로서의 예수님의 영적 전쟁 사역을 좀더 살펴보자. 마가복음 1장 10절은 예수께서 요단 강에서 올라오실 때 하늘이 '열리고' 하나님의 성령이 그에게 비둘기같이 임하는 것을 기록하고 있다. 그때 예수께서는 '하늘이 열리는'(being torn open) 것을 보셨다. 예수님은 대중에게 자신을 공적으로 드러내시고 하늘의 문이 열림으로 주님 앞에 공식적인 사역의 문이 열린 것이다. 다른 말로 표현하자면, 하늘의 하나님이 그분의 백성들을 위해 예비하신 새로운 축복, 즉 영적인 새로운 출애굽을 위한 예수님의 본격적인 정복 전쟁이 시작된 것이다.

이 장면은 예수께서 하늘로부터 능력을 위임받고 하나님의 기뻐하시는 아들로서 하나님의 나라 회복을 위해 출발하시는 장면이다. 즉 야훼 하나님의 거룩한 전쟁을 위한 일종의 출정식인 셈이다. 이 장면은 이사야 64장 1~2절의 이미지를 생각나게 만든다.

> "원하건대 주는 하늘을 가르고 강림하시고 주 앞에서 산들이 진동하기를 불이 섶을 사르며 불이 물을 끓임 같게 하사 주의 원수들이 주의 이름을 알게 하시며 이방 나라들로 주 앞에서 떨게

하옵소서."

하늘이 열리고 성령께서 비둘기같이 주님에게 임하셨다. 이제 하나님의 아들 되신 그분 앞에서 산들이 진동하게 된다. 불의 능력이 거룩한 전사이신 예수님을 통해 어둠의 권세들 앞에서 드러날 것이며, 이 사실을 이미 인식한 대적인 사탄은 주님의 거룩한 출정식 앞에서 떨기 시작한다. 어둠과 지옥의 군대들은 하나님의 빛으로 이 땅에 오신 예수님 앞에서 두려움으로 진동한다. 그리고 결과적으로 사탄의 견고한 진들이 흔들릴 것이며, 모든 고통과 질병이 떠나고 귀신들이 소리를 지르며 쫓겨나간다.

그러한 역사가 바로 갈릴리 일대에서 일어난 것이다! 주님은 알고 계셨다. 예루살렘과 다른 유대 백성들로부터 천대를 받았던 갈릴리 백성들의 가슴속에 있는 숱한 상처들과 고통을……. 갈릴리는 지역의 특성상 오랜 역사 동안 주변 이방인들로부터 많은 침략을 받았던 땅이다. 이방인들과 결혼관계를 통해 피를 섞음으로 사마리아 땅과 같이 멸시를 받는 변두리 지역이었다. 그래서 그런지 사람들의 가슴속에 분노와 한이 서린 땅이었고 사탄과 어둠의 권세가 지배한 땅이었다. 그래서 복음서는 이 지역에는 귀신 들린 자들도 많고 질병으로 고통 받는 자들도 많고 비천하고 가난한 자들도 많았다고 기록한다. 이 천대받고 고통스런 곳, 사망의 땅과 그늘에 앉은 자들에게 큰 빛이 다가와 비추기 시작한 것이다. 그분이 바로 그리스도이시다.

"예수께서 요한이 잡혔음을 들으시고 갈릴리로 물러가셨다가 나사렛을 떠나 스불론과 납달리 지경 해변에 있는 가버나움에 가서 사시니 이는 선지자 이사야를 통하여 하신 말씀을 이루려 하심이라 일렀으되 스불론 땅과 납달리 땅과 요단 강 저편 해변 길과 이방의 갈릴리여 흑암에 앉은 백성이 큰 빛을 보았고 사망의 땅과 그늘에 앉은 자들에게 빛이 비치었도다 하였느니라"(마 3:12~16).

이 곳에 오신 예수님은 이스라엘의 치유자로서 이스라엘의 죄를 용서하시며, 사탄적 속박으로부터 포로들을 해방시키기 위한 야훼 하나님의 아들이시며 동시에 하나님의 거룩한 전사(Yahweh-Warrior)이신 것이다. 갈릴리에 임했던 이 예수님의 권세가 제자들과 초대교회에 위임되었고, 마지막 때의 신자들과 교회들 위에 풍성히 부어질 것이다.

지금도 수많은 사람들이 말할 수 없는 마음의 상처로 고통을 당하고 있다. 어린 시절부터 형성된 쓴 뿌리들로 인한 분노와 무력감, 이혼과 실직으로 인한 좌절과 원망, 깨어진 인간관계 속에서의 극단적인 갈등과 용서하지 못함, 조상들의 우상 숭배로 인한 사탄의 저주와 공격으로 신자들의 속사람도 전쟁터의 쓰라린 흔적처럼, 온통 상처투성이이다. 사소한 일에도 분노가 폭발하고 작은 인생의 절망과 시험 앞에서도 자살의 충동을 느낀다. 마음의 극한 고통으로 육체적으로도 병이 들고 있다.

때로는 뿌리칠 수 없는 육체적 욕망과 유혹 앞에 너무나 무력하게 무너지는 우리 자신들의 모습을 본다. 자신도 억제할 수 없는 그 죄악에로의 충동과 배후에 역사하는 어두움의 권세 앞에 무릎을 꿇은 적이 한두 번이 아니다. 경제적 어려움과 고통스러운 상황은 앞날을 예측하기 힘들고 마음속에 말할 수 없는 두려움과 공포심을 유발한다.

모든 영혼이 절규하고 있다. 신자들의 속사람도 제발 도와 달라고 울부짖고 있다. 모두가 내적 치유가 필요하고 상한 감정의 치유가 필요하며 악한 영을 물리치는 축귀 사역을 필요로 한다. 우리의 힘만으로는 도저히 불가능한 상황이다. 오직 하늘의 능력만이 필요한 비상시기이다.

이때 가장 중요하고 최우선적인 것은 우리가 겸손하게 주 예수님을 찾고 그분을 더욱 갈망하는 것이다. 그늘에 앉은 우리가 이 사망의 땅에서도 큰 빛 되신 그분에게 몸부림치며 다가가는 것이다. 그분에게 치유가 있다! 그분에게 권세가 있다! 신자들과 교회들이 필요한 것은 그리스도께로 전적으로 다시 돌아가는 것이다! 왕 되신 그분의 임재 앞에 다시 엎드리는 것이다. 나의 고통, 나의 눈물, 나의 질병, 악한 영과의 싸움 등 내 인생의 모든 문제도, 하늘의 은사와 능력도, 모든 것이 그분에게 달려 있다. 모든 승리가 그분으로부터 나온다. 우리의 이 승리를 위해 예수님께서 오신 것이다. 그러나 얼마나 많은 신자들이 주님의 얼굴을 구하기 전에 문제에 집착하는가? 얼마나 많은 신자들이 그분의 얼굴과 긍휼을 구하기 전에 세상에 도움을 구하는가?

세상을 이길 수 있는 담대함과 능력은 바로 주님으로부터 나온다. 그러므로 목마른 사슴이 시냇물을 찾기에 갈급함같이 주님의 얼굴을 간절하게 구하는 자가 하늘의 위로를 받고 하늘의 능력을 받게 된다. 왕의 권세와 능력은 예수님의 얼굴을 간절히 구하는 자에게 부어진다. 주님을 구하는 것은 모든 영적 싸움에서의 승리로 가는 지름길이다. 주님 자신이 우리를 위해 친히 싸우시는 하나님의 거룩한 전사(Holy Warrior)이기 때문이다.

다음의 장면을 보라! 예수님의 첫 번째 사역에서 악한 영의 고통스런 고백은 예수 그리스도의 사역의 특징을 단적으로 말해 주고 있다.

"마침 그들의 회당에 더러운 귀신 들린 사람이 있어 소리질러 이르되 나사렛 예수여 우리가 당신과 무슨 상관이 있나이까 우리를 멸하러 왔나이까 나는 당신이 누구인 줄 아노니 하나님의 거룩한 자니이다"(막 1:23~24).

예수께서는 어떻게 하셨는가? 단호하게 악한 영을 꾸짖으시고 대적하셨다.

"예수께서 꾸짖어 이르시되 잠잠하고 그 사람에게서 나오라 하시니"(막 1:25).

예수님의 악한 영과의 영적 전쟁은 갈릴리 바다에서 광풍이 몰아쳤을 때도 똑같이 이루어진다.

"예수께서 깨어 바람을 꾸짖으시며 바다더러 이르시되 잠잠하라 고요하라 하시니 바람이 그치고 아주 잔잔하여지더라"(막 4:39).

예수님은 이미 회당에서 더러운 악한 영에게 '꾸짖어 잠잠하라'고 명령하셨다. 그런데 광풍을 만났을 때도 주님은 똑같은 방식으로 바람을 '꾸짖어' 바다에게 잠잠할 것을 명령하신다. 그 결과도 아주 비슷하다.

회당에서는 사람들이 놀라며 이렇게 반응한다.

"이는 어찜이냐 권위 있는 새 교훈이로다 더러운 귀신들에게 명한즉 순종하는도다"(막 1:27).

그런데 주님께서 바다에서 광풍을 잠잠케 하신 후 제자들이 보이는 반응도 이와 같다.

"그가 누구이기에 바람과 바다도 순종하는가"(막 4:41).

이것은 회당에서의 악한 영의 역사와 바다에서의 광풍 사건이 같은 근원, 즉 사탄과 어두움의 권세로부터 나왔다는 것을 의미한다.

우리는 예수님과 제자들이 갈릴리 바다를 건너 건너편 거라사인의 지방에 가시기 직전에 바로 그 갈릴리 바다에서 이 광풍을 만난 것을 기억하고 있다. 예수께서 거라사 지방을 방문하고자 하신 목적이 무엇인가? 군대귀신 들린 불쌍한 한 영혼을 구원하고자 하심이다(막 5:8~9).

그렇다면 사나운 바람을 일으킨 사탄의 목적이 무엇인가? 주님이 그 영혼을 구원하지 못하도록 그 가는 길을 방해하고자 한 것이다.

이것이 영적 전쟁이다. 신자들이 세상에서 사탄의 소유 된 영혼들을 추수하고자 하면 반드시 사탄의 공격을 받게 되어 있다. 선교사들이 원주민들을 복음화하려 할 때 반드시 악한 영들이 일어나 그 사역을 방해한다. 주님의 나라를 이 땅에서 확장하는 것은 지옥의 권세들에 대적하는 것이다.

잠자는 교회들은 이것을 원치 않는다. 그들은 오직 그리스도의 신부로서 달콤한 주님의 품 안에서만 늘 평강 가운데 안식하기를 바란다. 그래서 이러한 교회의 교인들은 '뜨겁게' 기도하는 것을 꺼린다. '영적 전쟁'이라는 단어만 들어도 얼굴을 찌푸린다. 더군다나 '마지막 때'라는 단어는 공포 분위기를 조성한다는 이유로 심히 불쾌하게 생각한다.

그러나 그들은 모르고 있다. 그리스도의 신부는 주님과 영적으로 교제할 때는 사랑스럽고 부드럽고 대단히 낭만적이지만 주님의 대적 앞에서는 군대로 일어나는 무서운 여자인 것을……. 그리스도의 신부는 그냥 평범한 신부가 아니라 신랑을 위해서는 과감하게 '칼을 드는 신부'라는 것을 그들은 모르고 있다.

"내 사랑아 너는 디르사 같이 어여쁘고, 예루살렘 같이 곱고, 깃발을 세운 군대 같이 당당하구나"(아 6:4).

그리스도의 영적 신부는 그리스도의 용맹스러운 영적 전사이기도 하다. 그들은 한 영혼을 위해 목숨을 걸고 사탄과 싸우는 사람들이다. 예전에 성령 체험을 했을 때 주님은 영혼에 대해 냉랭한 가슴을 가진 나를 보시며 이렇게 당부하신 적이 있다. "사랑하는 종아! 한 영혼을 위하여 지옥 불속에라도 들어갈 수 있는 종이 되길 바란다!"

예수께서 이 땅에 계실 때 사탄에게 잃어버린 그 영혼들을 되찾기 위해 아버지의 마음을 품고 사탄의 나라를 공격적으로 침노해 들어가셔서 영혼들을 구원하셨다.

따라서 마가복음을 포함한 사복음서들은 대부분의 학자들이 동의하는 바와 같이 예수님의 모든 사역들이 하나님의 나라를 회복하기 위한 어두움의 권세와의 투쟁에 초점을 맞추고 있음을 부인하지 않는다. 마가의 특징적인 본문들(1:32~39, 3:7~12, 6:55~56)에 나타나는 예수님의 모습은 기적을 행하는 분으로 자기 백성들을 질병과 악한 세력으로부터 구해내는 구원자이시다.

예수께서는 사탄의 권세와 그의 왕국의 실재에 대해 하나님의 나라를 회복함에 있어서 본질적이고도 가장 큰 장애물로 생각하셨다. 사탄의 권세를 인간의 육체적인 질병과 영적인 장애들, 마음의 불순종과 악한 사회적, 정치적 제도권 배후에 역사하는 강력한 권세와 능력으로 인식하셨으며, 이런 이유 때문에 인자(the Son of Man)로 오신 예수께서는 그것에 대항하기 위해 오직 하나님의 능력과 성령의 권세를 의지하셔야만 했다.

이러한 하나님의 능력 아래에서 예수님은 사탄으로부터 잃어버린 백성들과 땅을 되찾기 위한 야훼 하나님의 거룩한 전쟁을 효과적으로 수행하시게 된 것이다(눅 11:20; 막 12:28).

마지막 때의 두 증인은 예수님의 이러한 영적 전쟁 방식을 주님을 대신하여 똑같이 수행할 것이다.

왜냐하면 요한계시록 11장의 두 증인의 사역은 요한계시록 13장에 등장하는 악의 삼위일체(용-적그리스도-거짓 선지자)가 수행하는 악의 사역과 비교해 볼 때 영적 전쟁 관점에서 날카롭게 서로 대조를 이루고 있기 때문이다.

또한 예수님의 영적 전쟁 방식은 갈릴리에서와 예루살렘에서 서로 다르게 나타난 것을 우리는 발견할 수 있다. 즉 갈릴리에서는 기사와 표적들을 통해 사탄의 권세들을 깨뜨리셨으며, 예루살렘에서는 십자가의 죽음과 부활을 통해 그 승리를 확정하셨다. 예수께서 죽음 그 자체에 직면하심으로 죽음의 권세를 정복하셨고 새로운 영적 예루살렘을 건설하기 위한 승리를 확정하신 것이다.

이 십자가 사건이야말로 구약에서 볼 수 있는 야훼 하나님의 거룩한 전쟁 개념과는 또 다른 차원을 제공한다. 구약의 야훼 하나님의 전쟁은 이스라엘의 대적을 물리적으로 심판하는 전쟁이요, 범죄한 이스라엘을 징계하기 위해 때때로 그 대적들을 사용하시는 물리적 전쟁이었다. 그러나 신약의 십자가 위에서 행해진 하나님의 전쟁은 이스라엘의 대적인 사탄의 권세를 심판함과 동시에 범죄한 이스라엘 백성들을 위해 하나님의 아들 자신이 십자가에서 대신 죽는 지고한 하나님의 사랑과 긍휼이 극적으로 드러난 영적 전쟁이다.

이제 골고다의 십자가 위에서 승리로 끝난 이 전쟁은 이스라엘이라는 지역적 차원을 넘어서서 온 우주적 사건으로 승화됨과 동시에, 하나님의 백성들이 궁극적으로 구원을 완성하는 최종적인 승리의 그날인 예수 재림의 때까지, 온 인류를 위해 이 땅에 존재하는 모든 교회 공동체가 사탄에 대항하여 수행해야 할 예수 그리스도를 위한 하나님의 거룩한 영적 전쟁으로 자리 잡게 된다.

예수께서 갈릴리와 예루살렘에서 행하셨던 이러한 영적 전쟁 방식은 요한계시록 11장의 두 증인의 영적 전쟁 방식에서도 그대로 계승될 것이다. 즉 미래의 두 증인은 갈릴리의 예수님처럼 놀라운 기사와 표적을 행할 것이다.

> "그들이 권능을 가지고 하늘을 닫아 그 예언을 하는 날 동안 비가 오지 못하게 하고 또 권능을 가지고 물을 피로 변하게 하고 아무 때든지 원하는 대로 여러 가지 재앙으로 땅을 치리로다" (계 11:6).

또한 예루살렘의 예수님처럼 거룩한 순교자의 길을 걸을 것이다.

"그들이 그 증언을 마칠 때에 무저갱으로부터 올라오는 짐승이 그들과 더불어 전쟁을 일으켜 그들을 이기고 그들을 죽일 터인즉 그들의 시체가 큰 성 길에 있으리니 그 성은 영적으로 하면 소돔이라고도 하고 애굽이라고도 하니 곧 그들의 주께서 십자가에 못 박히신 곳이라"(계 11:7~8).

그러므로 요한계시록 11장의 두 증인은 때로는 기사와 표적으로, 때로는 순교적 죽음으로 예수를 증거하기 위한 마지막 때의 거룩한 전쟁을 그대로 계승하고 있음을 볼 수 있다.

아직도 그리스도의 몸 안에서는 오직 십자가의 고난과 순교라는 측면만을 강조하는 흐름이 있다. 또 한편에서는 성령의 기적들과 능력이라는 면을 지나치게 강조하면서 오직 승리의 신학만을 주장하기도 한다.

하지만 마지막 때의 두 증인은 이러한 영성의 균형을 유지할 것이다. 때로는 놀라운 능력으로 기적을 행할 것이다. 그러나 주님의 뜻 안에서 순교할 때가 되면 주님처럼 묵묵히 도살장으로 끌려가는 힘없는 어린양처럼 순교의 피를 흘리며 죽어 갈 것이다.

3강 두 증인 - 하나님을 대신하여 능력을 풀어놓다

요한계시록의 예언에 의하면, 하나님께서 마지막 때에 그분만이 행하실 수 있는 능력으로 세상을 다스리시고 권능을 나타내실 것이다. 즉 일곱 나팔 재앙이나 일곱 대접 재앙을 일으키실 것이며, 주님의 재림 직전에는 가장 큰 지진을 일으키시고, 온 달을 피같이 변하게 하실 것이며, 하늘이 떠나가고 산과 섬이 제자리에서 옮기우는 심판을 행하실 것이다(계 6:12~17).

그런데 이러한 하나님만이 행하실 수 있는 권능이 인간들인 두 증인을 통해서도 똑같이 일어날 것이다.

"그들이 권능을 가지고 하늘을 닫아 그 예언을 하는 날 동안 비가 오지 못하게 하고 또 권능을 가지고 물을 피로 변하게 하고 아무 때든지 원하는 대로 여러 가지 재앙으로 땅을 치리로다" (계 11:6).

이러한 권능이 두 증인에게 주어지는 이유 중 하나는 세상이 주님의 재림을 눈앞에 두고 있기 때문이다. 그리고 두 증인은 예수 그리스도의 거룩한 전쟁을 대신하여 싸우고 있기 때문이다.

다시 말하자면, 두 증인은 마지막 영혼 추수 운동에 있어서 하나님으로부터 모든 능력과 권세를 받아 사역하는 종들로, 적그리스도와 거짓 선지자들은 용으로 표현되는 사탄으로부터 모든 능력을 받아 사탄의 왕국을 이 땅에 확장하는 자들로, 양자 간에는 필연적인 영적 전쟁이 나타나게 될 것이기 때문이다.

4강 두 증인의 활동 시기 - 이스라엘의 움직임을 주시하라

"또 내게 지팡이 같은 갈대를 주며 말하기를 일어나서 하나님의 성전과 제단과 그 안에서 경배하는 자들을 측량하되 성전 바깥 마당은 측량하지 말고 그냥 두라 이것은 이방인에게 주었은즉 그들이 거룩한 성을 마흔두 달 동안 짓밟으리라"(계 11:1~2).

요한계시록 11장 1절과 2절은 두 증인의 활동 시기에 있어서 직접적인 암시를 주는 말씀이다. 논쟁의 핵심은 1절의 '하나님의 성전'을 상징적으로 해석해야 하는가, 아니면 문자적으로 해석해야 하는가이다. 사도 요한 당시 이미 예루살렘 성전이 파괴되었기 때문에 1절의 성전은 상징적으로 해석해야 한다는 주장이 있다. 신약시대에서 예수님 자신이 성전이며(요 2:19~22), 그리스도인들이 하나님의 성전이고(고전 3:16), 이미 그리스도의 피로 성전 제사가 폐하여졌기 때문이라는 것이 그 중요한 이유이다.

그러므로 성전은 교회를 가리키며 본문의 성전을 예루살렘 성전으로 볼 수 없고 11장 8절의 '성'은 예루살렘이 아니라 소돔 또는 애굽이라고 할 수 있는 '세상'을 상징하는 것이므로, 요한계시록 11장 전체를 그리스도의 초림부터 재림 사이 교회가 당하는 고난과 박해를 상징하는 것으로 이해해야 한다는 입장이 있다.

반면에 이 성전은 성소와 지성소를 의미하는데 예루살렘에 세워진 유대인 성전으로서 성전과 안뜰이 바깥뜰과 대조된 것은 유대인들 중에서도 하나님을 참으로 경배하는 남은 자들과 그렇지 못한 유대 민족 전체가 대조된 것으로 보는 해석도 있다.

성전을 상징적으로 생각할 때 제기되는 문제는 1절의 '그 안에서'라는 구절을 어떻게 해석할 수 있는가 하는 것이다. 이미 성전 자체를 교회를 상징하는 것으로 간주했다면, 성전의 구조를 두 개로 구분하고 그 안에서 경배하는 자들과 이방인들에 의해 짓밟힌 성전 밖 마당을 어떤 상징적인 의미로 해석해야 하는 문제가 대두된다. 또한 요한이 1절의 성전을 교회로 상징했다면, 3절의 '두 증인'을 또 다른 교회의 상징으로 왜 다르게 표현하는가도 의문이다.

요한계시록 전체가 어디까지 상징적으로 해석해야 하고 어디까지를 문자적으로 해석해야 하는가는 학자들 간의 풀기 어려운 난제이기는 하지만, 나는 요한계시록 11장의 해석에 있어서는 문자적인 해석을 존중하는 입장에 서 있다. 본문의 성전은 대환난시에 실제로 존재하는 예루살렘 성전으로서의 가능성을 배제할 수 없다. 많은 학자들의 해석에 따르면, 종말의 때에 예루살렘 성전은 유대인들의 예배를 위해 재건립되며 나중에 적그리스도가 자신을 우상화하는 거점으로 삼게 된다(마 24:15; 살후 2:4; 계 13:14~15; 단 9:27, 12:11). 나는 이러한 견해를 존중한다.

우리는 소위 예루살렘 '제3의 성전'이 미래에 재건립될 가능성을 결코 배제할 수 없다. 실제로 유대 종교 그룹인 '네에마네이 하르 하바이트'의 멤버 100여 명은 1997년 유대인 최대 명절

인 유월절(Passover) 전날에 성전 산이 마주 보이는 곳에서 토라(Torah: 구약성서의 모세오경)에 나오는 율법 규정과 옛날 성전에서 거행되던 제사 의식대로 유월절 양을 태우는 번제를 치렀다. 제사장에 의해 3개월 된 어린 양이 속죄를 위해 죽임을 당한 뒤 '할라카'라는 구전 율법에 따라 씻겨진 다음에 구워졌다.

이렇게 이스라엘에서 제3성전을 추진하는 기관은 여러 곳이다. 대표적인 곳이 '성전산 충성대'(Temple Mount Faithful)이다. 이 단체는 성전산 위 회교 건물들을 모조리 제거해 버리고 그 위에 제3성전을 짓는 것을 목표로 한다. 이미 제3성전용 기초석들을 상당 부분 모아둔 상태다. 또한 1967년에 설립된 '성전연구소'(Temple Institute)는 제3성전 건립을 위한 교육과 홍보에 치중하면서 성전용 복장과 제기에 관한 연구도 하고 있다. 나팔, 수금, 비파와 같은 악기 이외에 제사장이 입을 제의도 마련했다.

우리는 요한계시록을 해석함에 있어서 어느 한 가지 이론만을 확신할 수는 없다. 다만 겸손한 마음으로 앞으로 이스라엘의 역사에 무슨 일이 일어나는지 주목해야 할 것이다. 이스라엘은 마지막 때를 향한 하나님의 시간표를 읽을 수 있는 하나의 도구라고 볼 수 있다.

현재 제3의 예루살렘 성전 건립은 이스라엘과 이슬람권의 갈등과 미묘한 정치적 상황 때문에 거의 불가능해 보인다. 그러나 우리가 예측할 수 없는 어떤 정치적, 종교적 상황의 변화로 성전이 실제로 건립될지도 모른다. 그때 우리 모두는 긴장하게 될 것이다. 요한계시록 11장 1~2절의 사건이 문자적으로 성취될 가능성이 훨씬 커지기 때문이다.

만일 이러한 제3의 성전이 건립된다면, 본문의 경배자들은 앞으로 재건된 성전에서 하나님을 경배할 이스라엘의 경건한 자들이 될 것이며, 그들 중에 두 증인의 사역을 통해 그리스도에게로 돌아올 자들이 있게 될 것이다. 나는 개인적으로 이 일들이 실제로 일어날 것을 믿는다. 그리고 이러한 시기는 두 증인이 요한계시록 11장에 기록된 사역 활동을 개시하는 시점이 될 것이다. 이것이 두 증인의 활동 시기에 대한 첫 번째 단서가 될 것이다.

두 번째로 두 증인의 활동 시기는 영적 어두움이 전 세계를 뒤덮고 있을 때이다. 진실로 영적 어둠이 온 땅을 덮을 것이다. 그때 세상은 거짓 평화의 왕인 적그리스도를 지구촌에 진정한 평화를 가져올 참된 지도자로 선포할 것이다. 수많은 국가와 정부는 그를 세계의 정치적 혼란과 경제적 파탄과 종교적 갈등을 결정적으로 해결할 놀라운 정치적 리더로 숭배할 것이며, 인류를 모든 파멸로부터 구원할 시대의 메시아로 그를 등극시킬 것이다.

그 캄캄한 영적 어두움 가운데 두 증인은 모세의 때와 같이 고통하는 하나님의 백성들 가운데, 엘리야의 때와 같이 박해의 시기에 주님의 빛과 같은 존재로, 하늘로부터 부여받은 그들의 역할을 감당하게 될 것이다. 그들은 적그리스도를 대적하며 그 옛날 선지자 이사야가 회복될 예루살렘의 영광을 바라보며 노래했던 다음의 예언을 자신들에게도 동일하게 성취하게 된다.

"일어나라 빛을 발하라 이는 네 빛이 이르렀고 여호와의 영광이 네 위에 임하였음이니라 보라 어둠이 땅을 덮을 것이며 캄캄함이 만민을 가리려니와 오직 여호와께서 네 위에 임하실 것이며 그의 영광이 네 위에 나타나리니 나라들은 네 빛으로, 왕들은 비치는 네 광명으로 나아오리라"(사 60:1~3).

지금까지의 기독교 역사를 살펴보면, 영적으로 가장 어두웠던 시대가 주님의 참된 교회들을 가장 필요로 했던 시기였다. 기독교의 부흥 운동들은 영적으로 가장 타락했던 시기에 하나님이 강권적으로 일으켜 빛을 발하게 하신 운동들이었다. 우리의 인간적인 눈으로 보면 마지막 때는 그야말로 고통스러운 시기가 될 것이다. 그러나 하늘에서 보면 이 시기야말로 기독교 역사에 있어서 가장 영광스러운 시기가 된다.

지금 하늘에 있는 모세와 엘리야도, 베드로와 바울도, 그리고 수많은 천국 백성들도 이 마지막 때를 가슴을 졸이며 바라보고 있다. 주님의 재림이 점점 가까워오고 있기 때문이다. 그렇기 때문에 하늘의 군대들과 천사들의 움직임은 바빠질 수밖에 없을 것이다.

천국 백성들이 지금 기다리고 기다리는 것은 새 하늘과 새 땅이다. 하늘에 있는 현재 천국은 우리의 눈으로 보면 그야말로 완벽한 곳이지만 이곳은 미래의 영원한 천국에 비하면 부족할 정도이다. 영원한 천국은 주님의 재림 이후 하늘로부터 내려올 새 예루살렘 성이다(계 21~22장).

이 새 예루살렘 성은 마지막 때의 구원이 완성된 후 지구로부터 올 새로운 거주자들을 간절히 기다리고 있다. 그 새로운 거주자들은 지옥의 권세에서 벗어나 새로운 천국의 백성들로 구원받을 이 땅의 수많은 영혼들이다. 사탄은 마지막 때가 가까이 다가올수록 주님의 재림 이후 자신이 던져질 영원한 불못에 함께 던져질 수많은 영혼들을 맹렬한 기세로 사냥할 것이다.

세상에서 우상을 숭배하며 타락하여 쾌락 속에 몸을 던지게 될 영혼들, 그리스도의 복음을 거부하며 오직 착하게 살면 그만이라는 미혹 속에 빠져 있는 수많은 영혼들, 종교는 다 똑같은 것이라고 생각하며 세상 종교 속에서 진리를 찾아 헤매는 자들, 예수를 믿는다면서도 한 발은 세상에, 한 발은 교회에 들여놓고 안일하게 자신의 영혼이 천국에 갈 것이라고 착각하며 점점 지옥 가까이 떨어지고 있는 이름뿐인 신자들, 자신에게 맡겨진 양들을 생명 없는 말씀으로 먹여 비쩍 마르게 하고 심지어 그 양들을 자신의 세상적 쾌락과 야망을 위해 잡아먹는 삯꾼 목자들까지, 그 모든 미혹된 영혼들을, 사탄은 지옥 문을 활짝 열어놓고 간절하게 기다릴 것이다.

한 영혼을 천국으로 인도하느냐, 지옥으로 보내느냐 그 치열한 마지막 때의 영적 전쟁터 한복판에 바로 미래의 참된 교회들과 두 증인이 서 있는 것이다. 그러므로 두 증인에게는 명확하게 이 땅의 영혼들에게 천국과 지옥의 길을 바르게 제시할 수 있는 능력이 필요하다.

마지막 때의 상황들은 진리와 비진리가 혼합되어 도무지 분간하기 어려운 영적 혼란의 시대가 될 것이다. 무엇이 진리인지, 무엇이 이단인지 마치 앞을 분간할 수 없는 짙은 안개 속에 있는 것처럼 대단히 분별하기 어려울 것이다. 사탄이 겉으로 보아 이단인지 아닌지 쉽게 분간할 수 있는 모습으로 다가오는 것이 아니라, 혼란스러운 광명의 천사의 모습으로 다가오기 때문이다.

그래서 겉으로 보기에는 주님의 참된 교회들인 것처럼 보이지만 사탄이 지배하는 교회들도 있을 것이며, 외적으로 보기엔 성령의 참된 운동들처럼 보이지만 사실은 사탄이 지배하는 영성 운동들도 기독교 안에 공존하게 될 것이다.

그러므로 궁극적으로 모든 영성 운동들 안에서는 오직 두 가지 종류의 길만이 존재하게 된다. 바로 생명의 길과 죽음의 길이다. 즉 한쪽에는 화려함과 거룩함의 외형을 갖춘 적그리스도의 종들이 많은 영혼들을 진리의 생명수로 인도하고 있는 것 같으나 실상은 영혼들을 죽이는 죽음의 길로 인도하고 있다. 다른 쪽에는 주님의 참된 종들이 영혼들을 진리의 길로 인도하면서 영혼들이 사망의 길로 빠지지 않도록 날마다 눈물의 기도와 가르침과 섬김으로 몸부림치는 길이 열려 있다. 주님이 보시기에 마지막 때에는 이 두 종류의 사역과 이 두 가지의 길만이 이 땅에 존재할 것이다.

마지막 때에는 일반 신자들뿐만 아니라 전문적인 신학자들, 경륜 있는 목회자들, 더 나아가 소위 은사적 능력에 능한 자들도 영적 혼란에 빠질 것이다. 이때 우리에게 절실하게 필요한 것은 주님께서 부어 주시는 넘치는 은혜뿐이다. 도저히 우리 힘으로는 사탄의 다양한 모습과 미혹들을 명확히 분별할 수 없기 때문이다.

바로 이런 이유 때문에 두 증인에게는 그리스도의 은혜 안에서 명확하고 날카로운 말씀의 해석 능력과 하늘의 계시적 기름 부으심이 동시에 충만하게 임하게 될 것이다. 그래서 그들은 진리를 찾아 방황하는 수많은 사람들에게 "이 길로 가면 천국입니다. 왜냐하면 이런 이유 때문입니다. 저 길로 가면 절대로 안 됩니다. 진리인 것 같으나 속임수입니다. 지옥으로 가는 길입니다"라며 정확히 경고해 줄 수 있을 것이다.

이때에는 진리의 길을 바르게 제시하는 것만이 한 영혼을 온전히 살리는 생명길이 될 것이며, 한 영혼의 영원한 운명을 지옥에서 천국으로 결정짓는 참된 방법이 될 것이다.

또한 요한은 두 증인의 활동 시기의 영적 상태를 다음과 같이 예언한다.

"그들의 시체가 큰 성 길에 있으리니 그 성은 영적으로 하면 소돔이라고도 하고 애굽이라고도 하니 곧 그들의 주께서 십자가에 못 박히신 곳이라"(계 11:8).

요한이 나타내고 있는 소돔과 애굽의 의미가 무엇인가? 성경에서 소돔은 동성애의 죄를 포함하여 여러 가지 죄악들로 가득 찬 도시로서 하나님의 준엄한 심판을 받은 바 있다. 선지자 에스겔에 따르면 소돔 성은 교만할 뿐 아니라 가난하고 궁핍한 사람들을 도와주지 않았던 악한 사회였으며(겔 16:49~60), 선지자 예레미야에 의하면 소돔과 고모라 사람들은 거짓 종교를 숭배하는 거짓 선지자들과 같았다(렘 23:13~14). 뿐만 아니라 사도 베드로는 거짓 선지자들이 당할 임박한 심판과 관련하여 소돔의 심판을 언급하고 있는데 거짓 선지자들의 경건치 아니함과 무법한 자의 음란한 행실을 소돔의 죄와 동일하게 생각하고 있다(벧후 2:8~10).

성경은 소돔 성이 단순하게 동성애의 죄악만을 범했던 사회라는 것을 말하고 있지 않다. 이 도시의 죄악은 훨씬 광범위하며 총체적인 타락상을 보여 주고 있다. 이 도시의 시민들이 변태적인 성욕에 빠져 허우적거릴 때 각 가정들은 숱한 갈등과 폭력 속에서 철저히 파괴되어 갔으며, 당연히 아이들은 치유될 수 없는 깊은 마음의 상처를 안고 거리에서 방황하며 범죄의 소굴로 빠져 들어갔다.

타락한 인간 본능을 채우기에 급급했던 이 도시는 결과적으로 이웃에 사는 헐벗고 가난한 자들을 돌보는 따뜻하고 아름다운 마음들을 완전히 상실하게 되었다. 이 도시를 지나가는 나그네들도 그들을 맞이하는 향기롭고 아름다운 환대 대신 쓰라린 멸시와 폭력을 맛보아야만 했다.

인간이 인간다워질 수 있는 길을 선택하는 대신 인간 이하의 짐승이 되기를 스스로 선택했을 때 사탄은 이 도시를 완전히 장악하게 되었고, 눈에 보일 수 있고 만들어 낼 수 있는 모든 악한 우상들이 그 도시 전체 거리를 가득 채우게 되었다. 이 우상들은 소돔 백성들의 포기할 수 없는 인간적 야망과 끓어오르는 탐욕을 나타내는 살아 있는 대변인들이었다.

한마디로 이 도시 안에서는 죄를 짓는 행위에 대해 일말의 양심을 가지고 괴로워하며 이웃들을 위해 기도할 수 있는 의인들을 단 10명도 찾을 수 없었다!

소돔의 백성들이 이와 같이 다른 사람에게 긍휼을 베풀기를 포기했을 때 하나님께서도 이 도시에 대한 긍휼의 손을 거두어 버리셨다.

이 도시가 절제하고 인내함으로 거룩하신 하나님을 찾는 길을 포기하고 악한 우상 숭배에 빠졌을 때 하나님께서도 이 도시에 대한 더 이상의 인내하심을 거두어 버리셨다. 이 도시가 끓어오르는 성적인 욕망의 불을 선택했을 때, 하나님께서도 이 도시에 대해 어느 누구도 꺼버릴 수 없는 하나님의 진노의 불과 유황을 선택하셨다.

동시에 이 도시를 심판하기 위해 최종 감찰을 맡은 세 명의 천사를 파송하셨다.

마침내 이 도시가 죄악과 사탄의 권세와 영적 어두움으로 가득 찼을 때 하나님께서 그분의 보좌로부터 이 도시 자체를 지상에서 쓸어 버릴 것을 결정하고 즉시 시행하신 것이다.

그렇다! 마지막 때의 세상이 그럴 것이다. 미래의 예루살렘도 그럴 것이다. 두 증인이 활동하게 될 타락한 세상 도시들 중의 하나인 미래의 예루살렘은 영적인 어두움이 땅을 덮은 곳이 될 것이며, 사탄의 권세에 속한 사탄의 도시가 될 것이다. 그리고 하나님의 준엄한 심판이 임할 것이다.

"그 때에 큰 지진이 나서 성 십분의 일이 무너지고 지진에 죽은 사람이 칠천이라……"(계 11:13).

왜냐하면 도시의 죄악이 크면 클수록 그 배후에서 역사하는 사탄의 권세도 합법적으로 커질 수밖에 없고, 하늘에 닿는 그 죄악은 궁극적으로 하나님의 준엄한 심판을 초래하기 때문이다.

사도 요한의 경우, 요한계시록 안에서 한 도시가 사탄에게 정복당할 수 있으며 그 도시의 영적 분위기가 어두움의 권세로 가득 찰 수 있음을 언급한 바 있다. 요한계시록 2장 9절은 서머나 도시 안에 있었던 '사탄의 회'(a synagogue of Satan)를 언급하고 있고, 2장 13절은 버가모 도시 안에 존재했던 '사탄의 위'(a throne of Satan)에 대해서 언급하고 있다. 그리고 2장 24절은 두아디라에 존재했던 '사탄의 깊은 것'(Satan's deep secret)에 대해 동시에 언급하고 있다. 이것은 당연히 주님이 다스려야 할 이 땅의 도시들이 우상 숭배와 인간의 죄악으로 더럽혀지고 사탄이 지배하는 저주의 도시들로 타락했음을 의미한다.

요한계시록 17~18장은 새 하늘과 새 땅, 곧 새 예루살렘 성과 날카로운 대조를 이루는 음녀 도시로서의 바벨론이 언급되는데, 요한이 환상 중에 본 그 도시의 특징은 "귀신의 처소와 각종 더러운 영이 모이는 곳과 각종 더럽고 가증한 새들이 모이는 곳"

(계 18:2)이었으며, 이 도시가 거래하는 상품에 '종들과 사람의 영혼들'이 포함되어 있다는 것은 결코 이상한 일이 아니었다(계 18:13).

요한은 이러한 환상들을 통하여 인간의 가득 찬 죄악 위에 구축된 사탄의 권세와 어두움의 천사들이 인간의 삶과 영혼을 유린하는 타락한 도시의 영적 실체를 적나라하게 고발하고 있는 것이다.

이 땅에서 사탄은 인간들에게 육체의 쾌락과 돈과 명예, 그리고 부귀를 선물한다. 그러면서 그 대신 요구하는 것은 인간의 영혼이다. 사탄이 이러한 거래를 즐겨 하는 이유는 육체나 돈은 이 땅에서만 필요한 것이지, 영원한 세상에서는 아무런 가치도 없다는 것을 잘 알기 때문이다.

그가 증오하는 것은 인간의 영혼이다. 왜냐하면 인간의 영혼은 하나님의 거룩한 형상대로 지음을 받았기 때문이다. 그는 하나님을 증오하기 때문에 인간의 영혼을 지옥으로 끌고 가 영원한 고통을 가함으로 잔혹한 쾌락을 즐기고, 지옥 속에서 고통 당하는 인간의 영혼들 때문에 역시 고통스러워하시는 주님을 보면서 경멸스러운 회심의 미소를 짓는다.

따라서 영혼을 사랑하는 것은 그리스도를 영화롭게 만든다. 영혼을 사랑하는 곳에 그분의 임재가 있고 그분의 영광이 빛난다. 영혼을 사랑하는 마음을 간구하는 것은 곧 예수 그리스도 그분 자신을 구하는 것이다. 가장 아름다운 사역은 영혼을 사랑하는 사역이다. 우리 연약한 인간은 기독교 사역의 세계적인 규모와 화려함에 감동하지만, 주님은 한 영혼을 위해 울면서 기도하는 한 신자의 그 따뜻한 마음과 순수한 동기에 깊은 감동을 받으신다. 그러므로 우리가 영혼을 사랑하는 마음의 순수함을 잃어버릴 때 사역의 외형과 관계없이 영원한 생명이신 그리스도 자체를 잃어버리게 되는 것이다.

위에서 언급한 도시 바벨론은 바로 타락한 소돔과 같은 곳이다. 바벨론은 거대한 종교 집단이며 세계를 연결하는 탁월한 시스템이고, 철저히 우상이 지배하는 도시이다. 또한 자기중심의 이기적인 사회이며 다른 사람을 향한 진실된 눈물은 찾아보기 힘들 것이다. 참된 진리는 박해를 받을 것이며, 오직 세계 공동체의 평화만을 위해 헌신과 희생이 요구될 것이다. 마지막 때에 적그리스도는 이러한 바벨론과 결탁하고 경제적 구조를 통해 수많은 영혼들을 사냥할 것이다. 많은 영혼들이 일용할 양식 때문에 짐승의 표를 받고 적그리스도를 숭배하며 가장 귀중한 자신의 영혼을 사탄에게 바칠 것이다. 그리고 그들은 훗날 영원한 지옥 불속에서 고통당하며 영원토록 후회의 눈물을 흘릴 것이다.

소돔과 마찬가지로 애굽(이집트)의 영적 상황도 비슷하다. 성경에서 애굽은 극심한 우상 숭배의 도시로 사탄의 권세가 절대적으로 지배했던 국가였다. 하나님이 모세를 통해 애굽에 내린 10대 재앙은 모든 재앙 하나하나가 애굽 사람들이 광신적으로 열렬히 숭배하던 애굽의 거짓 신들이나 애굽의 권세 자체에 대한 하나님의 거룩한 전쟁을 의미했다.

"내가 그 밤에 애굽 땅에 두루 다니며 사람이나 짐승을 막론하고 애굽 땅에 있는 모든 처음 난 것을 다 치고 애굽의 '모든 신'을 내가 심판하리라 나는 여호와라"(출 12:12).

하지만 비단 예루살렘뿐이겠는가? 마지막 때에는 세상 전체에 영적으로 깊은 어두움이 드리워질 것이다. 예수 이외에도 구원이 있다고 주장하는 종교다원주의는 모든 나라들과 문화 가운데 당연시될 것이다. 따라서 오직 예수만을 외치는 하나님의 백성들은 미움과 박해를 면치 못할 것이다. 수많은 거짓 선지자들이 일어나 세상을 미혹하게 될 것이며, 공격적인 이슬람은 전 세계적으로 기독교 신자들을 무자비하게 핍박할 것이다. 가톨릭은 세계 종교 통합을 주도하면서 적그리스도를 추대하는 주요 무대가 될 것이다.

어떤 요한계시록 연구가들은 두 증인이 활동하게 될 요한계시록 11장 8절의 예루살렘을 상징적으로 '온 세상'으로 해석해야 한다고 주장한다. 이것은 8절의 "그 성은 영적으로 하면 소돔이라고도 하고 애굽이라고도 하니"라는 구절에서 '영적'이란 말의 의미를 강조한 결과이기도 하다. 그러나 요한은 8절에서 예루살렘의 역사적이고 지리적인 의미를 동시에 예언하고 있음을 주목해야 한다. "곧 그들의 주께서 십자가에 못 박히신 곳이라."

따라서 요한계시록 11장의 두 증인은 역사적이고 실제적인 장소인 예루살렘에서(그러나 영적으로는 소돔과 애굽 같은 도시에서) 죽임을 당할 것으로 보아야 한다. 예수께서 2,000년 전 예루살렘에서 하나님의 거룩한 전쟁을 수행하고 십자가의 죽음을 당하신 것처럼 두 증인도 바로 그 예루살렘에서 마지막 때에 적그리스도와의 최후의 영적 전쟁을 수행하고 죽음을 맞이할 것이다.

본문 속의 두 증인은 마지막 때, 전 세계의 수많은 두 증인 그룹에 속한 사도들이고, 선지자들이다. 마지막 때에 타락한 세상의 많은 도시나 국가들 안에서 사역할 증인들 중에서 주님에 의해 특별히 선택된 두 사람만이 이스라엘에 선교사로 가게 될 것이며, 바로 그곳에서 순교하게 될 것임을 나는 이미 앞에서 언급한 바 있다.

하지만 이 이스라엘로 보내질 두 증인에게만 지나친 관심을 기울이는 것은 금물이다. 왜냐하면 마지막 때에는 모든 그리스도의 증인들이 각자 주님께서 보내시는 사역의 현장에서 나름대로 소중한 사역을 감당할 것이기 때문이다. 주님께는 모든 증인들이 다 소중하다.

우리의 관심은 요한계시록 11장의 두 증인에게 있는 것이 아니다. 궁극적인 우리의 관심은 우리 자신들이 바로 증인으로 세워짐에 있다. 우리가 처한 각자의 삶의 자리에서 그리스도를 위한 마지막 때의 증인들이 되는 것이다. 우리의 간절한 기도의 내용은 영혼 추수를 위해 우리 자신들이 두 증인의 영성과 능력으로 충만해지는 것이 되어야 한다.

매일매일을 두 증인의 삶을 살아가는 우리 자신들과 증인적 영성을 추구하는 거룩한 교회들 안에서 요한계시록 11장의 두 증인은 탄생되고, 만들어지고, 그래서 마침내 역사의 무대에 그 모습을 드러낼 것이다.

두 증인은 영적으로는 하늘의 보좌에서 주님이 선택하시고 그분 자신이 준비하시겠지만, 사도적 선지자들로 만들어지는 그 과정은 하늘이 아닌 바로 이 땅에서, 바로 우리들 가운데서, 말씀대로 살아가기 위해 몸부림치는 참된 교회들 안에서, 평범한 삶의 자리에서 비범하게 준비될 것이다. 이제 두 증인의 영성을 성경 속에서 더 구체적으로 살펴보자.

03 CHAPTER

마지막 때의 영성과 패러다임
마지막 기독교의 소망
두 증인이 온다

두 증인의 영성
- 그 비밀이 드러나다

"또 내게 지팡이 같은 갈대를 주며 말하기를 일어나서 하나님의 성전과 제단과 그 안에서 경배하는 자들을 측량하되 성전 바깥 마당은 측량하지 말고 그냥 두라 이것은 이방인에게 주었은즉 그들이 거룩한 성을 마흔두 달 동안 짓밟으리라 내가 나의 두 증인에게 권세를 주리니 그들이 굵은 베옷을 입고 천이백육십 일을 예언하리라 그들은 이 땅의 주 앞에 서 있는 두 감람나무와 두 촛대니 만일 누구든지 그들을 해하고자 하면 그들의 입에서 불이 나와서 그들의 원수를 삼켜 버릴 것이요 누구든지 그들을 해하고자 하면 반드시 그와 같이 죽임을 당하리라 그들이 권능을 가지고 하늘을 닫아 그 예언을 하는 날 동안 비가 오지 못하게 하고 또 권능을 가지고 물을 피로 변하게 하고 아무 때든지 원하는 대로 여러 가지 재앙으로 땅을 치리로다 그들이 그 증언을 마칠 때에 무저갱으로부터 올라오는 짐승이 그들과 더불어 전쟁을 일으켜 그들을 이기고 그들을 죽일 터인즉 그들의 시체가 큰 성 길에 있으리니 그 성은 영적으로 하면 소돔이라고도 하고 애굽이라고도 하니 곧 그들의 주께서 십자가에 못 박히신 곳이라 백성들과 족속과 방언과 나라 중에서 사람들이 그 시체를 사흘 반 동안을 보며 무덤에 장사하지 못하게 하리로다 이 두 선지자가 땅에 사는 자들을 괴롭게 한 고로 땅에 사는 자들이 그들의 죽음을 즐거워하고 기뻐하여 서로 예물을 보내리라 하더라 삼 일 반 후에 하나님께로부터 생기가 그들 속에 들어가매 그들이 발로 일어서니 구경하는 자들이 크게 두려워하더라 하늘로부터 큰 음성이 있어 이리로 올라오라 함을 그들이 듣고 구름을 타고 하늘로 올라가니 그들의 원수들도 구경하더라 그때에 큰 지진이 나서 성 십분의 일이 무너지고 지진에 죽은 사람이 칠천이라 그 남은 자들이 두려워하여 영광을 하늘의 하나님께 돌리더라 둘째 화는 지나갔으나 보라 셋째 화가 속히 이르는도다"(계 11:1~14).

요한계시록을 묵상하고 연구하면서 특히 요한계시록 11장에 나의 시선이 고정되었고 이 한 장을 2년이 넘도록 깊이 묵상하게 되었다. 그리고 요한계시록 11장에서 두 증인의 영성을 새롭고 구체적으로 발견하게 되었으며, 이 두 증인의 영성이야말로 우리 주 예수 그리스도의 재림을 준비하는 마지막 때의 영성임을 확신하게 되었다. 최근 전 세계적으로 일어나는 다양한 영성 운동들이 어디로 흘러가는지 성령께서는 이 요한계시록 11장의 렌즈를 통해 나에게 보여 주시기 시작했다.

물론 이 요한계시록 11장이 나의 눈에 들어오기까지는 1998년의 성령 체험부터 풀러 신학교에서의 영적 전쟁 신학 연구 과정, 그리고 내가 체험한 미국에서의 깨어짐과 광야의 영성이 그 기반이 되었음은 물론이다. 그러나 성령께서는 요한계시록 11장과 요한계시록의 해석에 대한 묵상과 연구 과정 가운데 하늘로부터 주체할 수 없는 놀라운 기름 부으심과 깨달음을 넘치게 주셨음을 고백하지 않을 수 없다. 그만큼 주님의 재림이 임박하고 있음에 대한 하나의 증거라고 할 수 있을 것이다.

나는 요한계시록 11장에 등장하는 두 증인의 영성 속에서 기독교 2,000년의 중요한 영성과 창세기부터 시작된 성경 전체에서 찾아볼 수 있는 핵심적인 영성의 지류들이 요한계시록 11장의 바다로 도도히 흘러 들어가서 바로 이곳에서 굽이쳐 소리 내고 있음을 발견하게 되었다. 따라서 나의 개인적인 소견으로는 이 두 증인의 영성이야말로 마지막 기독교의 본질이며, 모든 신자들이 추구하고 준비해야 할 영성임을 확신하게 된 것이다.

사도 요한이 예언한 미래의 두 증인의 영성 세계는 이미 역사적으로 하나님의 손에 들려 사용된 성경의 주요 인물들의 영성들이 균형을 이루며 동시에 통합적으로 나타날 것이다. 따라서 두 증인의 영성을 이해하기 위해서는 두 증인의 영성 속에 나타난 성경 인물들을 탐구하는 것이 대단히 귀중한 통찰력을 제공한다.

요한계시록 11장에는 중요한 성경 인물들의 영성이 두드러지게 나타난다. 즉 구약의 선지자들과 제사장들의 영적 그림자가 깊게 드리워져 있다(3절). 대제사장 여호수아와 총독 스룹바벨의 모습이 가까이 보인다(4절). 모세와 엘리야가 당당한 모습 가운데 걸어 나오고 있다(6절). 뿐만 아니라 통곡하는 예레미야의 음성도 들을 수 있고(5절), 저 멀리 떨어져서 묵묵히 우리를 바라보는 사도 요한의 탁월한 계시적 영성도 발견할 수 있다(3절). 그리고 무엇보다도 사랑하는 우리 주 예수 그리스도의 피 묻은 십자가가 요한계시록 11장 본문의 한복판에서 그 찬란한 영광의 빛을 우리에게 비추고 있음을 명백하게 눈으로 확인할 수 있다(7~12절).

요한계시록 11장은 이러한 인물들의 영성과 사역이 철저히 마지막 날들의 두 증인의 영성과 사역으로 재현될 것임을 보여 주고 있다. 그리고 요한계시록 11장이 요한계시록 안에서 놓여 있는 그 자리가 두 증인이 적그리스도와 싸우는 마지막 시대의 영적 전쟁이라는 핵심적인 장면임을 마치 영화 화면처럼 생생하게 보여 주고 있다.

그러므로 두 증인의 영성 속에는 종말의 때에 성령께서 가르쳐 주시고 보여 주시고자 하는 기독교의 핵심적인 영성들이 통합되어 나타나고 있는 것이다.

나는 이 책 전체에서 두 증인이 마지막 때의 사도들이요, 선지자들이라고 말하고 있다. 요한계시록 11장은 그들을 직접적으로 선지자라고 부르고 있다. 동시에 이들은 모세와 엘리야에게 주어졌던 동일한 사도적 능력으로 사역한다는 의미에서 이들을 마지막 때의 사도들로 부를 수 있을 것이다.

이제 사도 요한의 예언 속에 나타난 두 증인의 신비로운 비밀들을 함께 검토해 보자.

1강 구약의 선지자들과 제사장들 – 요한계시록 11장 3절에 나타난 참된 의미

"굵은 베옷을 입고 예언하리라"

사도 요한이 두 증인의 삶과 사역(계 11:3~13)을 예언하면서 3절의 말씀을 가장 먼저 언급하는 것은 중요한 의미를 갖는다. 즉 요한의 기록에 따르면, 두 증인이 마지막 때의 선지자들로서 감당해야 할 가장 중요한 사명은 '굵은 베옷을 입고' 땅에서 '예언' 하는 것이다. 선지자로서의 두 증인은 영적인 차원에 있어서 구약의 선지자들로부터 세례 요한에 이르기까지 하나님의 선지자들이라고 하는 그 연속선상에 함께 서 있다. 요한이 요한계시록 11장 10절에서 이들을 '선지자' 라고 구체적으로 기록하는 이유는 바로 이것 때문이다.

굵은 베옷은 구약에서 회개 시에 입는 의복을 나타낸다(왕하 19:1~2). 이러한 선지자들의 회개의 영성은 하나님의 마지막 심판과 깊은 관련을 맺고 있다.

선지자들은 이스라엘이 회개를 통해 끊임없이 하나님을 향한 거룩함을 추구해야 한다고 촉구했다. 회개는 마지막 때가 가까울수록 더욱 중요한 신학적 주제이다. 세상은 더욱 악해가고 악한 세상 가운데 생존하는 신자들은 자신도 모르게 악한 바이러스에 지속적으로 감염되고 있기 때문이다.

선지자들로서 두 증인의 가장 중요한 사명은 어두움의 시대에 하나님의 백성들이 죄악과 멸망으로 빠져 들어갈 때, 죄악의 심각함과 하나님의 심판을 미리 경고하고 회개를 촉구하는 것이다. 그들에게 중요한 것은 영혼 그 자체이다. 그들이 주님께 부르심을 받은 단 하나의 목적은 죽음의 바다로부터 소중한 영혼들을 구해내는 것이다. 회개는 그 죽음의 바다에서 영원한 생명 되신 그리스도께로 돌아가는 중요한 하나의 도구이다.

불신자들은 죄악 된 세상에서 유일한 구원자 되신 주 예수님을 영접하고 그분의 나라에 첫 발을 디딤으로 회개(돌아서는 것)하는 것이다. 그리고 하나님의 백성들은 자신이 자기 삶의 주인 된 자리에서 겸손히 내려앉고 주 예수님을 자신을 다스리는 진정한 왕으로 인정함으로 주님께로 돌이키는 것이 회개인 것이다.

일찍이 청교도 설교자 리처드 백스터(Richard Baxter)는 형식적인 회개를 위로 삼아 구원받은 것처럼 착각하고 지옥으로 달려가는 이름뿐인 신자들을 향해 다음과 같이 마음을 찢는 강력한 회개를 요구했다.

"육신의 정욕을 좇다가 남은 찌꺼기 시간과 차갑게 식은 열정만을 하나님께 드리는 자여, 육신의 자아를 부인하지 않으며 영혼의 튼튼한 결심을 하루 만에 허물어 버리는 자여, 가장 귀하게 여기는 것들을 그리스도께서 요구하실 때 드리기를 거부하는 자여, 그리스도를 위해 그것을 버리기보다 차라리 그분의 뜻을 거스르는 무모함을 선택하는 자여, 하나님께서 말씀하시니 귀를 기울이라. '너희는 돌이키고 돌이키라. 어찌 죽고자 하느냐?' 전에 이 말씀을 들어 보지 못했거나 읽어 보지 못했다면, 지금 이 순간 하나님께서 말씀하시니 귀를 기울이라. 회개하면 틀림없이 살겠지만 회개하지 않으면 반드시 죽을 것이다."

이와 같이 주님의 재림을 앞두고도 깊은 영적 나태함과 세상 쾌락 속에 빠져 있는 죽어 가는 교회들을 향하여 두 증인은 경고의 나팔을 불게 될 것이다. 왜냐하면 주님은 그분의 다시 오심을 철저히 준비하도록 마지막 시대를 살아가는 교회들을 잠에서 깨우기 원하시기 때문이다.

영원한 신랑 되신 주님께서 그분의 백성들과 이 땅의 교회들이 그분께서 다시 오실 때 거룩한 신부로서 맞이하기를 간절히 원하신다.

"우리가 즐거워하고 크게 기뻐하며 그에게 영광을 돌리세 어린 양의 혼인 기약이 이르렀고 그의 아내가 자신을 준비하였으므로 그에게 빛나고 깨끗한 세마포 옷을 입도록 허락하셨으니 이 세마포 옷은 성도들의 옳은 행실이로다 하더라"(계 19:7~8).

그러므로 마지막 때가 가까울수록 주님의 성령은 참된 예언자들과 영적으로 깨어 있는 교회들에게 회개의 메시지와 거룩함의 교리를 더욱 강력하게 요구하게 될 것이다.

그리고 주님의 재림을 준비하는 두 증인은 주 예수의 복음을 외면하고 지옥의 타는 불속으로 뛰어 들어가는 세상 사람들을 향해 주 예수께로 돌아올 것을 촉구하는 담대한 메시지를 선포할 것이다.

이러한 두 증인은 마지막 선지자로 불리는 세례 요한의 영성을 계승하게 된다. 세례 요한은 주 예수님으로부터 그분의 오심을 준비하는 '마지막 엘리야'로 인정을 받았다. 마찬가지로 두 증인도 마지막 세대의 모세와 엘리야로 부름을 받는다(계 11:6).

그러므로 '광야에서 외치는 자'의 소리로 쓰임 받았던 세례 요한같이 두 증인도 '마지막 때 세상에서 외치는 자의 소리'로 쓰임 받게 될 것이다. 그래서 세례 요한이 이 땅에 오신 주님의 길을 예비했듯이, 두 증인은 다시 오실 주님의 길을 예비하게 될 것이다.

타락한 이 세상 속에서 두 증인은 오직 하늘로부터 들리는 진리의 음성을 듣고 구원받아야 할 이 땅의 잃어버린 영혼들과 세속 도시들을 향해 종말론적 메시지를 불 같은 열정과 사자의 포효와 같은 담대함과 성령의 기름 부으심 아래 선포하게 된다.

그들의 가슴속에는 세상을 지배하는 사탄에 대한 하나님의 거룩한 분노로 가득 차 있으며, 죽음을 뛰어넘는 담대한 영성을 거룩한 주님의 보좌로부터 부여받는다.

레오나드 레이븐힐(Leonard Ravenhill)은 다음과 같이 말한다. "패역한 이 시대를 정면으로 질타하는 용광로 같은 선지자를 모집하라. 하나님께서 부르실 때 선지자들은 홀연히 나타나 성령님의 강력한 능력에 힘입어 진리를 외칠 것이다. 그들의 말은 쇠를 녹일 정도로 뜨거운 용광로처럼 타오를 것이다."

이와 같이 두 증인은 세상과 타협하지 않고 마지막 날들의 세상을 깨우는 선지자적 목소리를 간직하게 된다. 그들이 하늘의 메시지를 전할 때 살아 계신 주님은 회중 가운데 강력한 회개의 영을 부어 주실 것이며, 그들이 전하는 마지막 때의 메시지를 확증하기 위해 수많은 기사와 표적을 베푸실 것이다.

이렇게 두 증인은 회개와 심판과 거룩함의 메시지를 교회와 세상에 선포할 것이지만, 그들 자신이 먼저 주님 앞에서 그분의 거룩한 신부로 준비되어야 한다.

이사야의 경우를 보라! 그는 선지자로 소명을 받기 전 "화로다 나여 망하게 되었도다"(사 6:5)라고 고백함으로 입술이 부정한 죄지은 이스라엘 백성과 자신을 동일시한다. 공의로운 세계의 심판자이며 통치자로서의 하나님은 성소에서 입술이 더러운 사람들 중의 하나인 이사야를 먼저 거룩하게 만드시고 그를 범죄한 이스라엘 백성들 가운데로 선지자로 파송하신다. 이것은 구약의 선지자들에게 임했던 진리의 영을 똑같이 부여받은 요한계시록 11장의 두 증인의 경우에도 적용된다.

선지자로 부름 받은 두 증인 자신들이 먼저 그들에게 주어진 거룩한 사역을 위해 '굵은 베옷을 입고' 하나님 앞에서의 거룩함을 위해 회개할 것이다. 이 사실은 두 증인에 관한 중요한 이미지들 중의 하나인 대제사장 여호수아를 통해서도 확인된다. 대제사장 여호수아는 요한계시록 11장 4절에 언급된 두 감람나무 중의 하나이다. 아래의 구절을 읽어 보라!

"대제사장 여호수아는 여호와의 천사 앞에 섰고 사탄은 그의 오른쪽에 서서 그를 대적하는 것을 여호와께서 내게 보이시니라 여호와께서 사탄에게 이르시되 사탄아 여호와께서 너를 책망하노라 예루살렘을 택한 여호와께서 너를 책망하노라 이는 불에서 꺼낸 그슬린 나무가 아니냐 하실 때에 여호수아가 더러운 옷을 입고 천사 앞에 서 있는지라 여호와께서 자기 앞에 선 자들에게 명령하사 그 더러운 옷을 벗기라 하시고 또 여호수아에게 이르시되 내가 네 죄악을 제거하여 버렸으니 네게 아름다운 옷을 입히리라 하시기로 내가 말하되 정결한 관을 그의 머리에 씌우소서 하매 곧 정결한 관을 그 머리에 씌우며 옷을 입히고 여호와의 천사는 곁에 섰더라 여호와의 천사가 여호수아에게 증언하여 이르되 만군의 여호와의 말씀에 네가 만일 내 도를 행하며 내 규례를 지키면 네가 내 집을 다스릴 것이요 내 뜰을 지킬 것이며 내가 또 너로 여기 섰는 자들 가운데에 왕래하게 하리라"(슥 3:1~7).

스가랴의 환상 속에서 대제사장 여호수아는 '불에서 꺼낸 타다 만 나무'에 비유되고 있다. 대제사장 여호수아는 총독 스룹바벨과 더불어 주 하나님으로부터 바벨론에서 귀환한 유다 백성들을 독려하여 거룩한 성전을 재건하라는 시대적 부르심을 입은 소중한 사람이었다. 그럼에도 불구하고 대제사장 여호수아에게서도 오늘날의 우리들과 마찬가지로 여러 가지 인간적인 연약함과 죄악들이 발견되었음을 알 수 있다. 사탄은 이러한 대제사장 여호수아를 맹렬하게 비판하고 참소한다. 그가 감당하는 사역이 그 시대에 얼마나 중요한 것인지 사탄이 먼저 알았기 때문이다.

그러나 하나님께서 이러한 대제사장 여호수아의 더러운 옷을 벗기시고 그에게 정결한 관을 씌우시고 깨끗한 제사장 옷을 입혀 주셨다. 하나님의 종 여호수아의 죄악을 하나님께서 먼저 깨끗하게 제거해 주셨음을 기억하자! 즉 대제사장 여호수아는 그 자신이 새 시대의 제사장이 되기 전에 그의 죄가 먼저 하나님 앞에서 깨끗하게 처리되어야만 했다.

때로는 능력 있는 주님의 종들이 그 자신의 죄악이 깨끗하게 처리되지 않았음에도 불구하고 계속해서 능력 있는 사역을 감당함을 볼 수 있다. 그 자신의 인격적 결함과 의도적인 추악한 죄악들에도 불구하고 여전히 그의 사역을 통해서 능력이 나타나고 강한 기름 부으심이 임한다.

그래서 많은 사역자들은 자신의 사역을 통해 성령이 변함없이 강하게 나타나심을 보고 자신은 여전히 주님 앞에서 아무런 문제없이 쓰임 받는 귀한 종이라고 착각한다. 그러나 두려워하자! 죄악들이 하늘에서 자동적으로 처리된 것은 결코 아니다. 은밀하게 숨겨진 그 죄악들이 주님 앞에서 아무런 문제가 되지 않는 것은 결코 아니다.

그 죄악들은 우리가 스스로 처절하게 회개하지 않는 한 법적으로 결코 처리되지 않으며, 이 엄연한 사실을 주님도 알고 사탄도 알고 있다. 일반적으로 한 번 주어진 은사나 능력이나 기름 부으심이 처리되지 않는 죄악 때문에 철회되지는 않는다. 많은 영혼들이 그 능력들을 통해 유익을 얻고 있기 때문이다.

그러나 사역자 당사자들이 회개의 과정을 거치지 않으면 무서운 결과를 초래할 수가 있다. 하나님으로부터 용서받지 못한 죄들에 대해 사탄은 절대로 영적 공격을 포기하지 않는다. 고의적으로 처리하지 않는 죄가 쌓이면 마침내 사망을 낳게 될 것이다.

하나님이 대제사장 여호수아의 죄를 먼저 제거하신 것은 처리되지 않은 죄가 그의 사역을 지속적으로 훼방함과 동시에 결과적으로 대제사장 여호수아 개인에게도 치명적인 결과를 가져올 수 있었기 때문이다.

그렇기 때문에 시대적 사명을 감당할 두 증인도 동일한, 바로 그 하나님 앞에서 '굵은 베옷을 입고' 먼저 자신의 거룩함을 위해 끊임없이 회개하게 될 것이다.

예전에 청년들을 데리고 기도원 집회를 간 적이 있다. 낮에 청년들이 자체 프로그램으로 모임을 진행하고 있을 때 나는 하늘의 능력을 받기 위해 기도원 뒷산으로 올라갔다. 적당한 곳, 바위 밑에 자리를 잡고 간절히 기도하고 있을 때 성령이 강하게 임하시기 시작했다. 그러나 그 성령은 내가 원했던 불 같은 하늘의 능력이 아니라 내 속에 있는 죄악들을 토하게 만드시는 회개의 영이었다. 거의 한 시간 이상을 바위 밑에서 뒹굴며 회개했다. 성령께서는 내 속에 있는 더러운 죄악들을 문자적으로 '입 밖으로' 토하도록 역사하셨다. 어찌나 심하게 토하는지 등가죽이 배에 달라붙을 정도였다. 나는 그때 자신을 거룩하게 만드는 뼈저린 회개가 얼마나 중요한 일인지 절감했다.

죄에 대한 심각함을 깨닫고 주님 앞에서 처절하게 자신의 거룩함을 위해 몸부림쳤던 청교도 영성가들을 기억하자. 한 번도 자신의 초라한 영혼 때문에 심각하게 울어 보지 못했다면, 우리들의 그 너절하고 얕은 영성으로 인해 슬퍼하자. 주일에 한 번, 주님 앞에 나와 예배드림으로 스스로 만족하며 나의 삶에 주님께서 복을 주실 것이라고 스스로를 위로하며 돌아서는 가식적인 우리들의 모습을 바라보며 슬퍼하자.

오늘날은 주님 앞에서 몸부림치며 우는 신자들을 발견하기 어렵다. 십자가 앞에서 통회하며 우는 신자들을 발견하기 어렵다. 바쁘고 힘든 세상에서, 분주함으로 돌아가는 세상에서 우리는 세상과 적당하게 타협해 버렸다. 끊임없이 내 자신을 성찰하며 많은 시간을 드려 눈물의 기도와 말씀을 묵상하는 가운데 세상과 구별된 내 자신과 나의 영혼을 주님께 드리는 대신 세상의 논리를 따라 편하게 포장되고 인스턴트화된 나의 껍데기를 주님께 드리기를 기뻐한다. 즉 주님 앞에 거룩한 나의 영혼 그 자체를 겸손하게 드리는 대신 내가 세상에서 얻은 물질과 육체적인 봉사로 그 자리를 적당히 대체하고 스스로 만족하며 교회 문을 나선다. 이 힘든 세상 속에서 주님이 나와 내 가정에 놀라운 복과 위로를 주실 것을 굳게 믿으며…….

그러나 주님께서 주시는 하늘의 참된 위로와 소망은 죽어 가는 내 영혼을 발견하고 난 후에야 주님께로부터 온다. 내가 죄악된 이 세상에서 얼마나 그 죄악을 나도 모르게 먹고 마시며 살아가는지, 나 자신을 말씀과 성령 안에서 발견할 때 하늘의 위로가 시작된다. 메마른 뼈와 같이 죽어 가는 내 영혼을 발견하고 그 영혼을 살리기 위해 몸부림칠 때 치유가 시작된다.

분노와 질투, 교만과 시기, 더러운 욕망과 자기 자랑, 열등의식 및 그 밖의 내재된 숱한 상처들이 우리의 영혼을 더럽히고 있어서 마치 우리의 영혼은 어두움의 사슬로 꽁꽁 묶어 놓은 듯 심각한 속박의 상태에 있다. 그럼에도 불구하고 사람들 앞에서 우리 자신은 아무런 문제가 없는 것처럼 자기 자신들을 아름다운 신자로 포장해 왔던 그 초라한 영적 자아상을 발견하고 고백하며 통곡함으로 주님께 나아갈 때, 비로소 주님으로부터 오는 참된 영적 회복이 시작된다.

어떤 신자가 이런 문제로부터 자유로울 수 있는가? 영성이 깊은 그 어떤 신자들도, 수많은 사람들을 구원한 그 어떤 위대한 복음전도자도, 놀라운 치유의 역사가 일어나는 그 어떤 능력사역자도, 세계를 이끌어 가는 그 어떤 영적 지도자도, 매일 몇 시간씩 금식하며 기도하는 사람일지라도, 죄악 그 자체로부터 완전히 자유로울 수 없다. 우리는 주님 앞에 서는 그 순간까지 우리 내면의 상처들과 죄악들과 싸우게 될 것이다.

그러므로 두 증인 역시 죄악과 유혹, 시험과 넘어짐으로부터 자유로울 수 없기 때문에 굵은 베옷을 입고 날마다 자신을 위해 회개할 수밖에 없을 것이다. 이것이 주님 앞에 서는 개인적 차원의 회개이다. 그러나 두 증인의 '굵은 베옷을 입는' 회개의 영성은 개인적 차원에만 머무는 것은 결코 아니다.

요한계시록 11장 4절을 보자.

"그들은 이 땅의 주 앞에 서 있는 두 감람나무와 두 촛대니."

위의 구절에서 사도 요한은 두 증인에 대해 그들을 '두 감람나무'로 호칭하고 있는데, 이미 언급한 바와 같이 스가랴 4장의 두 감람나무는 대제사장 여호수아와 또 다른 인물인 총독(왕) 스룹바벨을 의미한다. 이는 두 증인이 영적으로 왕(초대교회적 명칭은 사도)이며, 동시에 제사장적인 기능을 함께 수행할 것임을 함축하는 표현이다.

그러므로 두 증인은 마지막 때에 영적으로는 하나님과 죄악된 세상 사이에서 중보적 제사장으로 부름 받은 사람들이다. 두 증인은 주님의 재림으로 이 세상에 임할 하나님의 마지막 심판이 점점 다가오는 시점에서 세상을 향한 중보기도자로 부름을 받는다.

그들은 기도 가운데 죄악들과 사탄 숭배로 멸망해 가는 세상의 영혼들을 그들의 가슴에 품을 것이다.

그리고 이 죄악 된 세상과 지옥 불속에 던져질 불쌍한 영혼들을 주님의 보좌 앞에 올려 놓고 끊임없는 중보의 기도를 드리는 사명자로 부름을 받게 된다. 왜냐하면 두 증인은 열방을 향한 제사장으로 '굵은 베옷을 입는' 거룩한 사명이 주어졌기 때문이다.

오늘날 얼마나 많은 교회들이 중보기도의 불을 붙이는가? 얼마나 많은 신자들이 함께 모여 마지막 때의 세상을 위해 회개하며 울부짖는가? 먹고 사는 것 때문에 얼마나 많은 신자들이 기도실이나 골방이 아닌 사무실에서 밤을 지새우는가? 천국에 보화를 쌓는 대신 이 땅에 보물을 쌓기 위해 우리는 얼마나 땀 흘려 일하는가?

다시 한 번 레오나드 레이븐힐의 질타하는 목소리를 들어 보자.

"하나님의 심판의 불길이 타오르고 있는데 어찌 그리 천하태평인가? 세상이 죄악의 수렁에서 헤매는데 어찌 그리 천하태평인가? 복음을 들어야 할 사람들이 무수한데 어찌 그리 천하태평인가? 세상 사람들이 지옥을 향해 쏜살같이 달려가는데 어찌 그리 천하태평인가? 교회가 깊은 잠에 빠져 있는데 어찌 그리 천하태평인가? 나는 도대체 이해가 되지 않는다. 어찌 그리 천하태평인가?"

동시에 그는 나 같은 사역자들을 의식하며 이렇게 묻는다. "당신 교회의 목사는 밤을 지새우는 사람인가? TV를 보느라고 밤을 지새우는 것 말고 베옷을 입고 밤을 지새우는가? 그는 이웃 사람들이 지옥으로 달려가는 것을 슬퍼하면서 밤을 지새우는가? 그는 마귀가 그의 도시와 이 어두운 세대를 지배하는 것을 보고 밤을 지새우며 탄식하고 울부짖는가? 자기의 신학적 지식이 종이호랑이처럼 무력하다는 것을 깨닫고 겸손히 베옷을 입는가?"

두 증인은 이렇게 영혼들을 위해 밤새워 기도하는 사람들 가운데 나타날 것이다. 자신들에게 맡겨진 영혼들과 도시들을 위해 중보기도 드리는 참된 신자들 가운데 두 증인의 기름 부음이 가득해질 것이다. 그들은 마지막 때의 영혼들을 사탄의 발톱으로부터 지키는 영적 파수꾼들이며, 도시들을 어둠의 권세로부터 보호하는 도시의 영적 문지기들이다.

2강 두 증인 – 하늘 문이 열리다!

"그들은 이 땅의 주 앞에 서 있는 두 감람나무와 두 촛대니"(계 11:4).

'주 앞에 서는' 영성의 첫 번째 의미 : 주 앞에 머무는 영성

주님이 그분을 경외하고 사랑하는 그분의 자녀들과의 친밀감을 중요시한다는 사실은 이미 널리 알려져 있다. 미래의 두 증인도 또한 그러할 것이다. 위의 요한계시록 11장 4절을 다시 주목

하자. 사도 요한이 기록하고 있는 위 구절에서 '서다'에 해당하는 헬라어 원문의 시제는 두 증인이 이미 오랜 세월 동안 적극적으로 주님을 섬겨 왔음을 의미한다.

이것은 무엇을 의미하는가? 두 증인은 묵상과 기도와 예배 가운데 주님을 섬기며 그 보좌 앞에서 주님과 오랜 시간을 함께 보낸 기도의 사람들이요, 신실한 예배자들이며, 주님의 친밀한 신부들이라는 의미이다.

마지막 때에 두 증인에게 하늘은 닫힌 하늘이 아니라 온전히 열린 하늘이다. 그 열린 하늘을 통해 두 증인은 거룩한 신부로 주님 앞에 선다. 신부는 신랑이 있을 때 그 존재 이유가 발견된다. 그리고 신랑은 신부와 함께 시간을 보내는 것을 정말 기뻐한다.

두 증인은 주님의 재림을 준비하고 적그리스도와의 전면적인 영적 전쟁이라는 인간의 역사상 매우 중요한 사명을 감당할 사람들이지만, 그들은 또한 주님과의 개인적이고 인격적인 관계를 진정으로 소중히 여기는 사람들이 될 것이다.

우리는 주님을 위한 사역만이 주님을 기쁘시게 한다고 착각한다. 그러나 사실은 그 반대일 수 있다. 주님께서는 사역에 너무 바쁜 그분의 자녀들을 안타까워하신다. 사역 이전에 주님과의 친밀감을 유지하기 위해 주님 앞에서 오랜 시간을 보내는 종들을 주님께서는 기뻐하신다. 성령 사역자인 윤남옥 목사님이 이런 재미있는 말씀을 하신 적이 있다. "주님이 일을 시키면 일을 하고, 일거리를 주시지 않으면 주님과 놀면 된다."

아무리 권능 있는 사역자라도 휴식을 취하지 않으면 쓰러진다. 때로는 우리의 모든 사역을 겸손히 주님 앞에 내려놓고 주님의 음성을 다시 듣는 시간이 필요한 법이다. 주님 앞에 오래 머물러 있을 때 그분의 마음을 알게 된다. 주님의 영광 앞에 오래 머물러 있을수록 그분을 더욱 깊이 사랑할 수 있다. 주님의 일을 추구하는 사역적 영성도 중요하지만 주님의 현존 안에 머무는 신비적이고 관계적인 영성은 더욱 소중하다.

거룩한 그리스도의 신부로서 주님과 친밀감을 누리는 이러한 영성은 이미 전 세계적으로 그리스도의 몸 안에서 점점 강조되고 있는 추세에 있다. 미국 캔자스시티에 소재하며 마이크 비클(Mike Bickle)이 이끄는 24시간 중보기도 단체인 IHOP(International House of Prayer)의 사역이 그중 하나이다. 전 세계의 많은 크리스천들이 이 단체를 방문하며 강한 성령의 임재와 기름 부으심을 경험하고 있다. 마이크 비클은 구약성경의 아가를 강조하며 주님과의 친밀감 있는 기도에 큰 비중을 두고 있다.

두 증인의 능력이 하늘과 땅을 움직이고 그들의 사역에 있어서 초자연적인 기사와 표적들이 빈번하게 일어나게 될 그 근원적인 이유 중의 하나는 바로 두 증인이 주님 앞에 오래 머물러 있기를 기뻐하기 때문이다. 그들은 목마른 사슴이 시냇물을 찾기에 갈급함같이 타는 목마름으로 주님과의 친밀한 관계를 끊임없이 추구하는 선지자들이다.

두 증인은 주 예수님의 거룩한 신부로, 때로는 그분의 가장 친밀한 친구들로 그분 앞에 머문다. 마지막 때의 세상과 영혼들을 보며 탄식하시는 심판주 되신 그분의 음성을 늘 곁에서 들으며 세상을 보며 가슴 아파하시는 만왕의 왕 되신 그분의 통곡을 그들의 가슴에 담는다.

주님과 함께 울 수 있는 신자들이 참된 신자들이다! 주님이 이 땅에서 고통받는 사람들을 바라보며 우실 때, 기근과 굶주림, 질병과 강간, 전쟁의 상처들과 비극적 사건들을 경험한 수많은 영혼들이 절규하며 고통을 당할 때, 주님도 그 감당할 수 없는 고통들을 함께 경험하신다.

눈물 흘리는 이 땅의 영혼들 곁에 주님도 함께 계신다. 사람들은 하늘을 쳐다보며 하나님은 없다고 원망하며 울부짖지만, 여전히 주님은 그들과 함께 계신다.

주님이 세상을 바라보며 고통을 당할 때 두 증인의 영성을 가진 신자들이 주님 곁에서 함께 고통을 받는다. 주님의 눈물은 곧 그들의 눈물이 되며, 주님의 아픈 마음은 곧 그들의 애통이 된다. 주님의 마음으로 세상을 위해 중보기도할 때 두 증인은 주님과 함께 열방을 다스리는 것이며, 두 증인은 주님과 함께 마지막 세상을 준비하기 위해 하늘의 전략실로 인도된다.

'주 앞에 서는' 영성의 두 번째 의미 : 하늘회의에로의 참여

우리는 성경에서 선지자들의 놀라운 지혜와 계시의 영에 관한 이야기를 종종 읽을 수 있다. 그중 한 사람이 바로 선지자 엘리사이다. 엘리사는 그의 안방에서 적국의 상황을 꿰뚫어 본 선지자로 기록되어 있다. 아람 왕이 이스라엘을 침략하려는 계획을 실행에 옮길 때마다 실패한다. 그는 자기 나라에 이스라엘과 내통하는 어떤 탁월한 비밀 정보원이 있다고 생각했지만, 그의 측근 중 한 사람이 그 이유를 이렇게 대답했다.

"우리 주 왕이여 아니로소이다 오직 이스라엘 선지자 엘리사가 왕이 침실에서 하신 말씀을 이스라엘의 왕에게 고하나이다"(왕하 6:12).

정말 놀라운 일이 아닌가! 엘리사는 기도 가운데 적국 아람 왕의 정치적 군사적 전략들을 주 하나님으로부터 계시받고 이스라엘 왕에게 그 사실을 알려 주어 아람 왕의 모든 침공에 대비하도록 한 것이다.

선지자들이 기도 가운데 주님으로부터 전략들을 계시받는 방법들 중에서 가장 높은 차원에 속한 것이 바로 주님의 보좌 앞으로 초청받는 것이다. 두 증인이 바로 이러한 가장 높은 차원의 선지자의 영을 가진 사람들이 될 것이다.

요한계시록 11장 4절에 언급된 '주 앞에 선다'는 그 성경적 의미를 다시 한번 확인하자. 앞에서 본 바와 같이 이 구절은 두 증인이 그리스도의 신부로 주님과의 친밀감의 차원에서 그분 앞에 서서 섬기며 예배하는 것을 의미한다.

동시에 이 구절은 선지자들이 셋째 하늘로 표현되는 주님의 보좌 앞에까지 영으로 도달하는 것을 말한다. 이 보좌회의는 하늘의 전략실, 천상회의 또는 하나님의 법정으로도 불리는데 인간과 역사의 모든 결정이 내려지는 지극히 거룩한 하늘의 지성소이다. 바로 이 성삼위 하나님의 회의에 두 증인이 직접 참여하는 구절로 해석된다.

구약성경에서 천상회의는 주 하나님께서 보좌에 앉아 계시고 천사들이 그 주변에 서 있는 전형적인 모습으로 나타난다. 예를 들면, 다음의 구절들을 읽어 보자.

> "하나님은 신들의 모임 가운데에 서시며 하나님은 그들 가운데에서 재판하시느니라"(시 82:1).
> "하나님은 거룩한 자의 모임 가운데에서 매우 무서워할 이시오며 둘러 있는 모든 자 위에 더욱 두려워할 이시니이다"(시 89:7).
> "하루는 하나님의 아들들이 와서 여호와 앞에 섰고 사탄도 그들 가운데에 온지라"(욥 1:6).

선지자 예레미야는 이러한 천상회의에 참여해 하나님의 결정 사항들을 직접 목격했고 결과적으로 거짓 선지자들이 전하는 메시지가 거짓임을 영 분별 할 수 있었다(렘 23:18).

> "만군의 여호와께서 이와 같이 말씀하시되 너희에게 예언하는 선지자들의 말을 듣지 말라 그들은 너희에게 헛된 것을 가르치나니 그들이 말한 묵시는 자기 마음으로 말미암은 것이요 여호

와의 입에서 나온 것이 아니니라……누가 여호와의 회의에 참여하여 그 말을 알아들었으며 누가 귀를 기울여 그 말을 들었느냐"(렘 23:16~18).

이러한 천상회의의 참여는 엘리사의 전쟁에서 뿐만 아니라 마지막 때의 영적 전쟁에서도 마찬가지로 적용될 것이다. 우리는 사탄이 어떻게 세계를 경영하고 어떤 전략으로 영혼들을 공략하는지 알아야만 효과적으로 전쟁을 수행할 수 있다.

그 최상의 방법은 인간의 역사와 우주를 경영하고 섭리하시며 최후의 영적 전쟁에서 승리케 하시는 총사령관 되신 주 예수님으로부터 마지막 때의 세상과, 대적인 사탄의 움직임에 대해 정확한 정보를 제공받는 것이다. 이것은 지극히 성경적이다. 왜냐하면 아브라함이나 모세 같은 구약의 신자들보다도 사도 바울 같은 신약시대의 신자들이 그리스도의 복음의 비밀이나 하늘의 계시적 내용에 대해 더 구체적으로 알고 있었다고 보아야 한다. 신약시대에는 구약시대보다는 하늘의 비밀들이 더 공개되었으며 마지막 시대와 주님의 재림 직전에는 하늘의 거의 모든 계시들과 능력들과 기름 부으심이 풀려 나온다고 보아야 한다.

사도 바울은 1세기 신자들인 에베소 교회에 다음과 같이 권면한 바 있다.

"우리 주 예수 그리스도의 하나님, 영광의 아버지께서 지혜와 계시의 정신을 너희에게 주사 하나님을 알게 하시고 너희 마음의 눈을 밝히사 그의 부르심의 소망이 무엇이며 성도 안에서 그 기업의 영광의 풍성함이 무엇이며 그의 힘의 위력으로 역사하심을 따라 믿는 우리에게 베푸신 능력의 지극히 크심이 어떠한 것을 너희로 알게 하시기를 구하노라"(엡 1:17~19).

1세기의 사도 바울이 이렇게 기도했다면 마지막 때에는 주님이 그분의 백성들에게 우리가 지금까지 이해하지 못한 하늘의 지혜와 계시의 정신을 쏟아 부어 주시리라고 기대하는 것이 성경적이라는 것이다. 이런 의미에서 천상회의는 곧 주님께서 마지막 시대의 모든 것을 그분의 선지자들에게 보여 주시는 하늘의 전략회의 장소가 되는 것이다.

하늘의 천상회의와 관련하여 이 땅에서 구체적인 하나의 실례를 보여 주는, 미국 국가안전보장국의 정보 수집 능력에 대한 다음의 기사를 읽어 보자.

미국의 국가안전보장국(NSA)은 미국 중앙정보국(CIA)보다 더 막대한 정보 수집, 분석 능력을 자랑하는 미국 펜타곤(국방부) 특별활동국 소속 정보 기관으로 그 실체가 철저히 베일에 싸여 있다. 국가안전보장국은 주로 위성 촬영, 적외선 촬영, 전파 감청 등과 같이 최첨단 장비를 이용하는 시전트(SIGENT) 방식에 의존해 정보 수집을 하고 있다. 현재 국가안전보장국은 전 세계 주요 분쟁 지역의 상공에 띄워놓은 키 홀(KH) 등 20개의 고성능 화상정찰위성을 통해 지상에 있는 약 15센티미터

크기의 작은 물체, 예컨대 지상에서 운행중인 자동차의 번호판까지 정확히 읽어내고 있다. 핵무기 개발 의혹을 사고 있는 북한의 영변 핵개발단지도 24시간 내내 키 홀 첩보위성의 감시 아래 놓여 있다. 이러한 능력은 적국과의 전쟁에 대해 절대적으로 우월적인 위치에 설 수밖에 없도록 만든다.

그렇다! 이 세상에서도 국가들 간의 물리적인 전쟁에 승리하기 위해서는 종합적이고 구체적인 정확한 정보들이 필요한 것처럼, 영적인 세계에서도 승리를 거두기 위한 구체적인 정보들이 필요하다. 그것은 이 땅의 교회들이 영원한 대적인 사탄과 지옥의 군대들에 효과적으로 대응하기 위해서는 효과적인 전략들을 필요로 하기 때문이며, 효과적인 전략은 구체적이고 정확한 정보들을 바탕으로 세워지기 때문이다.

사탄이 마지막 때에, 특히 주님의 재림이 이루어지기 직전에 할 수만 있다면 더 많은 영혼들을 지옥으로 끌고 가기 위해 몸부림칠 것은 당연한 일이다.

"그러나 땅과 바다는 화 있을진저 이는 마귀가 자기의 때가 얼마 남지 않은 줄을 알므로 크게 분내어 너희에게 내려갔음이라 하더라"(계 12:12).

사탄은 다가오는 시대에 그의 모든 능력과 권세를 적그리스도에게 부어 주어 세상을 미혹할 것이다. 그러므로 우리가 사탄의 전략―그것이 선교적이든, 정치적이든, 경제적이든, 군사적이든, 세계 종교와 문화적인 것이든―에 대해 더 구체적으로 알수록, 하나님의 교회들이 어둠의 권세들의 움직임에 대해 정확한 많은 정보를 제공받을수록, 우리는 더 효과적으로 마지막 세대의 영적 전쟁을 수행할 수 있다.

그러면 이러한 하늘의 구체적인 정보들은 누구를 통해 교회들에게 알려지는가?

그리스도의 몸을 형성하는 모든 지체들은 각자가 독특한 기능과 서로 다른 능력을 가지고 있다. 모든 사역자들이 엘리사의 능력을 소유하는 것은 아니며, 또 그럴 필요도 없다. 중요한 것은 마지막 때의 교회들이 이러한 능력을 소유한 소수의 신자들을 인정하고 받아들이는 일이다.

그들은 바로 마지막 때의 교회들의 영적 파수꾼으로 부르심을 받은 예언자들―영적인 독수리의 눈을 가진 선지자들―과 헌신되고 신실한 중보기도자들이다!

주 하나님의 계획과 사탄의 전략들에 대해 가장 고차원적인 계시의 단계에 있는 선지자들이 바로 삼위 하나님의 전략회의 장소인 천상회의(Heavenly Council)에 참여할 수 있는 영적 권세와 부르심을 받은 예언자들이다.

이들은 깊은 중보기도와 입신 단계에서 영으로 주님의 보좌 앞으로 이끌려 가는 자들이다. 그리고 그 보좌 앞에서 예언자들과 높은 차원의 중보기도자들은 마지막 때에 주님께서 어떻게 세상을 경영하시고, 어떤 방법으로 그분의 거룩한 전쟁을 수행하고자 하시는지 구체적인 하나님의 전략들을 목격한다. 동시에 세상을 미혹하기 위한 사탄의 깊은 전략들에 대해서도 통찰력과 계시를 받게 된다.

  이러한 방법은 주님 자신이 육신을 입고 이 땅에 계실 때 하나님의 나라를 확장하기 위해 사용하셨던 전략적 방법이다. 주님께서는 이 땅에 계실 때 수시로 많은 기도를 하셨고, 영으로 아버지의 보좌에 올라가 천상회의에서 하나님 아버지께서 결정하시고 보여 주신 바대로 이 땅에서 그대로 순종하며 행하셨던 분이다. 그래서 주님께서는 다음과 같이 제자들에게 말씀하셨다.

> "내가 진실로 진실로 너희에게 이르노니 아들이 아버지께서 하시는 일을 보지 않고는 아무것도 스스로 할 수 없나니 아버지께서 행하시는 그것을 아들도 그와 같이 행하느니라"(요 5:19).

  미래적 두 증인은 기도 가운데 사도 요한처럼 하늘 문을 통해(계 4:1) 주님의 보좌 앞으로 초청받는 놀라운 선지자들이 될 것이다. 그들은 때때로 깊은 환상 중에 주님께서 마지막 때에 하늘과 이 땅에서 행하고자 하시는 하나님의 계획들을 생생하게 목격하게 된다.

  두 증인은 마지막 때에 대한 성경과 요한계시록의 가르침들에 정통할 뿐 아니라 이러한 천상회의를 통해 그 가르침에 대한 부차적이고 보완적인 깊은 계시와 통찰력들을 얻게 될 것이다.

그래서 적그리스도와의 마지막 때의 영적 전쟁을 통해 어떻게 영혼들을 효과적으로 추수할 수 있는지 그 전략들을 세우고 집행하게 될 것이라는 것이다.

'주 앞에 서는' 영성의 세 번째 의미 : 하늘의 영성

우리는 앞에서 '주 앞에 서다' 라는 의미가 일차적으로 거룩한 그리스도의 신부 됨을 위한 개인적 차원의 회개와 세상을 향한 제사장적 중보기도의 의미가 있음을 살펴보았다. 그리고 더 나아가 하늘의 보좌 앞에서 각 열방과 나라와 족속을 향한 하나님의 전략을 목격할 수 있는 선지자적 차원도 있음을 알았다. 이제 마지막 의미를 살펴보자. 그것은 곧 영원한 천국에 소망을 두는 하늘의 영성이다.

이 땅에서 투쟁하는 모든 하나님의 백성들의 궁극적 비전은 하나님과 어린양의 보좌 앞에서 승리의 찬가를 부르며 하나님을 영원히 찬양하는 것이다(계 15:2~4). 그리고 아픔과 사망과 눈물이 사라진 새 하늘과 새 땅에서 영원한 안식을 누리는 것이다(계 7:15~17, 14:13, 21~22장).

요한계시록 11장의 두 증인의 경우에도 이것은 예외가 아니다. 이들은 성령의 능력으로 부활한 후 하늘로부터 큰 음성을 듣고 하늘로 올라가게 된다(계 11:12). 사도 요한 또한 "이리로 올라오라"는 하나님의 음성을 듣고 "이후에 마땅히 될 일을 보기 위해" 성령에 감동되어 하늘의 보좌 앞으로 이끌려 올라간 경험을 한 바 있다(계 4:1 이후).

그러나 양자 사이에는 분명한 차이가 있다. 즉 사도 요한은 요한계시록을 기록해야 하는 그의 증거적 사명 때문에 일시적으로 하늘로 올라가지만, 두 증인은 이 땅에서 자신들에게 위임된 예수 그리스도에 대한 증거를 끝마치고 영원히 하나님의 보좌 앞에 거하기 위해 하늘로 올라가게 된다. 선지자적 증거와 기적들, 고난과 죽음과 부활을 통해 오직 영혼들과 예수 그리스도를 위한 최후의 복음 증거 사역을 아름답게 수행했던 두 증인은 '실제적으로 영원히' 하나님의 보좌 앞에서 안식하기 위해 하늘로 올라간 것이다.

요한이 계시록 전체를 통해 끊임없이 강조하고 주목하는 것은 바로 이 하늘이며 하나님의 보좌이다. 이 땅에서 고난을 받는 교회 공동체가 지속적으로 소망 가운데 바라보아야 할 대상이 바로 하늘이라는 것이다. 동시에 하나님의 능력 안에서 승리하고 있는 하나님의 백성들이 기뻐해야 할 대상은 그 승리를 볼 수 있는 이 땅이 아닌, 땅의 승리를 통해 하나님의 영광이 드러나는 영원한 하늘로 나타난다.

요한계시록의 궁극적인 강조점인 주 예수 재림에 대한 소망도 궁극적으로 이 땅이 아닌, 하늘과 하나님의 보좌 앞에서의 존재함을 위한 것이기 때문에 가치 있는 것이다. 요한계시록 11장 12절에 나타난, 두 증인이 하늘로 올라가는 모습을 통해 요한이 강조하는 궁극적인 본향으로서의 하늘이 요한계시록의 수신자들에게 깊이 각인되고 있는 것이다.

신자들인 우리의 궁극적인 비전도 이것이다. 각자에게 주어진 선한 싸움에서 승리하고 영원한 주님의 보좌 앞에 자랑스럽게 서는 것이다. 나그네로 살아가는 이 세상에 소망을 두지 않고 우리가 가게 될 저 하늘에 영원한 소망을 두는 것이다. 예수 그리스도의 재림을 준비하라고 외치는 요한계시록의 메시지는 마지막 때에 두 증인의 메시지를 통해 재현될 것이다.

이들은 신자들과 세상에 대해 끊임없이 이 세상에서 영원한 세상으로 눈길을 돌리도록 만드는 하늘의 강력한 목소리이다. 우리들은 얼마나 자주 이 하늘을 잊어버리고 사는지 모른다. 어제와 오늘 그리고 내일, 지치고 힘든 나그네의 인생 가운데 우리들의 영혼이 영원히 돌아가야 할 저 본향을 너무나 쉽게 잊어버리는 적이 한두 번이 아니다. 우리는 너무나 땅에 집착하고 땅만 쳐다보고 산다. 우리가 헤치고 나가야 할 그 현실이 너무나 힘들고 우리 앞에 놓인 산들이 높게만 느껴진다.

그래서 어떤 때는 우리의 믿음도 약해지고 왜곡된 현실의 흐름 속에 안주하고 타협하면서 넘어지기도 한다. 너무나 쉽게 다른 사람의 말 한마디에 상처를 받고 내 눈앞의 욕심과 이기심 때문에 다른 사람의 고통에는 아랑곳하지 않고 내 자신과 내 사역부터 챙기는, 스스로도 부끄러운 모습에 얼굴이 화끈거리는 적이 한두 번이 아니다.

교회 안에서조차 목사가 나보다 다른 사람들에게 더 신경을 쓰는 것 같고, 식당에서 구역 식구들이 나보다 새신자에게 먼저 반찬을 갖다 주기라도 하면 마음속에서 은근히 부아가 치밀고

자존심이 구겨지는 듯한 소리가 들리지만, 겉으로는 넓은 마음의 소유자인 양 얼굴에 환한 미소를 지어야만 한다.

어떤 경우에는 목사보다 더 믿음이 있고 더 사랑이 넘치며 인격적인 장로님과 권사님들을 본다. 그럴 때면 목사 된 우리보다 그분들이 오히려 목회자로, 사역자로 부름을 받았더라면서 좋았을 것이라는 생각도 든다. 인간적인 자질을 보아도 주님의 저울질에 도무지 못 미치는 나 같은 사람을 왜 사역자로, 선교사로, 목사로 부르셨는지 주님의 뜻을 도무지 이해할 수 없는 그런 초라한 자화상을 우리는 발견하지 않는가? 선교지의 열매 없는 사역을 바라보면서, 그리고 몸부림쳐도 도무지 성장하지 않는 미자립 교회의 현실 앞에서 당장 사역과 목회를 집어치우고 세상 속으로 뛰어나가 돈이나 열심히 벌고 싶은 상상을 하다가도 교인이 심방을 요청하는 전화라도 걸려오면 짐짓 거룩한 얼굴로 부리나케 뛰어나간다.

살면서 부닥치는 세상의 자그마한 유혹과 난관 앞에서도 실망하고 힘없이 넘어져서 스스로 초라한 모습과 불쌍한 눈초리로 주님을 바라보며 그분의 이해와 동정을 구한다. 그러나 주님을 바라볼 때마다 언제나 우리는 그분의 눈길 속에서 우리에게 대한 그 측은함과, 동시에 너무나 실망하시는 생생한 표정을 어렵지 않게 읽어 낼 수 있다.

언제까지나 어린아이와 같은 모습으로 남아 있는 우리들의 영적인 현실을 개탄하시며 믿음과 영성에 있어서 장성한 자의 분량으로 자라나서 주님의 마음까지 이해하고 세상의 악과 고통에 대해 흘리시는 그분의 눈물까지도 닦아 드릴 수 있는 그분의 친구로까지 자라나기를 기대하시는 그 눈길을 느끼며 스스로 절망한다.

우리는 왜 이렇게 연약할까? 왜 이다지도 능력 없이 살아가는 것인가? 초대교회 신자들처럼 죽음 앞에서 믿음으로 순교하는 그 놀라운 저력은 도대체 어디에서 나오는 것인가? 요한처럼 우리들의 영안이 열렸으면 좋겠다. 요한처럼 하늘이 열리고 주님의 보좌 앞에 서서 우리들을 위해 주께서 친히 준비하고 계신 그 영원한 새 하늘과 새 땅을 목격했으면 참 좋겠다. 그래서 영원을 사는 주님의 자녀답게 당당하고 담대하게 이 세상을 살아갔으면 좋겠다. 왕의 자녀답게 세상을 향해 사자처럼 포효하며 믿음으로 살아갔으면 참 좋겠다.

우리가 담대해질 수 있는 방법은 끊임없이 우리의 삶 속에서 주님을 반복적으로 만나는 것이다. 이 땅에서 거룩한 신부로서 능력 있게 싸울 수 있는 영성은 이 땅에 대해 끊임없이 아파하시는 주님의 눈물과 하늘로부터 내려오는 성령님의 능력을 우리 영혼 속에 반복적으로 채우는 것이다. 우리가 주님을 위해 죽을 수 있는 순교자적 영성은 하늘만을 바라보는 하늘 영성 안에서 만들어진다.

3강 두 증인의 영성 – 여호수아와 스룹바벨

요한계시록 11장 4절에 "그들은 이 땅의 주 앞에 섰는 두 감람나무와 두 촛대니"라고 했다.

위에서 언급된 구절은 스가랴 4장 12~14절, 그리고 요한계시록 1장 20절과 깊은 관련이 있다.

"다시 그에게 물어 이르되 금 기름을 흘리는 두 금관 옆에 있는 이 감람나무 두 가지는 무슨 뜻이니이까 하니 그가 내게 대답하여 이르되 네가 이것이 무엇인지 알지 못하느냐 하는지라 내가 대답하되 내 주여 알지 못하나이다 하니 이르되 이는 기름 부음 받은 자 둘이니 온 세상의 주 앞에 서 있는 자니라 하더라"(슥 4:12~14).

"네가 본 것은 내 오른손의 일곱 별의 비밀과 또 일곱 금 촛대라 일곱 별은 일곱 교회의 사자요 일곱 촛대는 일곱 교회니라"(계 1:20).

사도 요한은 위에서 보는 바와 같이 구약의 스가랴 4장에 등장하는 감람나무와 금 촛대의 이미지를 이 구절에서 사용하고 있다. 그리고 동시에 요한계시록 1장 20절의 '촛대는 곧 교회'라는 이미지를 동시에 사용하고 있음이 틀림없다. 특히 '두 감람나무와 두 촛대'가 헬라어 원문에서 정관사로 표현되고 있다는 사실로 볼 때, 이 두 감람나무와 두 촛대의 이미지가 요한계시록의 수신자들에게는 이미 익숙한 개념임을 추측할 수 있다.

그 이미지는 바로 대제사장 여호수아와 총독 스룹바벨에 관한 것이다.

요한은 바로 이 두 감람나무와 두 촛대의 이미지를 미래적 두 증인에게 적용시키고 있는 것이다.

우리가 잘 알고 있는 바와 같이 대제사장 여호수아와 총독 스룹바벨은 당시 성전 재건 운동을 이끌었던 영적 지도자들이었다. 바벨론에서 돌아온 이후 이들이 발견한 것은 귀환한 백성들 사이에 아직도 남아 있는 마음속의 죄악들이었다. 이러한 백성들과 함께 예루살렘 성전을 재건하는 것은 이제 이러한 죄악들을 온전히 버리고 거룩한 백성으로 하나님만을 다시 섬길 것을 결단하는 의미가 포함되어 있었다.

왜냐하면 그들이 바벨론의 포로로 잡혀간 것은 그들의 조상이 하나님을 버리고 우상을 숭배했기 때문이며, 그 결과 예루살렘 성읍이 멸망 당하고 거룩한 성전이 파괴되었기 때문이다.

여호수아와 스룹바벨이 성전 재건 작업을 통해 원했던 것은 과연 무엇이었을까? 이제는 폐허가 되어 버린 그 자리에 그 옛날 화려하고 아름다웠던 솔로몬 성전과 같은 웅장한 성전을 다시 세우는 것, 단지 그것이 목적이었을까? 그들이 원했던 것이 건물로서의 성전 그 자체였을까?

결단코 아니다! 그들이 원했던 것은 단순히 성전 그 자체가 아니라 유다 백성들 마음속에서 다시 지어지는 마음의 성전이었다. 다시 말해서 그들이 정말 원했던 것은 바벨론 포로에서 돌아온 남 유다의 백성들이 눈에 보이는 성전을 재건하면서 동시적으로 눈에 보이지 않는 그들 자신의 내면 세계를 신앙으로 새롭게 구축하기를 원했던 것이다. 즉 죄악으로 무너진 자신들의 믿음의 성벽을 하나씩 하나씩 다시 쌓아가기를 원했을 것이다.

그렇기 때문에 여호수아와 스룹바벨의 성전 재건 사역은 이러한 쓰라린 역사적 교훈을 되새기며 백성들 가운데 새로운 영적 부흥을 일으키는 신앙 부흥 운동과 직결되어 있었다.

하나님 보시기에 중요한 것은 사실 눈에 보이는 성전이 결코 아니다. 중요한 것은 내면의 세계이다. 눈에 보이지 않는 우리의 심령이다. 우리의 마음에 천국이 임하는 것이 중요한 것이다. 우리는 이 땅에서 천국을 연습한다. 천국이 연습되는 것은 바로 우리의 마음속이다. 그 속에서 다른 사람을 용서하고 사랑하는 법을 끊임없이 연습한다. 자기를 희생하고 헌신하는 법을 연습한다. 천국이 바로 그런 곳이기 때문이다. 심령 속에 천국의 품성과 능력이 임하는 것, 그것이 바로 영적 부흥이다! 미래의 두 증인은 인간들의 마음속에 천국의 능력이 임하도록 사역할 것이다. 그들은 이 땅의 헐벗은 가난한 영혼들을 그리스도 안에서 천국의 놀라운 임재 앞으로 인도하게 될 것이다.

따라서 사도 요한은 요한계시록 11장을 통해 두 증인의 중요한 임무들 중의 하나를 스가랴 4장의 여호수아와 스룹바벨의 이미지와 관련하여 예언하고 있는 것이다. 미래의 두 증인은 여호수아와 스룹바벨처럼 성전 재건 운동, 즉 주 예수의 재림을 준비해야 할 마지막 때의 성전인 교회들과 심령들을 영적으로 회복하며 재건시키는 사역을 수행할 것으로 보인다. 이 운동은 현대

교회 안에서 볼 수 있는 수평 이동을 통한 양적 교회 성장 운동이 아니다. 사람들의 심령 속에 하나님의 나라 자체가 임하는 부흥 운동이다. 무너지고 타락한 교회들 안에서 영적 기초를 회복하는 영적 각성 운동이요, 하늘로부터 오는 참된 부흥 운동이다.

주님의 재림을 무엇보다도 먼저 준비해야 할 그분의 교회들이 도덕적으로 영적으로 무너지고 타락한 현실은 무엇보다도 주님의 마음을 심히 슬프게 만드는 것이다. 마지막 때의 두 증인은 그들이 비록 어떤 교단이나 교회에 소속되어 있는 사역자들이라 할지라도 특정한 교리나 신앙 스타일에 얽매이지 않을 것이다.

왜냐하면 그들의 궁극적인 사명 중의 하나가 자신의 교회가 아닌 이 땅의 교회들을 영적으로 회복시키는 사역이기 때문이다. 그러므로 두 증인의 영성은 개 교회 중심주의가 아니다. 이 땅의 모든 교회들의 참된 부흥에 관심을 가지는 우주적 교회를 위한 영성이다. 그들은 자신들의 자라온 신앙적 배경이나 교단이나 교파를 초월하여 참된 신자들 간의 협력적인 네트워크를 추진할 것이며 범세계적인 거대하고 하나 된 그리스도의 몸을 구축하게 될 것이다.

물론, 주님이 오실 때까지 교단과 교파는 존재할 것이며 이 땅의 많은 교회들은 여전히 잠자고 성령의 인도하심에 불순종한 채 안일하고 비판적인 자세를 견지하겠지만, 그럼에도 불구하고 성령께서는 강권적으로 두 증인적 종과 두 증인적 교회 사이에 마지막 시대의 협력 체제를 구축하실 것으로 예측된다.

왜냐하면, 사탄으로부터 모든 능력과 권세와 이 땅의 많은 것들을 위임받아 다각적으로 무장한 적그리스도 체제와 지옥의 군대들에 대항하기 위해서는 하나 된 그리스도의 몸이 필연적이기 때문이다. 적그리스도는 하나의 세계 정부를 구성할 것으로 보이며 성령께서는 이 체제에 대항하기 위해 그리스도의 몸 안에서 범세계적인 네트워크를 준비하도록 촉구하실 것이다.

아합 왕 때에 하늘에서 불을 내리는 사도적 능력을 부여받았던 엘리야도 바알에게 무릎 꿇지 않은 남은 칠천 명과 효과적인 네트워크 체제를 구축하기 못했기 때문에 쉽게 탈진하고 넘어졌다. 아무리 하늘의 능력과 선지자적 영을 부여받은 놀라운 사도들과 선지자들이라 할지라도 혼자서는 이 외롭고 엄청난 영적 전쟁을 감당할 수 없다. 오직 공동체적 네트워크만이 마지막 때의 사도들과 선지자들을 지치지 않게 붙들 수 있는 강력한 시스템이다.

적그리스도는 세속적인 이 땅의 정부들과 권력들, 경제권과 정치력 등 눈에 보이는 능력들과 눈에 보이지 않는 어두움의 천사들을 지휘하는 자리에 오를 것이다. 반면에 두 증인은 이 땅에서 순교자의 믿음과 능력으로 무장한 엘리야 시대의 칠천 명과 같은 참된 신자들과 교회들과 함께 동역할 것이며, 눈에 보이지 않는 하늘의 천군 천사들의 강력한 도움을 받게 될 것이다.

마지막 때의 그리스도의 몸은 두 증인적 영성과 능력을 부여받은 거룩한 그리스도의 신부들로 구성되며, 증인들은 이 그리스도의 몸을 섬기는 마지막 때의 사도들과 선지자 그룹이다. 이들이 적그리스도를 대적하는 강력한 하나님의 군대를 곳곳에서 이끌게 될 것이며 세계 도처에서 성령의 불을 일으키는 도구들로 쓰임 받게 될 것이다.

이것은 성경적으로 매우 타당하다. 왜냐하면 마지막 때에 지옥으로부터 나오는 사탄의 권세들이 지구 전체를 뒤덮게 될 것이기 때문이다.

> "그가 무저갱을 여니 그 구멍에서 큰 화덕의 연기 같은 연기가 올라오매 해와 공기가 그 구멍의 연기로 인하여 어두워지며 또 황충이 연기 가운데로부터 땅 위에 나오매 저희가 땅에 있는 전갈의 권세와 같은 권세를 받았더라"(계 9:2~3).

그러나 이러한 영적 전쟁 운동은 스룹바벨에게 주신 말씀처럼(슥 4:6~7) 인간의 힘과 능력이 아닌, 성령의 능력으로 이루어질 것이다.

이러한 대제사장 여호수아와 총독 스룹바벨의 성전 재건과 영적 부흥 운동은 미래적 두 증인을 통해 구체화될 것이지만, 이러한 미래적 사역을 앞으로 일어날 사역으로만 기대하는 것은 의미가 없다.

주님이 원하시는 것은 바로 지금이다! 주께서는 지금 이 순간, 이 땅의 교회들 가운데 이러한 부흥 사역이 일어나기를 원하신다. 그리고 저와 여러분의 영혼 속에 이러한 부흥이 불꽃처럼 일어나기를 원하신다는 것이다. 부흥의 기초는 주님의 나라가 이 땅에 능력으로 임하는 것을 기도 가운데 간절히 품는 것이다. 우리의 심령이 목마른 사슴이 시냇물을 찾기에 갈급한 것처럼 주님의 강력한 임재를 사무치도록 사모하는 것이다. 그때 하늘로부터 오는 부흥이 우리의 심령 가운데 하늘과 땅을 흔들며 임하게 될 것이다.

부흥은 주님을 지식적으로 아는 우리의 지성이 주님을 직접 만남으로 가슴에 불이 붙는 것을 의미한다. 세상 것으로만 가득 찬 내 심령에 하늘의 거룩한 능력과 기름 부으심이 강권적으로 들어오는 것을 의미한다.

부흥은 하나님의 나라가 내 심령 속에 침투해 들어오는 것이다. 영적 잡초만이 무성한 우리의 영혼 속에 하늘의 불이 임하는 것을 의미한다. 나의 죄악 된 삶 가운데 지옥의 권세가 두려움으로 소리를 지르며 떠나가는 것을 의미한다.

부흥은 내 힘으로는 도저히 변화될 수 없었던 나의 삶이 성령의 권능으로 놀랍게 변화되는 것을 의미한다. 변화된 나를 통해서 나의 가정이 변화되고 나의 직장과 사업장에 새로운 변화의 바람이 부는 것을 의미한다. 이는 사회 전체가 변화되는 놀라운 바람이다. 바로 이것이 부흥이다! 그 옛날 부흥전도자였던 조지 휫필드나 존 웨슬리, 미국의 조나단 에드워드나 찰스 피니를 통해서 일어났던 바로 그 부흥이다. 그러한 부흥은 바로 내 속에 잠재해 있다. 우리가 간절히 바라고 원하고 간구할 때 부흥은 시작된다. 부흥과 변화는 내가 간절히 바라며 몸부림칠 때 그 씨앗을 땅에 심는 것이며, 주님의 때에 이르러 하늘 문이 열릴 때 풍성한 그 열매를 맺는 것이다.

4강 두 증인의 영성 – 예레미야

요한계시록 11장 5절의 의미

"만일 누구든지 그들을 해하고자 하면 그들의 입에서 불이 나와서 그들의 원수를 삼켜 버릴 것이요 누구든지 그들을 해하고자 하면 반드시 그와 같이 죽임을 당하리라"(계 11:5).

사도 요한은 예레미야 5장 14절과 15장 20~21절에 나타난 하나님의 말씀, 즉 선지자 예레미야에게 주신 말씀의 의미를 두 증인에게 예언적으로 다시 적용하고 있는 것으로 보인다.

하나님이 당시의 심판과 회개 메신저였던 선지자 예레미야의 입술에 주신 말씀의 권세가 다음과 같이 약속된다.

"그러므로 만군의 하나님 여호와께서 이와 같이 말씀하시니라 너희가 이 말을 하였은즉 볼지어다 내가 네 입에 있는 나의 말을 불이 되게 하고 이 백성을 나무가 되게 하여 불사르리라"(렘 5:14).

동시에 하나님께서 그 중요한 시대적 증인으로서의 사명을 감당해야 했던 예레미야를 절대적인 안전 가운데 보호하실 것을 다음과 같이 약속하셨다.

"내가 너로 이 백성 앞에 견고한 놋 성벽이 되게 하리니 그들이 너를 칠지라도 이기지 못할 것은 내가 너와 함께하여 너를 구하여 건짐이라 여호와의 말씀이니라 내가 너를 악한 자의 손에서 건지며 무서운 자의 손에서 구원하리라"(렘 15:20~21).

선지자 예레미야는 어느 날 해 저무는 성읍 예루살렘을 말없이 내려다보며 한없는 영적인 어두움 속으로 침몰하는 유다 백성들의 실체를 본다. 불순종과 우상 숭배로 온통 더럽혀진 그들의 영혼과 그 죄악상은 이미 하나님의 보좌 앞에 상달된 지 오래이다. 선지자는 이미 예루살렘 너머 북쪽으로부터 심판을 위해 달려오는 이방 민족의 날카로운 말 병거 소리와 밤 하늘을 가르는 헐떡이는 말 울음 소리를 듣고 있다. 선지자는 그분의 백성들을 바라보며 탄식하며 눈물 흘리시는 하나님의 심장으로 경고의 말씀을 선포한다. 그러나 완악한 유다 백성들은 선지자를 통해 주시는 준엄한 하나님의 그 말씀을 귀를 스치고 지나가는 한낱 바람소리로 무시해 버린다.

"그들이 여호와를 인정하지 아니하며 말하기를 여호와께서는 계시지 아니하니 재앙이 우리에게 임하지 아니할 것이요 우리가 칼과 기근을 보지 아니할 것이며 선지자들은 바람이라 말씀이 그들의 속에 있지 아니한즉 그같이 그들이 당하리라 하느니라"(렘 5:12~13).

그 결과는 어떠했는가? 유다 백성들이 무시하고 짓밟고 지나갔던 그 하나님의 말씀은 훗날 선지자 예레미야가 눈앞에서 지켜보는 가운데 남 유다 백성들을 무참하게 짓밟고 지나가는 무서운 심판으로 나타났다.

예레미야의 입에서 나갔던 그 경고의 말씀은 마침내 평화롭던 예루살렘 성읍을 불태우고 성전을 파괴시키며 백성들을 칼과 창으로 도륙하는 재앙과 심판의 불로 바뀌고 있음을 본다. 이 순간 하나님은 만군의 야훼 하나님으로 표현되며, 이 표현은 하나님의 속성 중의 하나를 나타내는데 그것은 하나님 자신의 거룩한 이름과 영광을 위해 친히 싸우시는 하나님의 전쟁과 관련된 것이다.

그러므로 예레미야 5장 14절은 죄악으로부터 회개하지 않는 남 유다를 향한 하나님의 전쟁과 심판이라는 개념에서 사용되었다.

이제 요한계시록 11장 5절의 말씀을 다시 주목하자.

"만일 누구든지 그들을 해하고자 하면 그들의 입에서 불이 나와서 그들의 원수를 삼켜 버릴 것이요 누구든지 그들을 해하고자 하면 반드시 그와 같이 죽임을 당하리라."

사도 요한은 지금 무엇을 말하고자 하는가? 선지자 예레미야의 얼굴이 미래적 두 증인의 얼굴과 오버랩되면서 똑같은 이미지로 겹쳐져서 선명하게 나타나고 있음을 기억하자! 요한은 선지자 예레미야가 감당했던 그의 사역의 핵심을 미래적 두 증인의 사역에 예언적으로 연결시키고 있다.

예레미야에게 해당되는 두 가지의 진리, 즉 하나님이 그의 입술에 주신 그 말씀이 불이 될 것이라는 것과, 그를 절대적으로 보호하실 것이라는 약속은 그대로 마지막 때의 두 증인에게 적용될 것이라는 사실이다.

두 증인의 사역은 거듭 강조하지만, 마지막 날들에 온 세상을 미혹하게 될 사탄과 적그리스도, 거짓 선지자들을 대적하는 영적 전쟁 사역으로 주님의 재림을 준비시키시는 야훼 하나님의 거룩한 전쟁 자체를 의미하는 것이다. 그러므로 하나님의 백성인 유다 백성들이 하나님의 말씀을 불순종하고 무시했을 때, 선지자 예레미야의 말씀이 종국적으로 무서운 불이 되어 대적 바벨론을 통해 유다 백성들과 예루살렘을 불태워 버렸듯이 두 증인의 사역도 그러할 것이다.

사람들이 마지막 때를 경고하는 두 증인의 예언적 증거 사역(계 11:3)을 무시하고 더 나아가 대적하게 될 때, 두 증인의 예언자적인 증거는 강력한 하나님의 말씀의 불이 되어 마침내 능력과 심판으로 세상에 임하게 될 것이라는 것이다.

그리고 하나님은 두 증인의 사명이 끝날 때까지 이들을 절대적으로 보호하실 것이다.

"……누구든지 그들을 해하고자 하면……반드시 그와 같이 죽임을 당하리라"(계 11:5).

예레미야 시대 당시, 그의 선지자 사역을 반대하는 유다 백성들은 그를 극심하게 핍박했다. 그러나 하나님께서는 인간적으로 두려워했던 예레미야에게 절대적인 그분의 보호하심을 말씀하셨다. 마찬가지로 마지막 때의 두 증인도 열방을 향한 그들의 사역이 하나님의 정하신 때인 카이로스의 시간이 될 때까지(계 11:7) 모든 사탄적 능력과 인간의 공격으로부터 하나님의 절대적인 보호를 받게 될 것이다. 즉 두 증인의 대적들은 반드시 죽임을 당할 것이다.

모든 그리스도인들도 마찬가지이다. 어느 누구나 주님께서 부르시는 그날까지 이 땅에서 감당해야 할 나름대로의 사명이 있다. 그 사명이 어떤 것이며 무엇인가는 그렇게 중요하지 않다. 우리가 죽기 전에 이 땅에서 감당해야 할 사명이 있다는 그 자체가 중요하다.

우리는 이 사명을 감당할 때까지는 죽을 수 없다. 아니, 죽어서는 안 된다. 우리가 주님이 부르신 그 신적 부르심(Divine Calling)에 적극적으로 응답하고 그 부르심의 영역 안에서 겸손히 순종함으로 주님의 뜻을 성취하고자 결단한다면 어찌 사탄이 우리를 감히 손댈 수가 있겠는가? 우리는 연약해도 주께서는 강하시기 때문에 우리는 실패할 수 없다.

그러므로 주님의 부르심이 우리 안에서 열매를 맺을 때까지 우리는 시험과 고난을 견디어야 하고 다시 일어나야 한다. 그리고 끝까지 싸울 것을 결단하고 최후의 승리를 하늘과 땅에, 그리스도의 이름으로 선포해야 한다. 그리고 일어나서 걸어가야 한다. 뛰어야 한다. 믿음과 의지와 결단과 포기하지 않음이 우리 속에 있다면 열악한 환경과 사탄은 두려움으로 비틀거리며 우리 뒤로 물러설 것이다.

두 증인을 통해 나타날 예레미야적 사역

"만일 누구든지 그들을 해하고자 하면 그들의 입에서 불이 나와서 그들의 원수를 삼켜 버릴 것이요 누구든지 그들을 해하고자 하면 반드시 그와 같이 죽임을 당하리라"(계 11:5).

요한계시록 11장 5절에는 그분의 선지자 예레미야를 향한 하나님의 뜨거운 마음이 그대로 녹아 있다. 고통스런 시대, 멸망을 향해 달려가는 하나님의 백성들을 위해 오직 하나님의 뜨거운 심장으로 진리를 선포하며 나아갔던 선지자 예레미야를 향한 하나님의 절대적인 애정과 긍휼이 뜨겁게 녹아 있는 것이다.

사도 요한이 환상 가운데 바라보기 시작했을 때 하나님은 그 옛날 거룩한 종 예레미야에게 주신 하나님의 그 마음을 마지막 때의 두 증인에게도 동일하게 부어 주시는 것을 목격했다. 선지자 예레미야를 향한 하나님의 그 깊은 신뢰가 바로 마지막 때의 두 증인을 향해서도 동일하게 주님의 뜨거운 심장 깊은 곳으로부터 흘러나와 두 증인의 마음속을 가득 채우는 것을 목격한 것이다.

"만일 누구든지 그들을 해하고자 하면 그들의 입에서 불이 나와서 그들의 원수를 삼켜 버릴 것이요 누구든지 그들을 해하고자 하면 반드시 그와 같이 죽임을 당하리라"(계 11:5).

위의 구절에는 앞으로 두 증인이 감당해야 할 예레미야적 사역이 함축적으로 내포되어 있다. 두 증인과 선지자 예레미야의 사역이 공통점을 가질 수밖에 없는 필연적인 이유는 이미 역사적으로 이루어진 예레미야의 사역과 앞으로 이루어질 두 증인의 사역이 아주 비슷한 시대적 상황 속에서 연출될 것이기 때문이다. 즉 선지자 예레미야는 임박한 예루살렘 멸망을 눈앞에 두고 있었던 위기 시대 속의 선지자였으며, 두 증인은 다가오는 세상의 멸망과 주님의 임박한 재림이라는 긴박한 마지막 때의 상황 속에서 사역할 마지막 선지자들이기 때문이다.

예레미야의 경우, 그 시대적 상황 속에서 그의 메시지는 백성들의 회복과 소망보다는 심판과 회개 쪽에 더 비중을 두고 있었다. 예레미야 1장 10절은 그의 사역의 특징을 단적으로 말해 주고 있다.

"보라 내가 오늘날 너를 여러 나라와 여러 왕국 위에 세워 네가 그것들을 뽑고 파괴하며 파멸하고 넘어뜨리며 건설하고 심게 하였느니라."

예레미야의 사역은 '뽑으며 파괴하며 파멸하며 넘어뜨리는 것'으로 네 개의 동사에 의해 반복되어 언급된다. 그러나 '건설하며 심는' 것은 두 번에 걸쳐 언급되고 있을 뿐이다. 예레미야의 사역의 특징은 분명히 심판 쪽에 그 강조점이 있었음을 알 수 있다.

그러나 궁극적인 예레미야의 사역의 목적이 오직 심판에 있었겠는가? 남 유다의 회복과 구원이 아니겠는가? 문제는 죄악들을 파괴하며 파멸하며 넘어뜨리는 그 뼈아픈 경고와 회개의 고통스런 과정이 없다면 하나님의 용서와 치유와 구원이 없다는 데 있다. 이것이 숱한 선지자들이 핍박을 받은 이유이다.

누가 귀에 거슬리는 소리를 좋아하겠는가? 인간의 본성은 듣기 좋은 설교, 무조건 소망을 주고 힘을 주는 설교를 좋아한다. 안 그래도 힘이 드는 세상, 피곤한 인생살이에서 어느 누구라도 긍정적인 약속과 무조건적 축복을 약속하는 설교를 듣고 싶어한다. 목회자조차도 주님께 책망을 받으면 힘이 쭉 빠진다. 그러나 주님은 무엇보다도 우리의 영혼 문제에 관해서는 혹독하게 다루시는 분임을 알아야 한다. 우리가 하나님과의 관계에서 바로 서지 않으면 그분은 단호히 매를 들고 우리에게 다가오신다. 그 길만이 우리가 주님 곁에서 영원히 함께 살 수 있는 길이기 때문이다.

마지막 때의 두 증인의 사역도 그럴 것이다. 그들은 임박한 그리스도의 재림과 흰 보좌 심판이라는 인간 역사의 종착역을 앞두고 있기 때문에 더욱 그러할 것이다. 그들은 한 영혼이라도 더 영원한 새 하늘과 새 땅으로 들여보내기 위해 죄악에 관한 하나님의 심판과 주님의 다시 오심을 강력하게 선포하게 될 것이다. 때로는 그들의 사역이 세상 사람들에게 두려움과 공포를 주기도 하겠지만 또 한편으로는 주님을 진실로 사랑하는 사람들에게 하나님의 나라에 대한 한없는 소망을 불어넣을 것이다. 그리고 주님께서 두 증인과 함께하심 때문에 그들의 사역으로부터 자연스럽게 흘러나오는 성령의 강력한 기름 부으심이 수많은 사람들에게 세상이 줄 수 없는 충만한 기쁨을 주게 될 것이다.

두 증인의 궁극적인 사역의 목적은 요한계시록 11장 13절에 나타난 바와 같이 영원한 불못으로 던져질 영혼들을 그리스도 안에서 회개토록 하여 하나님께 영광을 돌리게 함으로 마지막 영혼 추수를 통한 하나님의 나라를 완성하는 데 있다.

두 증인에게 나타나는 예레미야의 눈물

예레미야는 그의 사역의 특징상 그 시대 유다 백성들의 많은 반대와 박해 상황 속에 직면했다. 예레미야는 기도 가운데 하나님을 만나고 때로는 주님의 보좌 앞에까지 이끌려 올라갔다. 그곳에서 주 하나님께서 행하고자 하시는 놀라운 일들을 직접 목격했지만 백성들의 반대에 부닥칠 때마다 인간적인 상처를 받고 두려움과 좌절을 경험한 마음이 연약한 선지자였다.

유다 백성들은 하나님의 참된 선지자인 그를 대적했으며 그 결과로 예레미야는 실제로 웅덩이 속에 던져지고 옥에 갇히는 고통을 경험하기도 했다(렘 37:11~38:13).

이러한 힘든 상황과 박해를 이기게 한 예레미야의 저력은 무엇이었는가? 그것은 예레미야의 가슴속에서 끝없이 타올랐던 하나님의 불이었다.

"여호와여 주께서 나를 권유하시므로 내가 그 권유를 받았사오며 주께서 나보다 강하사 이기셨으므로 내가 조롱거리가 되니 사람마다 종일토록 나를 조롱하나이다 내가 말할 때마다 외치며 파멸과 멸망을 선포하므로 여호와의 말씀으로 말미암아 내가 종일토록 치욕과 모욕거리가 됨이니이다 내가 다시는 여호와를 선포하지 아니하며 그의 이름으로 말하지 아니하리라 하면 나의 마음이 불붙는 것 같아서 골수에 사무치니 답답하여 견딜 수 없나이다"(렘 20:7~9).

바로 그 불 때문에, 예레미야는 하나님의 말씀을 선포하지 않으면 견딜 수 없었다. 예레미야는 심판의 무서운 불속으로 뛰어드는 그분의 백성들을 바라보며 눈물을 흘리시는 하나님의 마음을 이해했으며, 그 하나님의 긍휼을 자신의 가슴속에 담았던 선지자였다. 그렇기 때문에 예레미야는 숱한 밤을 눈물과 기도로 지새웠고 돌이키지 않는 그 백성들 때문에 자신의 마음이 고통스러울 정도로 찢김을 당했던 그런 선지자였다.

"어찌하면 내 머리는 물이 되고 내 눈은 눈물 근원이 될꼬 죽임을 당한 딸 내 백성을 위하여 주야로 울리로다"(렘 9:1).

오늘날 고통당하는 영혼들을 위해 예레미야처럼 하나님 앞에서 울 수 있는 목회자가 얼마나 되겠는가? 오늘날 날카로운 지성과 화려한 학위와 놀라운 지식을 소유한 목회자들은 많아도 순수한 어린아이들처럼 죽어 가는 영혼들 때문에 울 수 있는 깨끗한 영성을 가진 목회자가 어디 있는가? 우리 목사들 자신도 세상의 세파에 흔들리면서 그리고 세상의 가치들과 적당히 타협하고 따라가면서 받는 사례비만큼 헌신하고 봉사하는 삯꾼 목자들이 되어 버렸다. 목회를 힘들게 하고 상처를 주는 교인들 때문에 고통을 받는 자신의 사정을 먼저 알아 달라고 호소하는 세속적인 목사들이 되어 버렸음을 누가 부인할 수 있는가?

예레미야의 가슴속에서 지속적으로 불타올랐던 하나님의 불이 두 증인의 가슴속에서 되살아날 것이다. 예레미야의 눈에 맺혔던 바로 그 눈물은 두 증인의 가슴속에서 다시 발견될 것이다. 예레미야의 영성 세계가 바로 두 증인의 영성 세계이다!

그리고 선지자 예레미야가 받았던 박해는 곧 두 증인의 박해를 예고한다.

사도 요한은 두 증인의 메시지와 예언적 증거 사역이 '땅에 사는 자들을 괴롭게 한 것'이라고 말한다(계 11:10). 그래서 세상 사람들로부터 미움을 받을 것이며, 마침내 적그리스도인 '짐승'에게 죽임을 당할 것이라고 예언한다(계 11:7~8). 결과적으로 그들의 시체가 그리스도처럼 방치되어 큰 모욕을 당할 것임을 예언하고 있다(계 11:9).

마찬가지로 마지막 때의 두 증인은 세상과 타협하지 않는 선지자적 메시지 선포와 기사와 표적으로 나타나는 사도적 능력 때문에 박해를 경험할 것이다. 기독교를 배척하고 미워하는 세상의 불신자들에게만 미움을 받는 것이 아니다. 전통과 교리에 집착하는 많은 복음주의 교회들로부터 동일한 배척을 받게 될 것이다. 두 증인을 통해 나타나는 새로운 능력들이 기존 교회의 역사에서도 그 유례를 찾아 보기 힘든 하늘의 권능들로 가득 차 있기 때문이다.

실제로 많은 복음주의 교회들은 급격한 변화를 싫어한다. 대부분은 기존의 전통 속에 안주하기를 좋아한다. 많은 복음주의 교회들이 두 증인의 사역과 능력에 대해 '비성경적'이라는 이유로 미워하고 실제로 방해하는 일들이 일어날 것이다.

또 한편으로 두 증인의 사역이 이단시될 수 있는 이유들 중의 하나는 사탄이 일으키는 거짓 교리들과 거짓 기적들 때문이다. 마지막 때의 교회들은 초대교회처럼 교회 안에 침투하는 각종 이단세력들 때문에 골머리를 앓게 될 것이다.

이단들은 '성경적'이라는 말로 교묘하게 포장된 거짓 진리와 거짓 교리들을 독버섯처럼 정통적인 교회 안에 퍼뜨릴 것이며, 말씀과 기도로 무장되지 못한 많은 교회들이 무너지게 될 것이다. 전통적인 복음주의적 교회들을 더욱 두렵게 만드는 것은 사탄적인 기사와 표적들이 여기저기에서 동시 다발적으로 일어나기 때문이며 실제로 순수한 많은 교인들이 그것에 미혹되어 이단에 빠지기 때문이다. 사탄으로부터 오는 거짓 기적들과 두 증인을 통해 나타나는 성령의 참된 기적들을 올바르게 분별할 수 있는 신자들이 많지 않은 상황 속에서 두 증인의 사역은 많은 오해와 질투를 받게 될 것이다. 그러나 그러한 상황 속에도 그들의 사역은 교회들 가운데서 강력하게 진행될 것이다.

마지막 시대에는 대부흥의 물결 속에서 수많은 열방과 족속과 방언들이 주 예수께로 돌아오고 풍성한 추수의 바람이 불겠지만 동시에 이 땅의 수많은 사람들이 복음을 거부할 것이다.

그렇기 때문에 두 증인의 가슴속에는 잃어버린 영혼들에 대한 예레미야의 고통스런 마음과 눈물이 있을 것이다. 임박한 심판의 경고에도 불구하고 회개하지 않고 멸망으로 달려가는 하나님의 백성인 남 유다와 예루살렘에 대해 선지자 예레미야를 통해 통곡한 하나님 아버지의 바로 그 마음으로 말이다.

궁극적으로 이 땅의 모든 인간들은—그들이 불신자든, 불교도든, 무슬림이든—하나님의 잃어버린 백성들이다. 예수 그리스도는 그분의 임박한 재림 앞에서도 여전히 사탄을 숭배하는 마지막 때의 강퍅한 심령들 앞에서 눈물을 흘리실 것이다. 주님은 두 증인이 그리스도의 마음을 품고 하늘의 능력으로 마지막 시대의 절박한 메시지를 선포하는데도 불구하고 회개를 거부하며 죽어 가는 수많은 영혼들을 바라보며 두 증인들의 심장 속에서 계속 통곡하실 것이다.

두 증인의 영성과 사역에 있어서 그리스도의 심장은 핵심 중의 핵심이다. 그리스도의 사랑과 긍휼이야말로 하나님 나라의 기초이기 때문이다.

두 증인은 그리스도의 사랑으로 '굵은 베옷을 입고' 세상을 중보하며 죽어 가는 영혼들을 향한 불붙는 그 사랑으로 말씀을 선포하고 예언한다(계 11:3). 두 증인은 영혼들을 회심시키기 위한 열정으로 모세와 엘리야의 기적들을 행하며(계 11:6) 그들이 사랑한 세상의 영혼들을 위해 스스로의 생명을 그리스도의 제단에 순교의 제물로 바친다(계 11:7).

그러나 함께 기억하자. 주님은 마지막 때의 두 증인뿐만 아니라 마지막 시대를 살아가는 저와 여러분이 영혼들을 향한 주님의 심장, 즉 그분의 사랑과 긍휼을 회복하기를 원하신다고 믿는다.

릭 조이너는 그의 저서 《빛과 어둠의 영적 전쟁》에서 주님의 가르침을 다음과 같이 말하고 있다.

"종말 이전에 나는 땅 위에서 나의 능력을 드러내야만 한다. 그렇더라도 내가 지금까지 세상에서 드러내었거나 드러낼 가장 큰 능력까지도, 여전히 나의 능력의 극히 작은 일부분의 표시일 뿐이다. 나는 사람들이 나의 능력이 아니라 나의 사랑을 믿게 하기 위하여 나의 능력을 드러낸다. 내가 세상에 있었을 때 나의 힘으로 세상을 구원하려 했다면 나는 손가락을 가리켜 산들을 옮겼을 것이다. 그러면 모든 사람들은 나를 사랑하거나 진리를 사랑해서가 아니라, 나의 힘을 두려워했기 때문에 나에게 경배하였을 것이다. 나는 사람들이 내 힘을 두려워하기 때문이 아니라, 나를 사랑하고 진리를 사랑하기 때문에 나에게 순종하기를 원한다."

그러므로 마지막 때에 하늘의 능력과 권세로 주님의 나라를 확장하고자 열망하는 모든 이들은 릭 조이너에게 주신 주님의 다음 말씀을 반드시 기억해야 한다

"만일 네가 나의 사랑을 알지 못하면 나의 능력은 너를 부패시킬 것이다. 나는 너에게 나의 능력을 알게 하기 위하여 사랑을 주는 것이 아니라, 네가 나의 사랑을 알 수 있도록 하기 위하여 나의 능력을 주는 것이다. 네 인생의 목표는 능력이 아니라 사랑이 되어야 한다. 나는 네게 병든 자를 치유하는 능력을 줄 것이다. 네가 그들을 사랑하고, 내가 그들을 사랑하며 그들이 아픈 것을 원하지 않기 때문이다."

그러므로 예수 그리스도의 심장을 사무치도록 사모하자. 우리의 마음을 찢으면서 주님께 영혼들을 향한 그분의 긍휼을 회복시켜 달라고 간구하자. 그리스도의 심장을 구하는 것은 우리의 마음판을 풍요롭고 기름진 레바논의 옥토로 바꾸는 것과 같다. 우리 속에 있는 완고한 마음의 땅에서 영적인 돌과 바위와 가시덩굴들을 주님 앞에서 제거하자. 자신의 영광을 추구하는 교만과 야망의 바위들을 간절한 기도 가운데 깨뜨리고 오직 그리스도의 심장으로 충만한 풍요로운 마음밭이 되도록 간구하자.

우리가 그리스도의 뜨거운 심장으로 영혼들을 위해 중보기도를 드리고 사역할 때 우리는 바로 그 옥토 위에 고귀한 영혼들을 뿌리고 심는 것이다. 주님은 그곳에 하늘로부터 은혜로운 성

령의 단비와 햇빛을 허락하시고 우리로 하여금 풍성한 영혼들의 열매와 추수가 이루어지도록 인도하실 것이다.

두 증인은 결코 멀리 있는 것이 아니다. 바로 지금 우리들 가슴속에서 잉태되고 준비되고 있다. 마지막 때 그리스도의 심장으로 충만한 우리들 가운데서 두 증인은 그 모습을 드러낼 것이고 하나님의 나라를 위해 귀하게 쓰임 받게 될 것이다.

5강 두 증인의 영성 – 모세와 엘리야

마지막 모세와 엘리야들이 온다!

"그들이 권능을 가지고 하늘을 닫아 그 예언을 하는 날 동안 비가 오지 못하게 하고 또 권능을 가지고 물을 피로 변하게 하고 아무 때든지 원하는 대로 여러 가지 재앙으로 땅을 치리로다" (계 11:6).

사도 요한은 위의 6절에서 두 증인이 권세를 가지고 놀라운 기사와 표적으로 사역할 것임을 예언한다. 하늘의 능력과 권세가 그들에게 주어진 것이다. 그러나 중요한 것은 놀라운 사역 그 자체가 아니다. 능력 이전에 하나님 앞에서의 거룩한 신부로 세워지는 존재 그 자체가 더 귀중하다.

그들은 이미 십자가에서 자신들의 자아를 철저히 못 박은 하나님의 종들이다. 요한계시록 11장 전체의 예언과 같이 우리는 미래에 두 증인이 철저하게 예수 그리스도의 고난과 죽음, 부활과 승천을 재현함을 볼 것이다. 이 사실은 그들이 그리스도를 닮아가는 영성으로 충만함을 말해 준다. 그들은 심령이 깨어진 사람들이고 고난의 광야를 통해 연단된 사람들이다.

모세는 미디안 광야에서 40년 동안 연단을 받았고 엘리야도 그릿 시냇가에서 훈련을 받았다.

엘리야의 영을 계승한 세례 요한의 경우를 보자. 그는 이스라엘에 나타나는 날까지 빈들에서 연단의 세월을 보냈다. 즉 하나님이 정하신 그분의 때까지 요한은 기다리고 기다려야만 했다. 요한은 그 고독하고 외로운 광야에서 하나님이 부르실 때까지 오랜 세월을 준비하며 보냈다는 것이다. 이것이 '광야의 영성'이며 '기다림의 영성'이다.

지금도 그렇지 않은가? 의외로 많은 신실한 하나님의 사람들이 주님이 계획하신 마지막 때의 사역을 위해 지금도 광야에서 준비되고 있음을 본다. 그들은 때로 인생과 사역에서 벼랑 끝에 서는 위기를 경험하기도 하고, 또 때로는 벼랑 밑으로 떨어지는 숱한 절망과 좌절을 경험하기도 한다. 두 증인도 그런 사람들일 것이다. 왜냐하면 하나님이 그분의 그릇들을 준비하는 이러한 연단의 법칙은 기독교 역사에서 거의 보편적으로 사용된 방법이기 때문이다. 따라서 어쩌면 지금, 고통당하는 당신이 바로 그 '준비되고 있는'(being prepared) 하나님의 사람일 수도 있다.

광야의 세례 요한, 여러분은 그를 상상할 수 있는가? 아침이면 찬이슬이 촉촉히 뿌려져 있는 유대 광야, 낮에는 팔레스틴 동쪽에서 불어오는 아라비아 사막의 그 뜨겁고 강한 바람 속에 황량한 흙먼지가 이는, 바로 그 광야를 상상할 수 있는가?

밤이 되면 살을 에는 차가운 밤 기운에 들짐승이 목놓아 우는 바로 그 광야를 상상할 수 있는가? 그 광야에서 세례 요한이 무엇을 했겠는가? 낮이면 광야 한 켠, 겨우 찾아낸 그늘 아래에서 두루마리 모세오경을 묵상하면서, 한 번씩은 끝없는 광야의 저편을 그윽이 바라보면서, 주린 배를 메뚜기와 석청으로 채우면서, 세례 요한은 하나님께 어떤 기도들을 드렸겠는가? 밤이면 변함없이 찾아오는 그 어두움 속에서 세례 요한은 하나님께 무엇을 기도했겠는가? 그 격리된 공간, 철저한 혼자만의 고독 속에서 세례 요한은 하나님 앞에서 무엇을 발견했는가?

하나님의 사람들에게 광야는 연단의 장소이며 하나님을 만나는 곳이다. 어떤 영성가는 광야를 '영혼의 어두운 밤'이라고 표현했다. 그래서 광야는 자아가 깨어지는 곳이요, 마음이 낮아지는 곳이요, 삶의 의미를 깨닫는 곳이요, 깊은 절망을 맛보고 하나님만을 의지하도록 훈련받는 곳이다. 그래서 하나님의 사람으로 새로 태어나는 곳이다.

세상을 향해 마지막 때의 복음을 선포할 두 증인도 그럴 것이다. 세상에서 죽어 가는 완고한 영혼들을 향한 주님의 메신저로서 그들의 메시지는 그들의 영혼 깊숙한 곳에서 터져 나온다. 언젠가 김남준 목사님의 책, 《설교자는 불꽃처럼 타올라야 한다》를 읽고 깊은 감명을 받은 적이 있다. 이 책에서 저자는 설교자가 한 편의 설교를 준비하기 위한 과정을 소쩍새가 한 송이 국화꽃을 피우기 위해 한 모금 피를 토하고 죽는 과정으로 묘사했다. "그러나 기억하십시오. 소쩍새가 우는 동안에는 국화꽃도 피지 아니하였고, 그 통곡의 밤에는 관객도 없었습니다. 꽃봉오리조차 맺히지 않은 국화 한 줄기를 옆에 두고 소쩍새는 헤아릴 수 없는 긴 밤을 외롭게 울었습니다. 그의 친구는 어두움이었고, 그의 벗은 외로움이었으며, 그의 유일한 이웃은 기다림이었습니다."

고독하고 외로운 기다림의 광야에서 오랜 세월 동안 연단된 사람만이 참된 선지자의 영성을 소유할 수 있으며, 마지막 때의 사명을 감당할 수 있을 것이다. 주님이 주시는 고난의 불을 끝까지 견딘 사람만이 주님께 붙들려 끝까지 쓰임 받을 수 있다.

두 증인의 영성은 일상적인 삶 속에서 만들어진다. 하루하루를 그리스도 안에서 의미 있게 살아가려고 몸부림치는 거룩한 신자들 가운데서 두 증인의 영성은 뿌리를 내린다. 두 증인은 우리 주변에서 항상 볼 수 있는 평범한 신자들이다. 그러나 주님을 추구하고 순종하는 영성에 있어서는 비교될 수 없는 탁월한 신자들이다. 주님은 그분 자신의 주권과 뜻을 따라 평범한 그들을 선택하실 것이며 마지막 때를 이끌고 나갈 리더십으로 비범하게 준비시키실 것이다.

미래에 나타날 두 증인은 이와 같이 지금 이 땅에서 그들 나름대로의 삶의 광야에서 훈련받고 준비되고 있는 하나님의 사람들 가운데 그 모습을 나타낼 것이다. 두 증인의 출현은 미래적이지만 지금 준비되고 있다는 점에서 현재적이다. 어제 없이 오늘이 없고, 오늘이 없는 내일이 없기 때문이다.

두 증인은 주님이 주관하시는 삶의 광야 학교를 믿음과 인내로 통과하게 될 것이다. 인생과 사역의 광야를 통과한 그들은 주님과 사람들 앞에서 지극히 겸손하게 될 것이다. 낮아짐과 깨어짐의 과정을 통해 자신들은 아무것도 아닌 존재임을 절실하게 가슴에 새긴 사람들이기 때문이다. 두 증인은 인생의 광야 한복판에서 하나님을 만난 사람들이다. 그리고 그 시험과 연단의 광야 가운데 승리할 수 있도록 붙들어 주신 하나님의 긍휼과 은혜를 뼛속 깊이 체험한 사람들이다.

하나님은 영혼의 어두운 밤을 통과한 겸손한 종들에게 하늘의 권세를 허락하시는 분이다. 주님의 주권적 역사가 아니라면 쓰임 받을 수도 없는 너무나 연약한 존재임을 깊이 경험하지 못한 신자들에게 임하는 은사와 능력과 권세는 사람들을 교만하게 만들고 자신의 영광만을 추구하게 만든다. 그것이 영적 타락이다.

때때로 그러한 영적 미혹과 교만은 그들의 사역뿐만 아니라 그들의 영혼까지 파괴할 수 있다. 이것은 무서운 진리이다. 우리 모두의 마음속에는 하늘의 능력과 권세로 사역하고 싶은 욕망이 있다. 그런데 대부분의 경우, 이 욕망은 세계적인 사역자로 명성을 떨치고 싶은 지극히 인간적인 욕망으로 꿈틀거린다. 우리는 이런 평가를 듣고 싶어한다. "저 사람은 놀라운 불의 종이야. 대단한 은사를 가지고 있어. 저 사람의 집회에는 기사와 표적이 따라다녀. 저 사람의 영은 사도 바울의 영이요, 모세와 엘리야의 기름 부으심이야!"

거듭 말하거니와 나는 마지막 때에는 모세와 엘리야의 능력과 기름 부으심이 그리스도의 몸 안에 회복되고 발휘되어야 한다고 굳게 믿는 사람이다. 그럼에도 불구하고 주님의 사역자들에게 주님의 비전이라는 향기롭고 아름다운 이름 아래 이런 세속적 욕망이 교묘히 숨어 있다는 사실을 결코 숨기고 싶진 않다.

그러므로 주님께서는 그분의 사랑하는 아들과 딸들을 혹독한 광야로 보내 이런 불순물을 깨끗하게 제거하는 작업을 하신다. 그곳에서 끊임없이 절망을 맛보게 함으로 겸손하게 만드신다. 주님은 주변의 작지만 소중한 것들을 가슴에 품도록 훈련시키시는 분이다.

우리가 열방을 품는 원대한 비전을 가지는 것은 매우 소중하다. 그러나 동시에 내 앞에 있는 한 영혼을 품지 못하면 이 열방이 무슨 소용이 있겠는가? 주님 입장에서는 한 영혼의 구원이 열방의 구원과 직결된다. 들판에 피어 있는 보잘것없는 한 송이 꽃의 가치나 우주를 수놓은 무수한 아름다운 별들의 가치나 별 다를 바가 없다. 존재하는 모든 것이 모든 것을 창조하신 주님 안에서는 다 의미가 있다는 말이다. 이것이 주님의 마음이다.

오늘날 많은 목사님들이 은사와 능력을 사모하여 수많은 은사집회와 능력 콘퍼런스에 참여하여 임파테이션(능력 전이)을 받기 위해 몸부림치는 모습을 보기도 한다. 겸손하게 배우고 능력으로 사역하고자 하는 마음은 소중한 것이다. 그러나 어떤 경우에 우리 같은 사역자들은 위험한 착각에 빠진다. 그것은 능력만 있으면 모든 것이 다 이루어질 수 있다는 위험한 발상이다. 능력과 은사는 대단히 소중한 것이지만, 이것이 반드시 교회의 양적인 성장을 보장하는 것은 아니다. 우리가 목회하는 영혼들이 오직 기적과 능력에만 매달리는 것도 아니다.

나에게 비록 은사들이 없고 드러나는 능력이 없어도 세상에서 상처를 받고 고통당하는 그 심령들을 진심으로 이해하고, 따뜻한 말 한마디로 위로하며, 그들이 너무나 힘들어할 때 그들의 곁에 말없이 함께 있어 줌으로 오히려 영혼들은 감격해하고 변화되기 시작한다. 우리는 마지막 때에 반드시 하늘의 능력이 필요하지만 그보다 더 중요한 것은 한 영혼의 아파하는 그 울음에도 겸손하게 귀를 기울이시는 우리 주 예수 그리스도의 마음을 품을 수 있는 그릇을 준비하는 것이다.

우리는 마지막 때에 열방을 품는 모세와 엘리야들이 되어야 하지만, 그것은 한 영혼을 사랑하는 것에서부터 시작된다. 세상을 품고 세계를 변화시킬 하늘의 능력과 권세를 받아도 내 마음속에서 한 영혼을 잃어버릴 때 우리의 사역은 세계적인 사역은 될 수 있을지 몰라도 주님 앞에서 우리는 가장 소중한 자신의 영혼을 잃어버릴 수 있다.

"나더러 주여 주여 하는 자마다 다 천국에 들어갈 것이 아니요 다만 하늘에 계신 내 아버지의 뜻대로 행하는 자라야 들어가리라 그날에 많은 사람이 나더러 이르되 주여 주여 우리가 주의 이름으로 선지자 노릇 하며 주의 이름으로 귀신을 쫓아내며 주의 이름으로 많은 권능을 행하지 아니하였나이까 하리니 그때에 내가 그들에게 밝히 말하되 내가 너희를 도무지 알지 못하니 불법을 행하는 자들아 내게서 떠나가라 하리라"(마 7:21~23).

언젠가 주님이 내게 찾아오셔서 은혜의 성령을 체험했을 당시 주님은 박태선이라는 이름을 몇 번 경고하셨다. 박태선은 한국의 부천에서 처음 신앙촌을 건립했던 사람으로 지금은 지옥에서 고통당하고 있는 사람이다. 처음에는 겸손하게 주님의 진실된 종으로 시작했지만 나중에 능력을 받아 교만해졌으며 신도들을 이끌고 신앙촌을 건립했다. 그 후에 타락하여 성경을 불태우고 예수님을 저주했으며 자신을 하나님과 동일시하고 자신이 죽은 후 부활할 것이라고 선언했으나 지금까지도 부활하지 못하고 있다. 주님께서는 이 사람이 성령으로 시작하여 악령의 역사로 끝난 악의 종이라고 말씀하셨다. 이 얼마나 두려운 일인가!

많은 주님의 종들이 처음에는 겸손함으로 시작하지만 그들의 교회가 크게 부흥하고, 그들의 사역이 세계적인 사역으로 급성장하고, 그들이 소위 유명세를 타기 시작할 때 오히려 영적으로는 깊은 수렁과 골짜기 속으로 곤두박질치는 모습을 쉽게 발견할 수 있다.

수많은 사람들이 처음에는 순수한 마음으로 신령한 은사들을 사모하고 기도하여 은사들을 받는다. 그러나 그 은사들을 받은 다음 올바른 은사 관리에 실패하여 어떤 경우에는 은사 그 자체가 우상이 되어 버린다. 은사 자체에 탐닉하여 자신이 은사를 받았음에도 불구하고 신령한 은사들을 받았다는 다른 능력 사역자들을 찾아다니고 각종 은사 집회를 전전하면서 오직 은사 자체에만 매달린다.

마치 고린도 교회의 신자들 같이 누가 더 신령한 능력과 은사들을 가지고 있는지 서로 자랑하고 비교하고 평가하며 그 은사들을 시험하기까지 한다.

치명적인 위기는 신자들이 오직 은사에만 매달리면서 겸손함과 기도와 말씀을 잃어버릴 때 찾아온다. 희귀한 은사라 할지라도 그것을 견지하고 경계하며 붙들어 주는 말씀이 없으면 오래가지 못한다. 은사가 날카로운 칼이라면, 겸손과 말씀은 그 칼을 안전하게 유지할 수 있는 칼집이기 때문이다.

만약 우리가 주님 앞에서 늘 거룩한 신부의 영성을 유지하고 성령의 인도하심에 민감하게 순종하고 움직인다면 은사의 칼은 하늘의 충만한 기름 부으심으로 더욱 날카롭게 그 권능을 발휘할 것이다. 반면에 은사라고 하는 그 칼이 겸손함과 말씀이라는 칼집을 버리게 된다면 그 칼은 당연히 내 몸을 베게 될 것이고 더 나아가 많은 영혼들에게 회복되기 힘든 심각한 상처를 주게 될 것이다.

은사와 능력이 임할수록 더욱 말씀에 집중해야 한다. 인간의 영혼이 깊은 은혜를 받고 영적으로 믿음 안에서 성장하는 것은 말씀을 읽고 묵상하고 그 말씀을 들음에서 나오는 것이지, 단순히 환상 중에 천사들을 보고 은사 체험을 한다고 되는 것이 아니지 않는가?

심지어 어떤 분들은 자신의 놀라운 은사만으로 다른 사람들을 영적인 노예로 삼고 그 삶 전체를 지배하려고 든다. 자신이 보는 환상과 받은 계시, 예언의 말씀으로 다른 사람들을 영적으로 무섭게 속박하려고 든다. 이것은 은사를 통해 자신이 하나님의 자리에 서는 것이 아니고 무엇인가? 이 어찌 무서운 일이 아닌가?

은사와 능력이 왜 주어지는가? 우리가 은사와 능력들을 가지고 영혼들을 겸손히 섬기고 주님의 교회를 세우며 하나님의 나라를 확장하는 것이 아니라면 무슨 소용이 있는가? 영혼들은 없고 은사만을 추구하는 것은 위험한 일이다. 다시 강조하거니와 은사와 능력은 우리들에게 필요한 영적인 강력한 칼이다. 그러나 이 은사들과 능력들을 소중히 쓸 수 있는 내적인 인격과 겸손함이 없으면 그 날카로운 칼이 오히려 자기 자신의 영혼을 깊숙이 찔러 버릴 것이다.

영적인 은사들은 마지막 때를 준비하는 신자들에게 더욱 필요한 것이지만 은사만이 모든 것은 아니다! 집회와 세미나에서 어떤 사람들의 은사들과 능력들이 강력하게 나타난다 할지라도 그 성령의 나타남이 그 사역자들의 인격과 성령의 열매를 보장하는 것은 절대 아니다!

성령이 우리 안에서 그리스도를 닮아가도록 도우시는 역사와 외적으로 능력들이 나타나도록 하시는 역사는 서로 다르다. 겉으로 드러나는 능력만을 보고 그 사역자들을 참된 하나님의 사람들로 취급하면 오류를 범하게 된다. 잘못된 멸망의 길로 가고 있는 많은 은사자들이 실상은 자기 자신에게 속고 있다는 것을 모르고 있다.

특히 성령 사역에 쓰임 받는 분들이 이러한 영적 함정, 즉 사탄의 덫에 걸려 넘어지기 쉽다. 자기 사역에서 은사들과 능력들이 나타나면 나타날수록 사도 바울처럼 겸손하게 자신을 쳐서 주님께 복종시키지 않으면 자신의 드러나는 이름과 능력 사역 자체가 하나님이 되어 그들을 삼켜 버릴 것이다. 그리고 사탄은 교만의 영과 미혹의 영들을 보내어 그들의 영혼을 자꾸만 지옥으로 잡아 당길 것이다.

그러므로 신자들의 사역에 있어서 능력만 나타나면 어떠한 불륜과 돈에 대한 탐욕도 예수님의 이름으로 정당화되어 자기 자신들의 영혼이 지옥 속으로 점점 떨어지고 있는 현실을 깨닫지 못하는 것은 무서운 사실이 아닐 수 없다. 나는 앞에서 말한 성령 체험 시 이 사실이 너무나 두려워 주님께 어떠한 일이 있더라도 주님 앞에서 겸손하고 겸손하여 어린양 예수님의 생명책에서 지워지는 일이 없게 해 달라고 간구했고, 주님께서는 끝까지 나를 지켜 주겠다고 약속하셨다. 진리로 시작하는 것도 중요하지만 진리로 우리의 사역과 삶을 끝맺는 것은 더욱 중요하다.

내가 처음 미국 풀러 신학교에 유학을 왔을 때 영어 때문에 무척이나 곤혹을 치르면서도 첫 강의에 매우 진한 은혜를 받았기 때문에 하나님께 감사한 적이 있다.

당시 리더십 분야의 세계적인 권위자였던 로버트 클린턴 교수로부터 리더십 원리 중의 하나인 '마지막까지 최선을 다하는 리더십'(Finishing Well)에 대해 들었기 때문이다. 그의 연구에 의하면 수많은 하나님의 사역자들이 사역 도중에 교만하여 타락하거나 사탄의 다양한 공격에 무릎을 꿇고 말았다는 것이다.

그러므로 능력을 받았던 이 땅의 수많은 하나님의 종들이 자신의 욕망과 교만과 탐욕으로 타락하고 결국에는 사탄에게 미혹되어 지옥의 불속으로 던져진 그 무서운 사실을 기억하자. 히브리서의 기자는 다음과 같이 경고하고 있지 않은가?

"한 번 빛을 받고 하늘의 은사를 맛보고 성령에 참여한 바 되고 하나님의 선한 말씀과 내세의 능력을 맛보고도 타락한 자들은 다시 새롭게 하여 회개하게 할 수 없나니 이는 그들이 하나님의 아들을 다시 십자가에 못 박아 드러내 놓고 욕되게 함이라"(히 6:4~6).

그러므로 끊임없이 교만의 영을 대적하자! 미혹의 영을 대적하자! 탐욕의 영을 대적하자! 그리고 음란의 영을 대적하자!

그래서 이러한 영적 타락이 두려워 어떤 분은 이렇게 말씀한 적이 있다. "은사 받고 능력 받고 교만해져서 지옥 불에 떨어지느니 차라리 조용하게 살다가 천국에나 가고 싶습니다." 그러나 이 또한 사탄이 준 마음이다.

사탄이 지옥의 군대를 효과적으로 파괴시킬 수 있는 하늘의 은사와 능력과 성령의 기름 부으심을 신자들이 받아 내리는 것을 기뻐하겠는가? 반면에 주님께서는 하나님의 영광을 위해 우리들에게 이런 능력과 권세들을 언제나 부어 주기를 원하신다고 믿는다. 다만 그 권세를 받을 깨끗하고 겸손한 그릇이 준비되지 않으면 주님은 그 그릇이 준비될 때까지 기다리실 것이다. 그래서 많은 신자들이 하늘에서 오는 불의 권능을 받기를 기도해 왔지만 그토록 오랜 응답의 시간이 걸리는 것은 그러한 이유 때문이다.

준비되지 않은 그릇에 능력을 쏟아 붓는 것은 주님이 그 신자를 사랑하시는 것이 아니라 버리는 것이다! 이것은 참으로 두려운 일이다. 그러나 나의 그릇을 합당하게 준비하며 인내하고 기도하면 반드시 주님은 응답하실 것이다. 그리고 하늘로부터 오는 능력을 저와 여러분에게 부어 주실 것이다!

그러므로 하나님께 간구하는 우리의 기도는 이것이다.

"주님의 권세를 받되 주님과 사람 앞에서 사도 바울처럼 끊임없이 자신을 쳐서 겸손하게 만들어 주님 앞에 서는 그날까지 착하고 충성된 진리의 종이 되게 하옵소서."

"주님이 허락하시는 연단의 광야에서 우리의 삶과 사역에서 나타나는 모든 열매와 영광을 오직 우리의 주님이신 예수님께만 영광을 돌리는 진실한 신자들로 다시 태어나도록 도와주옵소서."

이러한 기도가 우리의 영혼을 끝 날까지 보존하시기를 원하시는 주님의 뜻이라고 믿는다.

계속해서 두 증인의 영성을 살펴보자. 요한은 두 증인에 대한 환상과 관련하여 요한계시록 11장 6절에서 한 가지 사실을 특이한 표현으로 다음과 같이 기록하고 있다.

"……아무 때든지 원하는 대로 여러 가지 재앙으로 땅을 치리로다."

'아무 때든지 원하는 대로' 라는 의미가 도대체 무엇인가? 두 증인이 누구관대 주님께서 그들로 하여금 아무 때든지 그들이 원하는 대로 이 땅을 뒤흔들 권세를 허락하시는 것인가? 두 증인이 어떤 사람들이기에 주님은 그분을 대신하여 두 증인들이 심판적 기적들과 능력들을 이 세상에 드러내도록 허락하시는 것인가?

두 증인에게 '아무 때든지 원하는 대로' 여러 가지 재앙으로 땅을 칠 수 있는 권세가 주어진 것은 앞에서 이미 설명한 바와 같이 이 두 증인에게 하나님의 하늘보좌 회의에 참여할 수 있는 특권이 주어져 있기 때문이다. 그래서 이들이 하늘 법정에서 결정된 중요한 사항들을 이미 알고 있기 때문이다.

그러나 주님께서 이 사실 때문에 두 증인에게 이런 놀라운 권세를 허락하시는 것은 아니다. 더 중요한 것은 두 증인이 하나님의 보좌 앞에서 결정된 하나님의 뜻을 철저히 순종함으로 그 권세를 집행할 수 있는 신실함을 가지고 있기 때문이다! 그 신실함은 그들의 목숨까지도 주님을 위해 내어 놓을 수 있는 거룩한 순종을 포함한다!

　두 증인은 개인적인 차원의 깊은 기도와 교제 가운데 쌓인 주님과의 친밀감 때문에 하나님의 뜻이 이미 그들의 심장 속에서 자신의 뜻이 된 사람들이다. 이미 자기 자신들의 생각을 십자가에 못 박고 버린 사람들이다. 그들 자신들의 뜻은 이미 세상에 묻어 버렸다. 오직 이 땅에서 잃어버린 주님의 영광을 회복하고자 하는 그 타는 목마름이 그들의 가슴속을 채우고 있다. 십자가에서 흘러내린 피가 메마른 땅을 흥건하게 적시듯이 그 보배로운 피가 그들의 혈관 속을 가득 채우며 뜨겁게 흐르고 있다. 주님이 세상을 향해 꿈꾸는 비전이 두 증인 그들 자신의 비전이며, 주님의 기뻐하시는 바가 두 증인 그들 자신이 추구하는 기쁨이다.

　하늘 아버지께서 어찌 이들을 바라보며 기뻐하시지 않겠는가? 성령으로 충만한 사람들이 바로 이 두 증인일 것이다. 그러므로 마지막 때에 그리스도의 나라를 완성하기 위한 영원하신 아버지의 뜻을 따라 주님은 두 증인에게 그분 자신의 권세를 일부 위임하신다.

　따라서 두 증인을 통해 하늘의 권능이 두드러지게 나타나는 것은 심판자 되신 주님이 이 죄악 된 땅을 향해 집행하시는 그분의 권세의 일부가 이들에게 정당하게 위임되었기 때문이다. 따라서 두 증인은 그들에게 주어진 선지자적 증거로서의 예언과 동시에 기사와 표적이 나타나는 사도적 사역을 통해 야훼 하나님의 거룩한 전쟁을 효과적으로 수행하게 된다. 그렇다! 바로 이들이 마지막 때의 모세와 엘리야이다!

"그들이 권능을 가지고 하늘을 닫아 그 예언을 하는 날 동안 비가 오지 못하게 하고 또 권능을 가지고 물을 피로 변하게 하고 아무 때든지 원하는 대로 여러 가지 재앙으로 땅을 치리로다" (계 11:6).

이들이 모세와 엘리야의 기름 부으심과 능력을 받았다는 것은 요한이 언급하고 있는 위의 구절에서 명백하게 드러난다.
권세를 가지고 하늘을 닫아 그 예언을 하는 날 동안 비가 오지 못하게 한다는 것은 분명히 선지자 엘리야의 능력을 의미한다.

"길르앗에 우거하는 자 중에 디셉 사람 엘리야가 아합에게 말하되 내가 섬기는 이스라엘의 하나님 여호와께서 살아 계심을 두고 맹세하노니 내 말이 없으면 수년 동안 비도 이슬도 있지 아니하리라 하니라"(왕상 17:1).

"엘리야는 우리와 성정이 같은 사람이로되 그가 비가 오지 않기를 간절히 기도한즉 삼 년 육 개월 동안 땅에 비가 오지 아니하고 다시 기도하니 하늘이 비를 주고 땅이 열매를 맺었느니라" (약 5:17~18).

또한 권세를 가지고 물이 변하여 피가 되게 한다는 것은 모세가 이집트에서 행한 10대 재앙 중 첫 번째 이적에 해당한다

"모세와 아론이 여호와께서 명하신 대로 행하여 바로와 그의 신하의 목전에서 지팡이를 들어 나일 강을 치니 그 물이 다 피로 변하고"(출 7:20).

이 이적들은 사도 요한이 모세와 엘리야가 행한 기적들 중에서 대표적인 것만을 선별하여 언급한 것이다. 그러므로 실제로는 모세와 엘리야가 행한 모든 권능들을 미래적 두 증인이 모두 행할 수 있다고 보아야 한다.

나는 개인적으로 우리가 우리의 시대에 두 증인을 직접 볼 수 있을 것이라고 믿는다. 왜냐하면 지금 세계는 정치, 경제, 사회, 문화, 종교, 그리고 지구의 환경적 변화를 볼 때 마지막 때로 치닫고 있음을 명백히 보여 주고 있기 때문이다.

또한 지금 전 세계에서 부흥의 불길을 일으키고 있는 기독교 전도자들을 포함한 하나님의 종들은 바로 미래의 두 증인이 우리 곁에 가까이 달려오고 있다는 살아 있는 증거이다.

그러므로 거듭 말하거니와 모세와 엘리야가 다시 살아나서 하늘로부터 내려오는 것이 아니다. 모세와 엘리야에게 임했던 엄청난 성령의 권능이 바로 마지막 때의 선택된 신자들에게도 동일하게 임하는 것이다.

이러한 권세와 능력이 필요한 이유가 무엇인가? 그 이유는 바

로 적그리스도와의 영적 전쟁 때문이다. 두 증인이 요한계시록 13장의 용 – 바다에서 올라오는 짐승(적그리스도) – 과 육지에서 올라오는 짐승(거짓 선지자)이라는 사탄적 삼위일체가 만국을 미혹하기 위해 발휘하는 이적들에 대항하기 위해서는 주님의 보좌로부터 내려 오는 참되고 놀라운 기사와 표적들이 존재해야 하기 때문이다. 마지막 때에는 수많은 기사와 표적들이 이 땅에서 일어날 것이다.

지구촌의 한편에서는 적그리스도와 거짓 선지자들이 일으키는 거짓 기적들이 존재할 것이다. 다른 한편에서는 성령께서 두 증인의 영성과 능력을 가진 참된 신자들을 통해 일으키시는 참된 기적들이 나타날 것이다. 즉 서로 다른 근원으로부터 나오는 능력들이 공존하게 될 것이다.

오늘날 기적들이 종식된 것은 결코 아니다. 기적들은 계속해서 일어날 것이며 더욱 증가될 것이다. 따라서 정통성을 주장하는 복음주의 교회들과 눈부신 정보화 시대를 살아가는 현대적인 신자들이 무조건 기적들을 비판할 것이 아니다. 기사와 표적들은 영혼들의 추수를 위해 마지막 때에 더욱 필요하다는 사실을 인식해야만 한다.

두 증인에게 나타날 모세의 사역

마지막 때의 두 증인은 예레미야 시대뿐만 아니라 모세와 엘리야가 활동했던 애굽과 이스라엘 아합 왕의 시대적 상황과도 영적으로 정확하게 일치되고 있음을 주목해야 한다. 두 증인의 상황은 마지막 때의 영적 투쟁(spiritual warfare) 또는 야훼 하나님의 거룩한 전쟁이라는 시각에서 볼 때 모세와 엘리야 시대와 그 맥을 같이하기 때문이다.

모세의 출애굽 이야기는 하나님이 이스라엘을 애굽으로부터 구원하기 위해 하나님 자신이 모세를 통해 애굽에 대항하여 싸우시는 그분 자신의 거룩한 전쟁 이야기이다. 이 전쟁을 명백하게 선포하는 모습을 우리는 출애굽기 12장 12절에서 발견할 수 있다.

> "내가 그 밤에 애굽 땅에 두루 다니며 사람이나 짐승을 막론하고 애굽 땅에 있는 모든 처음 난 것을 다 치고 애굽의 모든 신을 내가 심판하리라 나는 여호와라."

이스라엘 백성들은 단순히 정치적인 억압을 가한 애굽의 바로로부터 해방된 것이 아니다. 창세 이후 하나님을 대적해 왔던 사탄적 권세로부터 해방된 것이다.

우리가 성경을 통해 출애굽의 이야기를 읽을 때 이스라엘의 고통을 기억하셨던 긍휼의 하나님이 그의 백성을 애굽으로부터 구원하시기 위해 애굽의 바로를 대항하여 심판하시는 것으로만 이해한다.

그러나 성경은 그 과정에서 하나님이 일으키셨던 열 가지 재앙들이 애굽이라는 정치적 국가권력뿐만 아니라 그 배후에서 여전히 역사하고 있는 사탄적 권세들을 겨냥하고 있음을 잊어서는 안 된다.

이 사실은 이 땅에서 일어나고 있는 인간의 사건들, 즉 정치, 경제, 사회, 문화, 종교 등 모든 분야가 영적인 존재들로부터 결코 자유로울 수 없다는 것을 의미한다. 눈에 보이는 세계와 눈에 보이지 않는 세계가 서로 밀접한 관계를 맺고 있다는 것이다. 특히 요한계시록의 세계관이 그러하다. 하늘에서 일어나고 있는 천사들의 활동이 땅에서 일어나는 재앙적 사건들이나 기적들과 직접적인 연관이 있음을 말해 준다.

다시 출애굽 이야기로 돌아가자. 출애굽기 15장에는 이스라엘 백성들이 홍해를 건넌 후 승리의 노래를 부르는 장면이 기록되어 있다. 이 노래를 흔히 '모세의 노래'라고 부른다. 그 일부를 들어 보자.

"내가 여호와를 찬송하리니 그는 높고 영화로우심이요 말과 그 탄 자를 바다에 던지셨음이로다 여호와는 나의 힘이요 노래시며 나의 구원이시로다 그는 나의 하나님이시니 내가 그를 찬송할 것이요 내 아버지의 하나님이시니 내가 그를 높이리로다 여호와는 용사시니 여호와는 그의 이름이시로다 그가 바로의 병거와 그의 군대를 바다에 던지시니 최고의 지휘관들이 홍해에 잠겼고 깊은 물이 그들을 덮으니 그들이 돌처럼 깊음 속에 가라앉았도다 여호와여 주의 오른손이 권능으로 영광을 나타내시니이다 여호와여 주의 오른손이 원수를 부수시니이다"(출 15:1~6).

이러한 모세와 이스라엘의 승리 이야기를 일부 시편 기자들은 재미있게도 사탄적 권세와의 영적 전쟁 이야기로 이해하고 있다. 즉 홍해 배후에 존재하는 용 또는 리워야단, 즉 물 속에 있는 사탄의 권세와의 영적 전쟁의 승리 이야기로 이해하고 있다는 것이다. 대표적인 구절 중의 하나인 시편 74편 12~14절을 읽어 보자.

"하나님은 예로부터 나의 왕이시라 사람에게 구원을 베푸셨나이다 주께서 주의 능력으로 바다를 나누시고 물 가운데 용들의 머리를 깨뜨리셨으며 리워야단의 머리를 부수시고 그것을 사막에 사는 자에게 음식물로 주셨으며."

이스라엘 백성들을 가로막은 홍해는 하나님의 백성들을 가로막는 사탄적 권세의 상징이었다는 것이다.

모세는 하나님의 명령을 따라 이스라엘 백성을 일부러 이 홍해 앞으로 인도했다. 그곳에서 하나님은 인간의 눈에 절대적인 절망적 상황으로 보이는 이러한 사탄적 장애물을 직면하게 하셨고, 바로 그곳에서 지도자 모세를 통해 홍해를 가르심으로 하나님 자신이 이스라엘을 위해 친히 싸우시는 기적과 능력의 하나님이심을 이스라엘과 열방 가운데 드러내신 것이다.

그러므로 출애굽 사건은 하나님 자신의 영광을 드러내기 위한 하나님 그분의 전쟁이며, 이 전쟁은 영적 전쟁으로서의 성격을 강하게 띠고 있다. 그리고 하나님이 직접 주관하시는, 눈에 보이지 않는 전쟁을 위해 모세는 물리적으로 눈에 보이는 홍해를 가르는 하나님의 능력의 대리자로 헌신하고 있을 뿐이다.

다시 말하지만, 우리의 영적 전쟁은 우리가 싸우는 것이 아니다. 우리를 위해 주님이 친히 싸우시는 하나님의 전쟁이다. 우리의 개인적 삶에 있어서의 영적 싸움도 그렇고, 선교지에서의 영적 전쟁도 그러하며, 목회 현장에서도 그렇다. 주님께서 우리에게 원하시는 것은 그분 자신이 이 영적 전쟁을 잘 수행하시도록 우리가 주님의 명령에 절대적으로 순종하는 것이다.

사도 요한은 구약에서 언급된 바다의 권세 또는 사탄적 권세를 계시록 곳곳에서 언급하고 있다.

용이 마지막 때에 예수의 증거를 가진 신자들과 싸우기 위해 바다 모래 위에 서며(계 12:17), 바다로부터 짐승이 등장한다(계 13:1). 그리고 음녀로 불리는 바벨론은 많은 물 위에 앉은 모습으로 묘사되고 있다(계 17:1).

이와 대조적으로 요한은 요한계시록 15장에서 바다의 권세를 이긴 신자들의 영광스러운 환상을 기록하고 있는데, 이들은 마지막 때의 박해와 환난을 통과한 이긴 자들이다. 이들은 마지막 진노의 일곱 대접 심판을 앞두고 지상의 바다가 아닌 천상의 유리 바닷가에서 그 옛날 이스라엘이 불렀던 바로 그 노래를 어린양의 노래로 부르며 승리케 하신 주님을 뜨겁게 찬양하고 있다.

"또 하늘에 크고 이상한 다른 이적을 보매 일곱 천사가 일곱 재앙을 가졌으니 곧 마지막 재앙이라 하나님의 진노가 이것으로 마치리로다 또 내가 보니 불이 섞인 유리 바다 같은 것이 있고 짐승과 그의 우상과 그의 이름의 수를 이기고 벗어난 자들이 유리 바다 가에 서서 하나님의 거문고를 가지고 하나님의 종 모세의 노래, 어린양의 노래를 불러 이르되 주 하나님 곧 전능하신 이시여 하시는 일이 크고 놀라우시도다 만국의 왕이시여 주의 길이 의롭고 참되시도다 주여 누가 주의 이름을 두려워하지 아니하며 영화롭게 하지 아니하오리이까 오직 주만 거룩하시니이다 주의 의로우신 일이 나타났으매 만국이 와서 주께 경배하리이다 하더라"(계 15:1~4).

이 새로운 모세의 노래인 어린양의 노래는 요한 당시에는 이 편지의 수신자들이었던 소아시아의 일곱 교회 신자들에게 들려주는 미래적 승전가였다. 즉 1세기 신자들이 당시 로마제국의 통치 하에서 받는 그 극심한 고난과 박해를 믿음과 인내로 반드시 승리하고 장차 주님의 보좌 앞에서 함께 불러야만 될 소망의 노래였던 것이다.

이긴 자! 주님께서 1세기 신자들에게 주신 이 승리의 노래가 어찌 그들에게만 해당되겠는가? 오고 가는 모든 시대, 특히 마지막 때를 살고 있는 저와 여러분에게 이 노래는 반드시 붙들고 기도해야 할 승리의 말씀이다. 이 노래는 오늘날 힘든 삶 속에서 우리가 부를 주님이 주신 노래이며, 먼 훗날 우리가 주님의 보좌 앞에서 다시 부를 승리의 찬가이다.

이 노래는 우리의 삶이 사탄의 공격을 받고 고통스러울 때마다, 힘들고 지쳐서 포기하고 싶은 순간마다, 너무나 멀고 험한 인생의 광야 한복판에서 우리의 삶 자체를 차라리 내려놓고 싶은 충동을 느낄 때마다, 다시 성경책을 펴 놓고 우리의 가슴에 껴안고 기도하며 가슴으로 불러야 할 능력 있는 하늘의 노래이다.

세상은 마지막 때로 달려가고 있다. 경제 금융의 위기는 전 세계적인 현상으로 확산되어 가고 있고, 지구의 생태계는 두려울 만큼 빠른 속도로 파괴되어 가고 있다. 세상은 적그리스도를 준비하고 있고 멀지 않아 그 정체를 드러낼 것이다.

어린양의 노래는 장차 짐승이 세상을 정복하고 짐승의 표를 요구할 적그리스도 통치 시대로 들어가게 될 때 지하 토굴 속에 살아 남아 있는 신자들이 순교의 피를 뿌리며 믿음으로 불러야 할 마지막 노래가 될 것이다.

지금은 참된 믿음을 추구하는 신자들의 고통이 점점 더해가고 있다. 세상은 가끔씩 낙관적으로 보일 수는 있겠지만 우리에게 희망을 줄 수 있는 존재가 절대 아니다. 신자들이 세상 속에서 최선을 다하는 삶을 살아야 하지만 그 세상 속에서 안주하고 참된 소망을 발견하려는 것은 어리석은 짓이다. 세상이 언젠가는 그를 의지하려 했던 수많은 신자들을 절망케 하고 멸망시키려 할 것이다.

어린양의 노래는 세상에 속한 자들의 노래가 아니다. 이 노래는 적당하게 신앙생활하는 선데이 종교인들이 부를 그런 노래가 아니다. 세상과 주님을 동시에 섬기며 적당하게 인생을 보내다가 죽을 각오(?)를 하는 이름뿐인 신자들이 부르는 노래가 아니다. 어린양의 노래는 세상을 대항하여 싸운 참된 신자들의 노래이며, 장차 두 증인이 보좌 앞에서 수많은 구원받은 백성들과 함께 부를 그런 노래이다.

사도 요한은 요한계시록 11장에서 바로 이러한 모세의 이미지를 두 증인에게 사용한다. 그래서 모세가 수행했던 이 출애굽을 위한 하나님의 전쟁 이야기가 두 증인의 사역에 적용될 것임을 예언하고 있는 것이다. 즉 두 증인이 모세와 같이 마지막 때에 수많은 영혼들을 적그리스도의 사탄적 권세로부터 구원하기 위해 주님의 영적 전쟁을 수행할 것을 언급하고 있다.

두 증인에게 나타날 엘리야의 사역

엘리야 이야기 가운데 가장 감동적인 부분은 바로 갈멜 산 이야기이다(왕상 18장). 이 갈멜 산 이야기는 엘리야 사역의 최고봉이라고 할 수 있다. 당시 이스라엘은 막강한 국력과 경제력을 가지고 있었다. 정치적인 수완이 능했던 아합 왕은 주변 국가와 결혼 동맹을 맺음으로써 백성들에게 바알과 아세라 여신의 우상숭배를 강요하였다. 그 결과 북 이스라엘은 정통적인 여호와 신앙이 멸절될 위기에 처하게 되었다.

이러한 때에 아합 왕 앞에 바람처럼 홀연히 나타난 선지자가 바로 엘리야였다. 그는 아합 왕의 죄악에 대한 하나님의 심판과 징계를 과감하게 선포했다. 선지자 엘리야의 부르심과 사명은 영적 어두움에 갇힌 이스라엘로 하여금 야훼 하나님 신앙을 회복하도록 도전하는 것이었다.

이런 이유 때문에 엘리야의 사역은 바알 종교와의 관계에 있어서는 자연히 배타적이고 투쟁적인 성격을 가질 수밖에 없었다. 바알 추종자들과 이스라엘 백성들은 '바알이 나의 하나님이다'라고 생각하고 있었지만, 참된 선지자 엘리야는 그의 이름의 의미대로 "야훼가 나의 하나님이다"라고 선언하며 바알 종교에 대해 직접적인 영적 전쟁을 선포했다.

엘리야의 이야기는 두 가지 차원의 대결이다. 인간적인 차원에서 보면 엘리야와 바알 선지자들 간의 대결이지만, 영적인 차원에서는 보면 야훼 하나님과 바알이 맞서 싸우는 능력 대결이었다.

엘리야 이야기 속에는 극적인 장면들이 자주 등장한다. 이스라엘이 우상을 숭배했을 때 그 땅에는 엘리야의 권세 있는 기도를 통해 비가 내리지 않아 백성들이 경제적 고통을 당하기도 하고, 그러다가 이스라엘이 하나님께로 돌아왔을 때에는 닫혔던 하늘 문이 열리면서 축복의 단비가 쏟아지기도 했다. 뿐만 아니라 엘리야가 갈멜 산 제단에서 간절히 기도할 때는 하늘에서 거룩한 불이 임하기도 했다. 이러한 기적들은 긍휼을 베푸시는 하나님의 거룩한 임재와 능력의 상징이면서 동시에 하나님의 거룩한 전쟁을 위한 강력한 심판의 도구로 사용되고 있다.

사도 요한이 요한계시록 11장 6절의 "그들이 권능을 가지고 하늘을 닫아 그 예언을 하는 날 동안 비가 오지 못하게 하고"라는 구절을 통해 의도하는 바가 무엇인가?

바로 두 증인에게 위에서 언급한 엘리야의 사역이 재현될 것이라는 예언적 암시이다. 엘리야 시대처럼 마지막 때에는 많은 하나님의 백성들이 바알을 숭배하면서 주님을 동시에 섬기게 될 것이다. 많은 신자들이 세상과 적당하게 타협하며 금송아지를 숭배하고 육체적 쾌락을 추구하게 될 것이다.

두 증인은 주 예수를 믿는다는 것의 참된 의미가 무엇인지, 어떻게 신자로서 주님의 다시 오심을 준비해야 하는 것인지를 성경적 진리로 돌아가서 그리스도의 마음을 진솔하게 가르치게 될 것이며, 하늘의 생명수로 죽어 가는 영혼들을 소생시키는 말씀 사역을 감당할 것이다.

두 증인은 이를 저지하는 어두움의 권세와의 필연적인 영적 대결에 직면하게 될 것이지만 주님은 그 옛날 엘리야에게 주셨던 동일한 능력과 권세를 두 증인의 사역에 부어 주실 것이다.

이러한 두 증인의 엘리야 사역은 말라기 4장에도 다음과 같이 언급되어 있다.

"보라 여호와의 크고 두려운 날이 이르기 전에 내가 선지자 엘리야를 너희에게 보내리니 그가 아버지의 마음을 자녀에게로 돌이키게 하고 자녀들의 마음을 그들의 아버지에게로 돌이키게 하리라 돌이키지 아니하면 두렵건대 내가 와서 저주로 그 땅을 칠까 하노라 하시니라"(말 4:5~6).

위에서 언급된 여호와의 크고 두려운 날이 이르기 전에 이 땅에 올 예언적인 엘리야는 일차적으로는 그리스도의 초림을 준비했던 광야의 세례 요한을 통해 이루어졌다. 그러나 마지막 때에는 예수 그리스도의 재림을 준비할 엘리야들이 다시 일어날 것이다. 그들은 '마지막 세대의 엘리야들'이라고 불릴 것이며 그들이 바로 요한계시록 11장에 예언된 두 증인이다.

처음 예수께서 이 땅에 오셨을 때, 세례 요한이 엘리야의 마음과 능력으로 사역하였듯이 마지막 때의 두 증인도 엘리야의 마음과 능력으로 다시 오실 주님의 길을 예비하기 위해 사역하게 된다.

요한계시록 13장에서 보는 바와 같이 마지막 때의 적그리스도는 이 땅의 많은 사람들로 하여금 진리에서 떠나 영원한 불못에 던져지도록 거짓 예언과 거짓 기적들을 통해 미혹할 것이다. 반면에 두 증인은 엘리야와 같이 참된 진리만을 외치며 하나님이 주시는 마지막 때의 경고적 나팔을 불게 될 것이며, 타락한 세상은 두 증인을 통해 나타나는 하늘의 문을 열고 닫는 놀라운 권세를 목격하게 될 것이다.

6강 두 증인의 영성 – 사도 요한

두 증인에게 나타날 사도 요한의 사역

사도 요한은 요한계시록 10장 11절을 보면 하나님으로부터 다음과 같은 사명을 부여받는다.

"네가 많은 백성과 나라와 방언과 임금에게 다시 예언하여야 하리라."

여기서 실제적으로 많은 백성들과 나라와 방언들에게 예언하는 사람은 사도 요한이 아닌 요한계시록 11장의 두 증인이다.

"내가 나의 두 증인에게 권세를 주리니 그들이 굵은 베옷을 입고 천이백육십 일을 예언하리라"(계 11:3).

그러므로 요한계시록 10장과 11장은 따로 분리할 수 없는 하나의 연속된 환상이며 연결된 예언으로 보아야 마땅하다. 즉 사도 요한과 미래의 두 증인 사이에는 영적으로 서로 긴밀하게 연결되어 있다는 의미이다. 예언적 증거 사역에 있어서 이들은 시간과 시대와 공간을 초월한다.

영적으로 이들은 마치 엘리야와 엘리사의 관계 속에 있다고 볼 수 있다. 엘리사가 그의 스승 엘리야의 사역을 계승한 것처럼 밧모 섬의 사도 요한에게 위임된 10장의 예언 사역은 결과적으로 11장의 마지막 때의 두 증인에게 계승된다는 것이다.

주님은 일찍이 사도 요한에게 부어 주셨던 지혜와 계시의 영을 마지막 때의 두 증인에게도 동일하게 부어 주실 것이다. 그래서 사도 요한이 요한계시록 10장에서 받은 사명을 두 증인이 마지막 세대 동안에 충분히 감당하도록 역사하실 것이다.

메시지 선포에 따르는 놀라운 권세

많은 백성과 나라와 방언과 임금에게 다시 예언해야 할 사도 요한의 말씀 사역에는 놀라운 권세가 주어졌다. 그것은 사도 요한에게 보내진, 요한계시록 10장에 묘사된 다음과 같은 한 '힘센 천사'가 보여 준 놀라운 영광과 권세를 통해 확증된다.

"내가 또 보니 힘센 다른 천사가 구름을 입고 하늘에서 내려오는데 그 머리 위에 무지개가 있고 그 얼굴은 해 같고 그 발은 불기둥 같으며 그 손에 펴 놓은 작은 두루마리를 들고 그 오른발은 바다를 밟고 왼발은 땅을 밟고 사자가 부르짖는 것 같이 큰 소리를 외치니 그가 외칠 때에 일곱 우레가 그 소리를 내어 말하더라"(계 10:1~3).

요한계시록의 많은 연구가들은 이 천사에 대해 요한계시록 1장 14절 이후에 묘사된 그리스도의 모습과 아주 유사하기 때문에 예수 그리스도께서 요한에게 다시 나타나신 것으로 보기도 한다. 그러나 문제는 의외로 간단하다. 이 힘센 천사는 그리스도가 아니라 그리스도의 권세를 부여받은 천사장이다. 이미 요한계시록 1장에서 주 예수님의 영광을 직접 목격한 요한은 이 천사와 예수님을 구별하는 데 혼란을 겪지 않는다. 그래서 요한은 요한계시록 10장에서 이 천사를 주 예수님이라고 호칭하지 않고 단순히 '힘센 천사'라고 호칭하고 있다.

이 힘센 천사에 대한 요한의 설명은 참으로 놀랍기까지 하다. 이 천사는 바다와 땅을 밟고 섰고(5절), 하늘뿐만 아니라 땅과 바다 가운데 있는 모든 물건을 창조하신(6절) 하나님의 이름으로 맹세하고 있다. 요한계시록에서 마지막 때의 땅과 바다는 하나님과 하나님의 백성들을 대적하는 사탄의 권세가 다스리는 곳으로 묘사되고 있다.

그러므로 요한이 환상 가운데 본 이 천사가 바다와 땅을 밟고 서 있다는 것은 이 천사에게 사탄의 영토인 바다와 땅을 다스리는 권세가 주어졌음을 의미한다. 그리고 이 천사장이 땅과 바다 가운데 있는 모든 물건을 창조하신 하나님의 이름으로 맹세함으로 하나님만이 지금 사탄이 정복하고 있는 그 모든 것을 원래 창조하신 분이고 또 되찾을 권능도 가지고 계심을 암시하고 있는 것이다. 우리가 요한계시록을 계속 읽어 보면 이 거룩한 목적을 위한 하나님의 마지막 때의 심판이 요한계시록 6장 이후 20장까지 구체적으로 기록되어 있음을 알 수 있다.

사도 요한은 그리스도의 권세를 위임받은 이 천사로부터 작은 책을 직접 받아 소화함으로써 그 권세까지 위임받게 되었고, 또 그러한 권세가 두 증인에게 연속적으로 위임됨으로써 두 증인은 마지막 때의 하나님의 거룩한 전쟁과 효과적인 그리스도의 증거를 위해 그들의 전체 사역을 통해 놀라운 권세를 실제적으로 드러내게 된다(계 11:3~13).

다시 말해 하나님은 힘센 천사가 소유한 그 권세를 사도 요한에게, 그리고 사도 요한에게 위임된 그 권세를 사도 요한의 사역을 영적으로 계승할 두 증인에게 위임하시게 될 것이라는 사실이다.

우리가 부인할 수 없는 한 가지 진리는 신자들의 사역과 그 사역을 위해 주님께서 보내 주시는 천사들이 직접적인 관계를 맺고 있다는 사실이다.

하나님의 종들이 자신들의 사역 도중에 때때로 영안이 열리는 경우가 있다, 그때 사역자들은 자신들의 사역을 돕기 위해 하나님이 보내 주신 천사들이 일하는 모습을 목격하기도 한다. 그때 나타난 천사들의 크기나 모습은 사역자들이 감당하는 사역과 상황에 따라 천차만별이다. 중요한 것은 하나님이 그분의 백성들이 주님의 일을 감당할 때 그들을 돕도록 다양한 천사들을 지금도 보내 주신다는 점이다. 이것은 연약한 우리에게 얼마나 큰 힘과 위로가 되는지 모른다.

사실 요한계시록만큼 구체적으로 이것을 기록하고 있는 책도 드물다. 요한계시록을 읽어 보면, 주님의 보좌를 수호하는 여섯 날개 달린 네 생물이 등장한다(계 4:6~8). 인을 떼고 나팔을 부는 천사들도 있으며, 성도들의 기도를 전달하는 천사도 있다(계 8:2~3). 그뿐인가? 지옥의 열쇠를 담당하는 천사도 있고(계 9:1~2), 영적 전쟁을 담당하는 미가엘 천사도 있다(계 12:7). 그 외에도 불을 다스리는 천사(계 14:18), 이한 낫을 가지고 심판을 행하는 천사(계 14:17), 물을 담당하는 천사(계 16:5)도 존재한다. 마찬가지로 대륙을 다스리는 천사들도 있고, 한 나라와 민족, 도시들을 관장하는 천사들도 있으며, 개인들을 수호하는 천사들도 존재한다.

한 가지 예를 들어 보자. 베니 힌 목사의 방송인 <This Is Your day>에 출연한 사무엘 닥토리엔 목사는 1998년에 대륙을 다스리는 천사들을 직접 만난 자신의 간증을 다음과 같이 한 적이 있다.

> 첫째 천사가 말했습니다. "나는 전 아시아를 위한 메시지를 갖고 있다." 그가 이것을 말하는 순간 몇 초 후에 저는 중국과 인도 전체를 볼 수 있었습니다. 그리고 전 아시아의 나라들을 볼 수 있었습니다. 베트남, 라오스, 캄보디아, 북한, 남한. 저는 이 나라에 가 본 적이 없습니다. 그 다음으로 필리핀과 일본을 보았습니다. 싱가포르, 말레이시아, 인도네시아, 그리고 밑으로 호주, 뉴질랜드를 보여 주었습니다. 그는 "나는 중국의 천사이다"라고 말했습니다. "인도 그리고 호주." 그는 손에 아주 엄청난 나팔을 갖고 있었습니다. 작은 나팔이 아닌, 길고 큰 나팔이었습니다. 그는 그 나팔을 온 아시아 전역에 불려고 했습니다.

그래서 그 천사가 말하는 것이 무엇이든, 그것은 주님의 나팔과 함께 온 아시아 전역에 일어날 것들입니다. 수억 명이 주님의 강력한 목소리를 듣게 될 것입니다. 그리고 그 천사는 "재난과 궁핍이 있을 것이요, 많은 이들이 굶주림으로 죽을 것이다. 이전에 없었던 강한 폭풍이 불 것이며 큰 부분이 흔들리고 파괴될 것이다. 모든 곳에 지진이 일어날 것이다. 호주는 나눠질 것이고 멸망될 것이다. 그리고 큰 지역들이 바다 밑으로 가라앉을 것이다. 중국과 인도에서는 수억의 사람들이 죽을 것이다. 민족과 민족이 서로 대적할 것이고 형제와 형제끼리 대적할 것이다. 아시아인들은 서로 싸울 것이다. 핵무기를 사용하여 수억이 죽게 될 것이다."

미국의 여성 사역자인 신디 제이콥스 또한 2001년 9월 11일이 지난 어느 날 주말 집회에서 더치 쉬츠 목사가 국가를 위한 기도를 인도할 때 이러한 류의 천사를 목격한 바가 있음을 그녀의 책 《초자연적 삶을 살라》에서 다음과 같이 적어 놓고 있다.

"강단 뒤에 있는 쉬츠 뒤에 적어도 키가 6미터나 되는 천사가 서 있었다. 나는 그가 미국을 주관하는 주의 천사라는 것을 알았다. 그 천사는 자유의 여신상에 있는 것과 같은 왕관을 쓰고 손에 횃불을 들고 있었다. 어깨에는 성조기가 망토처럼 걸쳐 있었다."

그러므로 오늘날 전 세계의 많은 하나님의 사람들이 하나님의 천사들을 직접 목격하고 있다는 것은 부인할 수 없는 엄연한 현실이다.

나는 개인적으로 요한계시록에 기록된 천사들의 모습 중에서 가장 장엄하고 권능 있게 묘사된 신비로운 천사장이 위에서 언급된 요한계시록 10장의 '힘센 천사'라고 생각하고 있다. 그런데 바로 이 천사장이 마지막 때의 두 증인과 그들의 사역을 도와주기 위해 주님으로부터 특별한 지시를 받고 파송될 것이다. 즉 사탄의 영토인 땅과 바다를 다스리는 권세를 받았던 이 천사장은 두 증인이 전 세계적으로 사탄의 나라를 복음으로 침노하여 들어가서 하나님의 나라를 회복하고 하나님의 영광을 회복할 수 있도록 실제적으로 도울 것이라는 의미이다. 그만큼 두 증인의 사역이 중요하기 때문이다.

이제 영적인 눈을 들어 바라보자. 성령께서 우리에게 들려 주시는 시대적 음성이 여기 있다. 그 음성은 다음과 같은 것이다. "지금 사탄은 적그리스도를 준비하고 있고, 주님께서는 두 증인을 준비하고 계신다."

두 증인과 예언적 증거 사역

앞에서 언급한 바와 같이 두 증인의 사역은 요한계시록 10장에서 사도 요한이 받았던 그 예언자적 사명과 동일하다. 사도 요한이 그 영적인 씨를 뿌린 것과 같고 두 증인은 그 열매를 맺는 것이다.

요한계시록 10장을 보면 사도 요한은 하나님의 명령에 따라 힘센 천사의 손에서 작은 책을 받아 먹게 된다. 이것은 하나님의 주어진 계시를 영적으로 깨달아 이해하는 과정이다. 요한은 그 작은 책을 먹은 후에 "배에서 쓰게" 되는데 이것은 궁극적으로 사도 요한―두 증인―이 전할 그 예언의 메시지가 마지막 때의 쓰디쓴 심판과 재앙을 담고 있기 때문일 것이다.

선지자 에스겔의 경우도 그러했다.

"또 그가 내게 이르시되 인자야 너는 발견한 것을 먹으라 너는 이 두루마리를 먹고 가서 이스라엘 족속에게 고하라 하시기로 내가 입을 벌리니 그가 그 두루마리를 내게 먹이시며 내게 이르시되 인자야 내가 네게 주는 이 두루마리를 네 배에 넣으며 네 창자에 채우라 하시기에 내가 먹으니 그것이 내 입에서 달기가 꿀 같더라"(겔 3:1~3).

위에서 선지자 에스겔이 하나님의 두루마리를 받아서 먹는 과정이 마치 음식물을 소화시키는 것과 비슷하게 묘사되어 있다. 이러한 행동은 나중에 지성적인 이해와 동일시된다. 다음 구절을 읽어 보자.

"또 내게 이르시되 인자야 내가 네게 이를 모든 말을 너는 마음으로 받으며 귀로 듣고"(겔 3:10).

따라서 선지자 에스겔
이 하나님으로부터 오는
계시적 말씀을 수동적이며
황홀경 상태에서 비이성적
으로 받은 것이 아니라, 온
전히 소화하여 깨닫기 위
해 이성적 이해 안에서 계
시를 수용하고 해석하기
위한 과정이 있었음을 알
수 있다.

즉 구약의 선지자들에게는 환상을 보는 것과 본 그 환상을 올 바르게 해석하는 두 가지 과정이 존재했다는 것이다. 이러한 과 정이 또한 작은 책을 받아 소화하는 요한에게 동일하게 일어났 으며, 요한의 예언자적 사명을 영적으로 위임받는 두 증인에게 도 그대로 적용될 것임을 우리는 추정할 수 있다.

그러므로 묵상할 수 있는 능력은 매우 중요하다. 우리는 오늘 날 TV나 영화, 인터넷 동영상이나 드라마 등에 너무 생각 없이 빠져 있다.

때로는 스트레스 해소를 위해 이러한 여가 활동들도 필요하 겠지만 이러한 시각적인 영상물 때문에 깊이 생각할 수 있는 지 각과 사고 능력을 잃어버리는 것은 위험하다.

때때로 나는 적그리스도가 통치할 시기가 오면, 의외로 많은 사람들이 깊이 판단하고 이해할 수 있는 지각 능력을 잃어버리고 맹목적으로 적그리스도를 추종하는 일이 일어나지 않을까 두려워한다. 말씀을 묵상하는 능력에서 지혜가 나온다. 생각할 수 있는 능력은 우리를 광신으로 몰고 가는 영적 어두움의 권세로부터 우리 자신들의 영혼을 보호한다. 그것은 영 분별의 능력과 연관되어 있다.

그리고 우리는 선지자들의 예언이 또 다른 성격을 가지고 있음도 기억해야 한다. 선지자 에스겔은 하나님의 말씀이 그에게 임함도 경험했지만, 본질적으로 환상이라는 통로를 통해 이스라엘과 관련한 계시를 받은 선지자였다.

요한이 기록한 계시록 또한 천사를 통해 그에게 알려진 '계시'이며(계 1:1), 이 계시는 '하나님의 말씀이요 그리스도의 증거'(계 1:2)이고 동시에 '예언'(계 1:3, 22:7,10,18,19)이다. 사도 요한의 경우 그는 성령 안에서 하늘의 보좌 앞으로 들리워 올라가서 환상이라는 초자연적 방법을 통해 그가 '본'(계 1:2) 일들을 기록한다.

마찬가지로 두 증인도 하나님의 천상회의를 통해 마지막 때에 관한 계시들을 목격하고 깨닫게 될 것이며, 이것은 그들의 예언적 증거 사역에도 큰 영향을 미칠 것이다.

결론적으로 두 증인의 말씀 사역과 예언은 작은 책(또는 포괄적인 의미의 계시록 자체)에 대한 철저하고도 신중한 이성적 연구와 판단과 해석에 기초하면서도 동시에 예수님으로부터 초자연적이고 계시적인(이것은 꿈과 환상을 포함한다) 방법에 의해서도 깨달아 아는, 이성과 초이성, 현실적 감각과 초자연적 감각, 합리적 연구와 계시적 이해라는 이중적 성격을 띠게 될 것이다. 쉽게 말해 두 증인은 하나님이 주신 인간의 이성을 적극적으로 사용함과 동시에 하늘로부터 주어지는 은사적이고 초자연적인 능력들을 진리 안에서 동시에 수용하게 될 것이다.

오늘날의 말씀 사역이나 예언 사역은 극단적인 모습을 보이기도 한다. 어떤 예언 사역자는 기록된 하나님의 말씀 연구에는 전혀 관심이 없다. 오직 눈에 보이는 환상이나 계시적 꿈에만 의존한다. 이것은 장기적인 관점에서는 매우 위험한 행위이다. 왜냐하면 사탄은 언제든지 광명한 빛의 천사로 찾아와 거짓 예언과 거짓 환상을 보여 줄 수 있기 때문이다.

반면에 어떤 설교자는 환상과 계시와 꿈, 그리고 은사적 능력을 혹독하게 부인하며 오직 기록된 말씀 연구에 기초한 강해 설교만이 진정한 하나님의 예언 사역이라고 생각한다. 이것 또한 위험한 것이다. 왜냐하면 하나님의 계시의 통로를 오직 기록된 성경 속에만 가두어 놓기를 원하는 교만에 빠질 수 있기 때문이다.

마지막 때의 두 증인적 사역자들에게는 두 개의 칼이 동시에 필요하다. 오른손에는 양날 선 말씀의 검이고, 왼손에는 은사와 능력이라는 성령의 불칼이다.

다시 말하지만, 미래의 두 증인은 말씀에 대한 진지한 연구자들임과 동시에 초자연적인 영역을 자연스럽게 거니는 사람들이다. 그들은 이성적 말씀 연구와 계시적 예언 은사를 진리 안에서 균형 있게 결합시킬 것이다. 그들은 하나님의 말씀 자체에 정통한 말씀의 종들이며 꿈과 환상을 통해 하늘로부터 오는 마지막 때의 계시들을 풍성하게 소화하는 사도들이며 선지자들이다.

7강 두 증인 – 십자가의 그리스도

요한은 다음 구절을 통해 예수 그리스도께서 보여 주셨던 십자가의 영성이 두 증인에게 그대로 계승될 것임을 예언하고 있다.

> "백성들과 족속과 방언과 나라 중에서 사람들이 그 시체를 사흘 반 동안을 보며 무덤에 장사하지 못하게 하리로다"(계 11:9).

요한이 계시록에서 말하는 '백성과 방언과 나라들'이라는 표현에는 우주적이고 세계적인 범위가 포함된다. 그리고 이러한 표현이 제한 없는 구원의 광범위한 대상을 의미하는 것도 사실이다. 그러나 이 땅에는 예수 그리스도에게 속한 수많은 하나님의 백성들이 존재함과 동시에 사탄에게 속한 구원받지 못한 수많은 불신자 그룹이 동시에 존재한다.

예수 그리스도의 재림 직전에 구원의 새 노래를 부를 수많은 하나님의 백성들이 이 땅 위에 생겨날 것임이 틀림없다. 그리고 당연히 그래야만 한다. 그러나 여전히 구원받지 못하고 오히려 그리스도의 복음을 핍박할 어두움에 속한 수많은 영혼들도 동시에 나타날 것이라는 비극이다.

즉 요한계시록 5장 9절에서는 하늘에서 "각 족속과 방언과 백성과 나라 가운데서" 사람들을
피로 사신 그리스도를 향한 찬양이 웅장하게 울려 퍼지지만, 반면에 11장 9절에서는 "백성들과 족속과 방언과 나라 중에서" 불신자들이 여전히 두 증인을 박해하는 모습이 나타난다.

그러므로 마지막 때의 복음을 전할 두 증인은 수많은 영혼들을 추수하는 기쁨과 감격도 있겠지만 언제 어디서나 환난과 핍박과 박해를 만날 가능성도 항상 있게 될 것이다.

박해자들은 예수 그리스도의 심장과 성령의 능력으로 복음을 전할 두 증인에게 무서운 분노와 증오심을 품고 그들을 핍박할 것이다. 그들은 두 증인의 시체를 사흘 반 동안을 지켜보며 무덤에 장사하지 못하도록 조치를 내릴 것이다. 이것은 박해자들이 사탄이 주는 적개심으로 가득 차 있음을 단적으로 말해 준다. 두 증인이 살아서 예언할 때 그들을 감히 해칠 수 없었던 박해자들은(계 11:5) 두 증인의 죽음 이후에야 그들의 시체에 수치를 가함으로 간접적으로 보복할 수밖에 없을 것이다.

우리는 두 증인이 핍박을 받는 모습 속에서 우리 예수 그리스도의 고난의 십자가를 본다. 땅에 계실 때 하늘의 능력과 권세

가운데 사역하셨던 예수께서는 십자가 위에서는 아무런 능력도 없는 것처럼 너무나 무력하게 죽음을 맞이하셨다.

마찬가지로 엘리야와 모세의 능력과 권세로 사역했던 두 증인도 원수와의 영적 전투에서 무력하게 패배하며 죽음을 맞이한다. 예수께서 십자가 위에서 조롱을 당하시고 고난 가운데 자신을 하나님께 거룩한 제물로 바치셨듯이, 두 증인도 고난을 통해 자신들의 생명을 주님의 제단에 거룩한 제물로 바친다.

하지만 그들의 죽음은 패배가 아니다. 그들의 순교는 예수 그리스도처럼 최후의 승리를 확정짓는 거룩한 도구가 된다. 두 증인의 주님이시요, 영원한 왕 되신 그리스도께서 이미 십자가의 죽음을 통해 승리를 거두셨다. 이기기 위해 죽는 것이다. 요한은 요한계시록 5장에서 이 사실을 이미 증거한 바 있다.

"장로 중의 하나가 내게 말하되 울지 말라 유대 지파의 사자 다윗의 뿌리가 이겼으니 그 두루마리와 그 일곱 인을 떼시리라 하더라 내가 또 보니 보좌와 네 생물과 장로들 사이에 한 어린양이 서 있는데 일찍이 죽임을 당한 것 같더라 일곱 뿔과 일곱 눈이 있으니 이 눈들은 온 땅에 보내심을 받은 하나님의 일곱 영이더라"(계 5:5~6).

위의 구절에서 요한이 예수님에 대해 '유다 지파의 사자 다윗의 뿌리가 이기었으니' 라는 표현을 사용한 것은 놀라운 능력과 위엄을 가지고 사탄과 세상을 정복하고 승리하신 메시아의 특성을 나타낸다.

반면에 '어린양이……일찍 죽임을 당한 것 같더라' 는 표현은 예수님의 십자가상의 희생적인 죽음을 보여 준다.

이것은 십자가 위에서 일어난 두 가지의 명백한 진리, 즉 사탄에 대한 승리와 인류의 죄악에 대한 속죄를 나타낸다. 사도 요한은 사자와 어린양이라는 서로 대조적인 두 가지 이미지를 나란히 사용함으로 죽임 당하신 그리스도의 역설적인 승리라는 강한 메시지를 계시록의 수신자들에게 전달하고 있는 것이다.

다니엘 레이드의 표현을 빌리면, 십자가 위에서 굴욕과 패배를 당하신 그리스도께서 오히려 정사와 권세를 사로잡아 개선의 행진을 함으로 사형수의 형틀이 이제 승리자를 위한 개선 전차가 된 것이다. 여기에 우리의 소망이 있는 것이다. 그리스도의 신자들은 죽임 당하신 그리스도를 통해 함께 고난을 당하지만 부활하신 그분 안에서 마침내 죽음의 권세를 이기고 최후의 승리를 쟁취할 것이다.

당시 소아시아 일곱 교회의 신자들은 자신들의 믿음을 지키기 위해 몸부림을 쳐야만 했다. 때로는 경제적 불이익을 당하기도 하고, 직장에서 따돌림을 당하기도 하고, 어떤 경우에는 목숨까지 바쳐야만 했다. 적어도 세상 사람들이 보기에는 무력하고 아무런 능력도 없이 십자가를 붙잡고 미련하게 죽어 갔던 어리석은 사람들로밖에는 보이지 않았다. 그것이 '십자가의 영성' 이다. 다른 사람을 짓밟고 내가 성공하고 출세하고 돈을 버는 성공 지향적인 삶이 아니다. 다른 사람을 살리기 위해 내가 죽는 영성이다.

　이것이 얼마나 어렵고 고통스러운 것인가! 세상적인 표준을 가지고 나를 바라보는 친구들의 기대는 높은 지위에 올라 세상을 호령하는 것인데 비해, 주님께서 원하시는 것은 우리가 스스로 낮고 비천한 자리에 서서 그리스도의 사랑으로 믿음을 가지고 다른 사람을 살리는 삶을 사는 것이 아닌가?

　세상이 우리에게 성공과 믿음 중 하나만을 선택하라고 요구할 때 차라리 믿음을 선택하고 죽으라는 것이 아닌가? 그렇게 할 때 우리는 이긴 자가 되고 이 땅이 아닌 새 하늘과 새 땅에서 주님의 위로와 영원한 상급을 받게 되리라는 것이다.

　두 증인은 예수님이 가신 길을 걸을 것이며, 주님처럼 십자가의 죽음을 선택한다. 그러므로 두 증인은 사탄과의 영적 전쟁에서 영원히 '이긴 자들'에 속한다. 요한계시록 2~3장에서 반복적으로 나타나는 헬라어인 '니카오'($\nu\iota\kappa\acute{\alpha}\omega$)는 '이기다'라는 의미로 전문적인 전투 용어이다.

　이 이긴 자의 개념은 요한계시록 4~5장에서 요한에게 보인 천상의 예배 모습과도 특별한 관련을 맺는다. 즉 이 땅에서 고난과 박해 가운데 하나님의 백성들과 교회가 수행하는 영적 전쟁은 하늘에서는 이미 승리한 교회에 대한 비전으로 나타나고, 6장 이후 우주적 통치자인 하나님은 예수 그리스도를 통해 지상의 교회와 하나님의 백성들을 대적했던 세상과 그 배후의 사탄의 권세를 심판하는 일곱 봉인을 떼기 시작하신다. 요한계시록 11장의 두 증인 사역 이후 하나님은 마지막 일곱 대접 재앙을 통한 심판을 시작하신다.

이것은 두 증인의 고난적 투쟁이 사탄에 대한 하나님의 심판이라는 마지막 때의 개념을 포함하고 있으며, 두 증인이 다가오는 미래적 승리를 현재의 순교적 죽음을 통해 선포하며 드러내는 것을 의미한다.

우리가 이 땅에서 주님을 위해서 고통을 받을 때 주님께서는 우리의 고난을 사용하셔서 이 땅의 어둠의 권세들을 심판하실 것이다. 우리가 이 땅의 영혼들을 위해 울 때 주님께서는 바로 이 땅에서 마지막 때의 부흥을 일으키실 것이다. 우리 각자가 주어진 자리에서 믿음을 지키기 위해 몸부림칠 때 주님께서는 우리의 작은 그 몸부림을 통해 위대한 그리스도의 나라를 확장시키신다. 즉 헌신된 우리의 작은 씨앗이 거대한 주님의 나라를 일으키는 작은 불꽃이 된다는 것이다.

요한계시록을 보라. 하나님께서는 두 증인이 핍박을 당하고 그들의 시체마저 원수들에게 조롱을 당하고 있을 때 그 고귀한 순교적 죽음을 결코 그대로 방치하지 않으신다! 그 대적들이 보는 가운데 기적적인 능력으로 두 증인을 부활시키신다. 이 부활은 두 증인이 그들의 죽음을 통해 궁극적으로 승리했다는, 살아 있는 증거인 셈이다. 그 승리가 대적들의 눈앞에서 즉각 입증된다.

> "삼 일 반 후에 하나님께로부터 생기가 그들 속에 들어가매 그들이 발로 일어서니 구경하는 자들이 크게 두려워하더라"(계 11:11).

이 놀라운 장면을 상상할 수 있는가? 그리고 이와 유사한 장면을 언젠가 어디에서 듣고 본 기억이 없는가? 그렇다. 주님으로부터이다! 바로 주님께서 부활하시는 장면이다! 그때 텅 비어 있던 바로 그 무덤이 열리는 순간이다! 삼 일 동안 주께서 음부에 계실 때, 하늘과 땅은 침묵했다. 하늘의 천사들도 침묵했다. 그러나 주님이 죽음에서 몸을 일으키셨을 때 하늘과 땅은 요동치며 흔들리기 시작했다. 천상에서는 승리의 노래가 울려 퍼지고 모든 천군 천사들이 창세 이후 땅에서 일어난 최대의 사건인 예수님이 부활하시는 장면을 넋을 잃고 지켜보고 있었다. 그런데 보라! 주님의 그 부활이 두 증인에게서 역사적으로 재현된다.

찢어진 두 증인의 죽은 육신을 속박했던 그 어두운 죽음의 문이 열리고, 그들의 육신이 주님과 같이 성령의 능력으로 일으킴을 받을 때, 하늘은 다시 열리고 신실한 두 증인이라는 이 땅의 인간들에게 일어나는 전대미문의 사건 앞에서 수많은 하늘의 천사들도 그 벌린 입을 다물지 못하고 지켜보게 될 것이다! 이것은 천사들도 이전에 듣지도 보지도 못한 하나님의 놀라운 은혜의 사건이기 때문이다.

하늘의 구원받은 의인들도, 천사들도 기독교 역사상 그 많은 순교자들이 죽어 갈 때도 이토록 많은 대적들 앞에서 순교자를 공개적으로 부활시키신 적이 없는 주님의 얼굴을 바라보며 의아해할 것이다. 두 증인이 마치 예수님처럼 많은 대적들이 지켜보는 가운데 구름을 타고 하늘로 올리우는 그 모습을 보며 일찍이 들림을 받았던 에녹도, 땅에 시체를 남기지 않았던 모세도, 불병

거와 회오리바람 가운데 승천한 경험이 있는 엘리야조차도 입을 다물지 못할 것이다!

주님께서는 둘러선 수많은 증인들과 천사들에게 아마도 이렇게 말씀하실 것이다. "마지막 때이기 때문이다. 참으로 마지막 때가 왔기 때문이다. 아버지의 심판이 눈앞에 임박했기 때문이다. 이제 내가 바로 문 밖에 있으며 내가 지체하지 않고 속히 갈 것이기 때문이다."

공개적인 두 증인의 놀라운 부활과 승천 사건, 그리고 뒤따르는 지진 사건은 결과적으로 잃어버린 자들의 놀라운 회개 역사를 가져온다.

"그때에 큰 지진이 나서 성 십분의 일이 무너지고 지진에 죽은 사람이 칠천이라 그 남은 자들이 두려워하여 영광을 하늘의 하나님께 돌리더라"(계 11:13).

지금까지 대부분의 주석가들은 요한계시록 11장의 본문을 상징적으로만 해석해 왔다. 그리고 앞으로도 대부분의 사람들은 그렇게 이해할 것이다. 두 증인이 실제적으로 죽임을 당하고 부활하며 승천할 것이라고는 믿지 않는다. 왜냐하면 이 사건은 인간이 가진 합리적인 이성과 논리로서는 도무지 이해할 수 없는 불가능한 일이기 때문이다. 그러나 현재 전 세계 곳곳에서 일어나는 성령의 비범한 능력들과 현상들을 객관적으로 바라볼 때 이 사건은 문자적으로 성취될 가능성이 점점 높아져 가고 있다.

왜냐하면 죽은 자들이 살아나는 사건들이 전 세계의 선교 현장과 치유 전도 집회에서 실제로 발생되고 있기 때문이며, 지금까지 기독교 역사에서 보지 못했던 놀라운 기적들이 두드러지고 있기 때문이다. 이것은 주님께서 마지막 때의 영혼들을 그만큼 사랑하시기 때문이다. 초자연적인 기적들을 일으켜서라도 강퍅한 영혼들이 복음의 진리를 믿고 그리스도께로 돌아오기를 간절히 원하시기 때문이다.

예수 그리스도의 복음을 위해 핍박과 박해를 받고 순교의 죽음을 당하는 두 증인의 영성은 예수님과 사도들의 순교, 그리고 순교적 기독교의 역사를 계승한다. 초대 교부 터툴리안의 말대로 순교자의 피는 교회의 씨앗이 된다. 그리고 두 증인의 영성은 십자가를 지고 죽기까지 예수를 따르는 제자도의 절정을 보여 줄 것이다. 초대교회가 박해와 순교의 피 위에 세워진 것처럼, 주 예수의 재림 직전에 두 증인은 박해와 순교를 통해 마지막 영혼 추수를 완성하게 될 것이기 때문이다.

개인적으로 나는 우리 한민족 가운데 주님이 두 증인적 영성과 능력을 가진 종들을 많이 일으키시어 마지막 때의 풍성한 영혼 추수를 하실 것을 굳게 믿고 있다. 우리 한민족은 특유의 한(恨)이 있다. 우리 민족의 노래 중에 '한 오백 년'이란 노래를 보면 민요 아리랑과 더불어 한 맺힌 우리 민족의 정서를 대표적으로 대변하고 있다. 그 노래의 일부 가사는 이렇다.

한 많은 이 세상 야속한 님아

정을 두고 몸만 가니 눈물이 나네
아무렴 그렇지 그렇고 말고
한 오백 년 살자는데 웬 성화요

어떤 분은 이 한이 하나님의 형상이 파괴된 그 자리를 채움 받지 못한 인간의 절규라고 설명하기도 하는데, 그래서 그런지 우리 한민족은 특별히 종교성이 깊은 민족이기도 하다. 우리 민족의 전통적인 이 한 맺힘은 영적으로 보면 사탄적이며 부정적인 측면도 가지고 있지만, 긍정적으로 그리스도 안에서 승화될 때는 복음을 위한 순교자의 뜨거운 영성이 된다. 마지막 때에 죽어 가는 영혼들을 향한 두 증인의 한 맺힌 눈물과 복음에로의 절규는 마침내 그들 자신을 영혼들을 위한 순교자의 자리로 인도할 것이기 때문이다.

주께서 우리 한민족을 축복하셔서 그리스도 안에서 이 한의 정서를 순교자의 영성으로 승화시켜 주실 것을 간구해 본다. 그래서 마지막 때에 복음을 위한 순교자들을 많이 배출하는 민족으로 쓰임 받기를 두려운 마음으로 기도해 본다.

요한계시록 11장에 등장하는 두 증인은 마지막 때에 복음을 증거하다 순교할 사람들이다. 미래에 이 거룩한 사역을 감당할, 순교 당할 두 증인을 생각하며 아래의 노래를 불러 본다. 이 노래는 미래적 두 증인뿐만 아니라 오늘의 삶 속에서 순교자의 길을 걷는 모든 이들에게 바치는 결단의 노래이기도 하다. 그래서 이 노래는 일종의 순교가이다.

한 많은 이 세상 복음 전한 님아 복음 주고 몸만 가니 눈물이 나네	"그들이……예언하리라"(계 11:3) "……그들을 죽일 터인즉……"(계 11:7)
아무렴 그렇지 그렇고 말고 천년왕국 살자는데 웬 성화요	"그리스도와 더불어 천 년 동안 왕 노릇 하니"(계 20:4)
내리는 주의 진노 산천을 뒤덮기 전 님들의 복음으로 이 세상을 덮으소	"그 시에 큰 지진이 나서"(계 11:13) "네가 많은 백성과 나라와 방언과 임금에게 다시 예언하여야 하리라"(계 10:11)
아무렴 그렇지 그렇고 말고 천년왕국 살자는데 웬 성화요	
사랑에 겨워서 굵은 베옷 입더니 가신 님 영원히 주의 보좌 앞일세	"그들이 굵은 베옷을 입고"(계 11:3) "하늘로부터 큰 음성이 있어 이리로 올라오라 함을 그들이 듣고……"(계 11:12)
아무렴 그렇지 그렇고 말고 천년왕국 살자는데 웬 성화요	
지척에 둔 님들을 그리워할 때 우리도 순교 죽음 죽으러 가세	"……예수를 증언함과 하나님의 말씀 때문에 목 베임을 당한 자들의 영혼들과……"(계 20:4)
아무렴 그렇지 그렇고 말고 천년왕국 살자는데 웬 성화요	

이러한 고난과 십자가의 영성은 오늘날의 교회들 가운데도 회복되어야 할 소중한 영성이다. 최근 미국 교회 안에서는 1980년대에 대중의 관심을 끌었던 소위 '번영신학'이 미국의 대형교회들인 메가 처치(Mega-Church)들 가운데 큰 신학적 비중을 차

지하고 있다는 것도 사실이다.

바라보는 각도에 따라 찬반 논쟁이 야기될 수도 있지만, 레이크우드 교회의 조엘 오스틴 목사의 설교 가운데에는 죄, 회개, 지옥 같은 주제는 찾아 볼 수 없고, 오직 긍정적 사고의 철학이 강단을 끌고 가고 있는 현실을 이미 많은 분들이 지적하기에 이르렀다.

세계적인 명성을 가진 후안 까를로스 오르티즈 목사는 현대 교회 안에 만연된 인간 중심의 복음을 비판한다. 우리는 예수께서 요구하셨던 제자도의 중심에는 고난과 박해를 감수하고 진리를 선포하는 피 묻은 십자가의 복음이 핵심적인 자리를 차지하고 있음을 간과해서는 안 된다.

그런가 하면, 한국 교회와 한인 교회들 안에서도 새로운 종교개혁에 대한 몸부림과 간절한 바람들이 점점 높아가고 있다. 종교개혁이 일어나기 전 중세교회들의 변질되고 타락한 가톨릭 신학과 영성이 한국 교회들 안에도 여전히 존재한다는 뼈아픈 지적이 있다. 현대 교회들의 세속화와 물량주의에 대한 비판이다.

세상을 깨워야 할 교회는 잠들어 있고 오히려 세상이 잠들어 있는 교회들을 깨우는 상황이다. 교회들의 부정 부패, 목회자들의 각종 비리들, 자신들만 살찌우는 오늘날의 교회들에 대해 세상은 과감하게 채찍을 든다. 그 채찍은 오늘날의 기독교와 교회들에 대해 네티즌들의 호된 비판과 매도하는 글들 속에 적나라하게 드러나 있다. 때로는 위험 수위를 넘는 지나친 공격들과 왜곡된 주장들도 많다.

교회 안에서조차 오늘날의 교회들이 신자들을 판매대상인 하나의 고객으로 보고 그들을 감동시키기 위해 기업화되고 대형화되며 세상적인 성장 기법이나 마케팅 전략을 무분별하게 도입하는 현상들이 비판을 받고 있다. 교회 안에는 원로목사파, 담임목사파, 장로파 등의 계파별 투쟁이 세상 싸움을 연상시키는 경우도 많으며, 세상 법정으로 용감하게 나아가는 경우도 너무 많다. 때로는 절대 권력을 휘두르는 목사들과 그러한 목사들에게 절대적으로 순종해야 할 운명을 타고난(?) 평신도 간의 엄격한 이중 구조 때문에 교회 안에는 각종 갈등과 분열이 끊임없이 야기되고 있다.

결과적으로 세속주의 교회들이 현대 교인들의 영적인 필요를 채워주지 못해 교인들이 한 교회에 정착하지 못하고 여러 교회들을 전전하며 방황하는 많은 명목상의 크리스천들을 양산하고 있는 것도 사실이다.

초대교회의 피 묻은 십자가의 영성과 성령의 능력을 상실한 현대 교회들이 오늘날 고독하고 소외감에 시달리는 잃어버린 영혼들과 죄악에 빠져 들어가는 세상을 깨우지 못한다는 것은 안타깝고 슬픈 현실이다.

이러한 교회가 회복해야 할 십자가의 영성은 세상 권력과는 달리 사람들이 보기에는 나약하게 죽어 가는 '약함의 영성' 이다. 리젠트 신학교의 영성신학자인 마르바 던은 그의 저서인 《요한계시록 : 약할 때 기뻐하라》와 《세상 권세와 하나님의 교회》 등에서 다음과 같이 약함의 영성을 강조한다.

"약함의 신학과 약함의 영성은 고통이 준 가르침을 받아들이고 고통 중에 있는 사람들이 이 공동체에 가져오는 가치를 더 깊이 이해함으로써 가능하다. 뿐만 아니라 약함의 신학은 우리가 자신의 죄에 대해 무력하며 하나님의 은혜가 절실히 필요한 존재임을 강조한다. 그러나 우리가 가진 신체적, 정신적 능력 때문에, 대부분은 자신이 얼마나 무력한지 인식조차 못한다."

절대적으로 옳은 말이다! 요한계시록 2~3장에 등장하는 소아시아의 일곱 교회들과 요한계시록 도처에서 발견되는 신자들은 세상 권력 앞에서는 무능력한 자들로 죽어 간다. 그들은 세상과 타협하지 않고 오직 죽임 당한 어린양이신 예수 그리스도께서 어디로 인도하시든지 따라가는 신자들이다. 바로 약함의 영성이다! 신자들이 추구해야 하는 것은 세상적 성공과 출세, 재물과 부귀, 즉 이 땅의 것들이 아니다. 어린양이 인도하시는 곳은 어디든지, 즉 그것이 고난과 죽음의 자리라 할지라도 수용하는 믿음이다.

그런데 우리는 요한계시록 11장의 두 증인의 영성 속에서 마지막 때의 교회들이 추구해야 할 또 하나의 주제가 동시에 등장함을 기억할 필요가 있다. 그것이 이미 우리가 요한계시록 11장 6절에서 살펴본 모세와 엘리야의 권세이다. 이것은 세상 권력이 아닌 하늘에 속한 영적 권세이다.

앞에서도 이미 언급했지만, 마지막 때가 가까울수록 하늘의 놀라운 은사들과 계시들이 풀려나올 것이다. 주님께서는 이러한 하늘의 능력들을 부어 주시는 것에 결코 인색하지 않으신 분이다. 주님이 원하시는 것은 거룩한 그분의 신부들이며 군대들이 되어야 할 전 세계의 깨어 있는 하나님의 자녀들이 이러한 하늘의 풍성하고도 놀라운 능력 안에서 마지막 때의 고통 받는 영혼들을 치유하며, 절망한 영혼들을 성령과 진리 안에서 위로하는 것이다. 또한 죽어 가는 영혼들을 그리스도 안에서 추수하는 것이며, 지옥의 군대와의 영적 전쟁에서 이러한 능력으로 승리하는 것이다.

두 증인은 하늘의 불의 권능으로 사역하는 마지막 사도들이다. 그들이 사역할 때 죽은 자들이 살아나고 앉은뱅이가 일어나며 소경이 눈을 뜨는 역사는 흔한 일이 될 것이다. 그들의 사역에서는 망가진 신체의 장기들이 새로 생겨나는 창조적 기적들이 일어날 것이다. 그들은 폭풍우조차 잠재우는 능력 있는 기도의 소유자들이며, 이 땅에 미칠 재앙들과 재난들에 대해 초자연적인 지식을 소유하게 될 것이다.

그들이 주님의 이름으로 잠자는 영혼들을 깨우기 위해 예언하고 기도할 때 하늘의 천군 천사들이 모두 동원될 것이며, 이 땅에는 그들이 선포하고 예언한 대로 재앙들이 땅을 덮을 것이다. 교회들과 불신 영혼들은 그들을 통해 일어나는 이 모든 이적들을 보면서 입을 다물지 못할 것이며, 수많은 영혼들이 이 표적을 보고 예수를 영접할 것이다.

우리가 이것을 어찌 사모하고 추구하지 않겠는가? 마지막 때에는 기사와 표적들이 평범한 일이 될 것이다. 왜냐하면 새 하늘과 새 땅의 능력이 이 땅에 임하고 그 영원한 나라로 들어가는 거대한 문이 열리기 때문이다.

두 증인은 하늘의 능력 안에서는 강함의 영성을 가지고 있지만, 그들이 순교해야만 할 때 그들은 기쁜 마음으로 사랑하는 주님과 그들이 사랑하는 영혼들을 위해 피를 흘리며 죽어 갈 것이다. 이것이 약함의 영성이다. 두 증인들에게는 약함의 영성과 강함의 영성이 동시에 발견된다.

03 PART

마지막 기독교가 온다

1장 대부흥이 온다
2장 초대교회를 회복하라!
3장 기사와 표적-영적 전쟁의 승리
4장 초대교회를 지나서 마지막 교회로!
5장 최종적인 영혼 추수
6장 교회여, 환난을 대비하라!
7장 교회여, 두 증인을 준비하라!

CHAPTER 01

마지막 때의 영성과 패러다임
마지막 기독교의 소망
두 증인이 온다

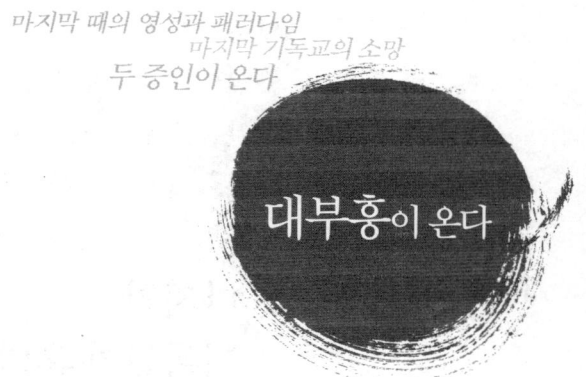

대부흥이 온다

　주님의 재림 이전에 이 지구상에 대대적인 영혼 추수가 있을 것인가? 즉 영적 대부흥의 시대가 존재할 것인가? 열정적인 복음 전도자들과 중보기도자들은 그렇게 믿고 있다. 부흥을 예고하는 가장 대표적인 성경 구절은 바로 요엘 2장에 기록된 다음의 예언이다.

　"그 후에 내가 내 영을 만민에게 부어 주리니 너희 자녀들이 장 래 일을 말할 것이며 너희 늙은이는 꿈을 꾸며 너희 젊은이는 이 상을 볼 것이며 그때에 내가 또 내 영을 남종과 여종에게 부어 줄 것이며 내가 이적을 하늘과 땅에 베풀리니 곧 피와 불과 연기 기둥이라 여호와의 크고 두려운 날이 이르기 전에 해가 어두워지고 달이 핏빛 같이 변하려니와 누구든지 여호와의 이름을 부르는 자는 구원을 얻으리니 이는 나 여호와의 말대로 시온 산과 예루살렘에서 피할 자가 있을 것임이요 남은 자 중에 나 여호와의 부름을 받을 자가 있을 것임이니라"(욜 2:28~32).

사무엘 닥토리엔 목사님의 대륙 천사를 만난 간증 중에서 부흥에 관한 부분을 들어 보자.

그리고 천사가 저를 보며 웃으며 말하기를 "가장 큰 영적 회복이 일어날 것이다. 속박이 무너질 것이다. 장벽이 제거될 것이다. 중국, 인도 그리고 아시아 전역의 수억 명이 주님께로 돌이킬 것이다. 호주에는 거대한 부흥이 있을 것이다." 그리고 그 아시아 천사가 말했습니다. "이것이 마지막 추수이다." 저는 제 영이 말하는 것을 들었습니다. "나는 그리스도의 재림을 위해 내 교회를 준비시켜야 한다." 저는 세계적인 재앙 뒤에 따르는 그 마지막 짧은 희소식의 문장들로 인해 기뻐하였습니다.

그 둘째 천사는 손에 낫을 쥐고 있었습니다. 그 천사는 말했습니다. "이스라엘에 추수 때가 이르렀다. 그리고 이란, 터키 그리고 아랍 국가에도 추수 때가 이르렀다. 나와 나의 사랑의 메시지를 거절하는 많은 무리들이 서로 미워하며 죽이고 멸망될 것이다." 저는 그 천사가 낫을 들고 중동으로 가는 것을 보았습니다.

나는 요한계시록을 읽으면서 한 가지 궁금한 것이 있었다. 마지막 때의 대부흥이 정말 중요한 사건 중의 하나라면 왜 요한계시록에는 그 기록이 없는가 하는 의문이다. 물론 성경이 구속 역사의 모든 것을 다 기록하고 있지는 않지만, 주님은 사도 요한에게 허락하신 환상 가운데 많은 영혼들이 주께로 돌아오는 이 역사적인 사건을 기록하게끔 인도하셨을 것이라는 확신이 들었다. 그리고 다시 요한계시록을 읽기 시작했다. 그래서 요한계시록 7장과 14장에 등장하는 14만 4,000명에 대해 새로운 해석을 시도하기에 이르렀다.

1강 14만 4,000명이 새롭게 해석되다

14만 4,000에 대한 복음주의자들의 전통적인 해석에 따르면, 이 숫자는 12(구약의 열두 지파)×12(신약의 열두 사도)×1,000(완전수)=144,000이라는 것이다. 그러므로 이 숫자는 그리스도의 초림부터 재림까지 구원받은 하나님의 백성들을 총칭한다는 것이다. 또 어떤 이단들은 이 숫자를 문자적인 14만 4,000명으로 해석하고 오직 이 숫자의 영혼만이 마지막 때에 구원받는다고 가르치면서 오직 자신들의 가르침을 따르는 자들만이 이 숫자에 포함될 수 있다고 가르친다. 세대주의 계열에서는 이 숫자를 휴거 이후 대환난기에 구원받을 유대인들의 숫자라고 생각하고 있기도 하다.

나는 이 14만 4,000명은 수많은 무리들의 상징적 숫자로서 이들이야말로 마지막 때에 영적 대부흥을 통해 주님께로 돌아올 영혼들이라고 믿고 있다.

이제 그 이유를 요한계시록 안에서 함께 살펴볼 것이다. 지면상 자세한 설명을 생략하되 핵심적인 이유들만을 간단하게 제시하고자 한다. 이 부분은 앞으로 도래할 대부흥을 요한계시록의 말씀 안에서 조명하는 부분으로 좀 장황하겠지만 독자들의 끈기를 부탁한다. 그만큼 중요한 것이기 때문이다.

먼저 요한계시록 6장과 7장과의 문맥 속에서 생각해 보자. 요한계시록 6장 12~17절에 나오는 여섯째 인에 대한 이야기는 그리스도의 재림 직전에 일어난 우주적 대징조를 표현하고 있다는 것에는 학자들의 이견이 전혀 없다. 불신자들은 재림 직전에 닥칠 이 재앙 앞에 두려움으로 몸을 떨게 될 것이다. 17절을 보라!

"그들의 진노의 큰 날이 이르렀으니 누가 능히 서리요 하더라."

거룩한 하나님의 마지막 심판 앞에 불신자들의 영혼은 평안히 설 수 없을 것이다. 그러나 이와 대조적으로 주님 앞에 담대히 설 수 있는 영혼들이 있다. 이것을 설명하기 위해 사도 요한은 요한계시록 7장 전체의 환상을 삽입하고 있다.

"이 일 후에 내가 보니 각 나라와 족속과 백성과 방언에서 아무도 능히 셀 수 없는 큰 무리가 나와 흰 옷을 입고 손에 종려 가지를 들고 보좌 앞과 어린양 앞에 서서"(계 7:9).

바로 이들이 인 맞은 144,000명이며(계 7:4), 동시에 '아무도 능히 셀 수 없는 큰 무리'로 다시 설명되고 있다. 요한계시록 7장 1~8절이 지상에서 구원받을 144,000의 모습이라면 9~17절은 그들의 미래적 구원의 모습, 즉 하늘에서 승리자로 있게 될 모습을 말한다. 요한의 환상에 의하면 이 구원받은 144,000은 앞으로 큰 환난을 이기고 난 후에 하나님의 참된 위로를 받게 될 것(계 7:15~17)이다.

이 사람들이 그리스도의 초림부터 재림까지의 구원받은 하나님의 전체 백성이 될 수 없는 이유는 '큰 환난'이라는 특별한 수식어가 다음과 같이 이들에게 사용되고 있기 때문이다.

"장로 중 하나가 응답하여 나에게 이르되 이 흰 옷 입은 자들이 누구며 또 어디서 왔느냐 내가 말하기를 내 주여 당신이 아시나이다 하니 그가 나에게 이르되 이는 큰 환난에서 나오는 자들인데 어린양의 피에 그 옷을 씻어 희게 하였느니라"(계 7:13~14).

요한계시록 안에서 이 '큰 환난'은 적그리스도의 통치 시기와 직결된다. 즉 이들은 대부흥의 시기에 추수될 영혼들로서 그들 중에는 대환난까지 믿음과 인내로 통과할 자들도 있게 되리라는 것이다.

이제, 이 14만 4,000명이 영적 대부흥과 어떻게 관련되어 있는지를 살펴보자. 요한계시록의 전체 구조에서 볼 때 요한계시록 6장과 7장은 시간 순이 아니다. 같은 장면에 대한 다른 각도에서의 또 다른 환상이다.

더 구체적으로 말하면, 요한계시록 6장이 마지막 때의 사건들을 큰 그림으로 보여 주는 것이라면 7장은 그중의 어느 한 장면을 더 구체적으로 보여 주는 환상이다. 요한계시록 6장의 구조는 6개의 인을 떼는 환상들로 구성되어 있는데 그것은 첫째 인(이기려고 하는 흰 말을 탄 자), 둘째 인(붉은 말-전쟁), 셋째 인(검은 말-기근), 넷째 인(청황색 말-죽음), 다섯째 인(순교자들의 탄원), 그리고 여섯째 인(재림 직전 우주적 징조)이다. 그렇다면 요한계시록 7장의 구원받고 큰 환난을 통과하게 되는 14만 4,000명은 요한계시록 6장의 마지막 때의 큰 그림과 비교해 볼 때 어느 시점에서 이 대부흥이 일어나게 될 것인가 하는 것이 궁금해진다.

먼저 요한계시록 7장의 주요 내용을 살펴보자. 하나님으로부터 천사들은 "하나님의 종들의 이마에 인치기까지 땅이나 바다나 나무들을 해하지 말라"는 명령을 받는다(계 7:3). 이 하나님의 종들은 뒤에 등장하는 14만 4,000명과 동일한 사람들이다. 이들의 이마에 인을 친다는 것은 대부흥, 즉 세계적인 규모의 구원의 역사를 의미한다. 이 구원의 역사가 있고 난 뒤에야 '땅이나 바다나 나무들을 해하는 재앙'이 일어난다. 그리고 그 재앙은 요한계시록 8장에서 설명되고 있다. 땅과 바다와 나무 등의 삼분의 일이 해함을 받는 재앙이다(계 8:7~9).

그러므로 주목하라! 대부흥의 사건은 지구의 삼분의 일의 파괴, 즉 지구촌의 자연 환경적 파괴가 세계적으로 심각할 정도로 확산되었을 즈음에 발생할 가능성이 높다. 지금은 이러한 대재앙들이 준비되고 있는 시점이다.

그러므로 기억하자. 하나님은 현재 지구촌 곳곳에서 일어나고 있는 파괴적인 재앙들의 예비적인 징조들을 통해 마지막 때의 대환난이 다가오고 있음을 말씀하고 계신다.

2강 세계적인 재앙과 이상 징후들 - 하나님이 말씀하시다

2008년 5월 미얀마에서 발생한 태풍으로 10만 명 이상의 인명 피해가 발생했다. 이 피해로 미얀마에서는 거주할 집들은 거의 다 파괴되고 식수마저 오염되어 살아남은 사람들도 무더위와 함께 찾아오는 수인성 전염병에 무방비로 노출되었다. 또한 도로도 끊긴 데다 전기도 공급되지 않아 어디서부터 복구를 시작해야 할지 모를 만큼 참혹한 재앙을 경험했다.

같은 해 5월 중국 쓰촨(四川)을 강타한 지진은 사망자가 10만 명이 넘고 부상자가 20만 명이 넘는 대지진이었다. 이 지진은 2차 세계 대전 당시 일본 나가사키(長崎)에 투하된 원자탄 252개가 한꺼번에 폭발한 것과 맞먹는 규모의 위력이었다고 한다. 과

학자들에 의하면 이번 지진은 유라시아판와 인도판이 충돌하면서 발생한 것으로 보인다고 말했다.

특히 중국은 20세기 세계에서 일어난 9.0급 이상 지진의 35퍼센트가 발생한 지역이다. 지진으로 사망한 120만 명 중 59만 명이 중국인으로 조사되기도 했다. 역대 중국 최대 지진은 1976년 7월 28일 중공업도시였던 탕산(唐山)에서 발생했다. 규모 7.8의 강진이었다. 당시 인구 100만 명 중에 24만 명이 사망했고, 중상자도 16만 4,000여 명에 달했다고 중국 정부는 밝혔으나, 75만 명 이상이 죽었다는 비공식 보도도 있었다.

이러한 지구촌의 지진은 2001년에는 인도에서만 사망자 2만 5,000명을, 2003년에는 이란 남부에서 3만 1,000명을, 2004년에는 인도네시아 수마트라 섬에서 22만여 명을, 2005년에는 이곳에서 또다시 900명의 사망자를 발생케 했다. 2006년에는 인도네시아에서 지진으로 6,000명이 사망하기도 했다. 이러한 지진들은 그 규모와 발생 빈도수에 있어서 더욱 가속화될 것이다.

> "민족이 민족을, 나라가 나라를 대적하여 일어나겠고 처처에 기근과 지진이 있으리니"(마 24:7).

동시에 오늘날 온 세계는 온난화의 열병을 앓고 있다. 과학자들에 의하면 이미 알래스카 크기의 오존층이 파괴되었다는 보도도 있었다. 앞으로도 오존층은 계속해서 파괴될 전망이고 만일 이 오존층이 사라진다면 지구의 생물체는 마치 구이용 철판 위에 올라 있는 바다가재의 신세가 될 것이다. 그때는 요한계시록 16장 8~9절의 예언이 성취될 것이다.

"넷째 천사가 그 대접을 해에 쏟으매 해가 권세를 받아 불로 사람들을 태우니 사람들이 크게 태움에 태워진지라 이 재앙들을 행하는 권세를 가지신 하나님의 이름을 비방하며 또 회개하지 아니하고 주께 영광을 돌리지 아니하더라(계 16:8~9).

또한 과학자들은 지구의 온난화의 재앙들을 강도 높게 경고하고 있다. 현재에도 그린란드와 남극 빙하가 계속 녹아 내리고 있는데, 이런 추세로 가면 지구촌에 대재앙이 닥칠 것이라고 경고하고 있다. 과학자들의 전문적인 측정에 의하면, 샌프란시스코, 네덜란드, 베이징(北京) 일대가 거의 물에 잠길 것이며 콜카타 지역 그리고 뉴욕 맨해튼 지역도 역시 물바다가 될 것이라고 예고하고 있다.

최근 미국 지질조사국(USGS)은 샌프란시스코와 한인들이 가장 많이 살고 있는 LA 지역을 연결하는 남부 샌 안드레아스 단층에서 지진이 일어날 확률이 가장 크다면서 이 단층에서 30년 안에 큰 규모의 지진이 일어날 확률은 59~100퍼센트라고 밝힌 바 있다.

앞으로 빙하가 녹으면서 수많은 섬들이 물에 잠기고 뜨거운 바다는 폭풍을 만들어 낼 전망이다. 북극 빙하의 경우 지난 40년 동안 40퍼센트의 얼음이 녹아 내렸으며, 이 현상은 앞으로의 재난을 예고한다고 보고 있다. 북극의 얼음은 지구에 있어서 소위 거울의 역할을 하여 태양빛을 반사함으로 지구를 냉각시키는 역할을 하는데, 만일 이 얼음이 모두 녹아 내리면 지구 해면의 상승은 물론, 바다가 뜨거워져서 토네이도와 같은 대형 태풍을 일으킨다는 것이다.

이러한 온난화는 과거 몇 년 전에 유럽에 엄청난 더위를 몰고 와 3만 5,000명이 사망하기도 했다. 온난화는 세계 각지의 평균 온도를 계속 상승시키고 있으며, 지구의 마지막 삼림지역인 아마존지역도 사막화가 가속되고 있다. 2003년 6월 인도의 경우, 사상 최고의 온도인 50도(화씨122도)를 기록했다. 온난화는 지구촌의 한쪽에서는 상상하기 힘든 폭우를 동반하며, 다른 한쪽에서는 극심한 가뭄을 초래하기도 한다.

어떤 과학자는 지구촌이 적절하고도 적극적인 대책을 수립하지 않으면 10년 안에 종말이 올 것이며, 인류의 10퍼센트만이 생존할 것이라는 예측까지 하고 있다. 학자들은 앞으로의 세계가 핵 전쟁과 자연 생태계 파괴로 인한 재앙으로 멸망하지 않을까 두려워하고 있다.

들에 핀 한 송이 백합화도, 하늘을 나는 한 마리 참새조차도 주관하시는 하나님께서는 지금 무엇을 말씀하고 계신 것인가? 주님께서는 최근에 일어나고 있는 이러한 지구촌의 위협적인 재앙들을 보여 주시면서 우리들에게 마지막 때를 깨어서 준비하라고 말씀하고 계시는 것이 아닌가?

요한계시록의 말씀은 상징적인 의미를 가진 묵시문학이면서도 문자적으로 성취가 될 예언서이기도 하다. 이러한 재앙들은 요한계시록의 다음과 같은 예언이 실제적으로 이루어질 것을 말씀하시는 경고의 나팔이기도 한 것이다.

> "일곱째 천사가 그 대접을 공중에 쏟으매 큰 음성이 성전에서 보좌로부터 나서 이르되 되었다 하시니 번개와 음성들과 우렛소리가 있고 또 큰 지진이 있어 얼마나 큰지 사람이 땅에 있어 온 이래로 이같이 큰 지진이 없었더라 큰 성이 세 갈래로 갈라지고 만국의 성들도 무너지니 큰 성 바벨론이 하나님 앞에 기억하신 바 되어 그의 맹렬한 진노의 포도주 잔을 받으매 각 섬도 없어지고 산악도 간 데 없더라 또 무게가 한 달란트나 되는 큰 우박이 하늘로부터 사람들에게 내리매 사람들이 그 우박의 재앙 때문에 하나님을 비방하니 그 재앙이 심히 큼이러라"(계 16:17~21).

이 마지막 나팔 재앙은 '하늘에서는 해가 어두워지며 온 달이 피같이 변하는' 우주적 징조와 동시에 일어날 것이며(계 6:12) 이 대재앙 직후에 주님은 하늘로부터 온 땅이 알도록 공개적으로 재림하실 것이다.

대부흥은 앞에서 언급한 바와 같이 지구의 삼분의 일이 파괴되는 본격적이고 세계적인 재앙을 전후하여 일어날 것이다. 이제 이 시기를 요한계시록 6장과 연결하여 살펴보자. 요한계시록 7장에서 삼분의 일이 파괴되는 본격적인 환난이 시작되는 시기는 전체적인 재앙의 그림을 간단하게 보여 주는 요한계시록 6장에서는 환난이 시작되는 둘째 인에 해당한다. 그러므로 요한계시록 7장에서의 14만 4,000명이 인을 맞는 대부흥의 시기는 요한계시록 6장에서는 둘째 인 이전 즉 첫째 인의 '흰 말을 탄 자가 이기고 또 이기려고 하는 사건'과 그 시기가 직결될 가능성이 높다는 것이다. 요한계시록 6장을 다시 읽어 보자.

> 내가 보매 어린양이 일곱 인 중의 하나를 떼시는데 그때에 내가 들으니 네 생물 중의 하나가 우렛소리 같이 말하되 오라 하기로(1절)
> 이에 내가 보니 흰 말이 있는데 그 탄 자가 활을 가졌고 면류관을 받고 나아가서 이기고 또 이기려고 하더라(2절)
> 둘째 인을 떼실 때에 내가 들으니 둘째 생물이 말하되 오라 하니(3절)
> 이에 다른 붉은 말이 나오더라 그 탄 자가 허락을 받아 땅에서 화평을 제하여 버리며 서로 죽이게 하고 또 큰 칼을 받았더라(4절)
> 셋째 인을 떼실 때에 내가 들으니 셋째 생물이 말하되 오라 하기로 내가 보니 검은 말이 나오는데 그 탄 자가 손에 저울을 가졌더라(5절)
> 내가 네 생물 사이로부터 나는 듯한 음성을 들으니 이르되 한 데나리온에 밀 한 되요 한 데나리온에 보리 석 되로다 또 감람유와 포도주는 해치지 말라 하더라(6절)
> 넷째 인을 떼실 때에 내가 넷째 생물의 음성을 들으니 말하되 오라 하기로(7절)

내가 보매 청황색 말이 나오는데 그 탄 자의 이름은 사망이니 음부가 그 뒤를 따르더라 그들이 땅 사분의 일의 권세를 얻어 검과 흉년과 사망과 땅의 짐승들로써 죽이더라(8절)

위의 6장 2절의 '흰 말을 타고 활을 가지고 면류관을 받고 나가서 이기고 또 이기려고 하는' 이 환상에 대한 해석은 크게 두 가지이다. 이것이 적그리스도에 대한 환상이라는 해석과 복음의 승리를 상징한다는 해석이다. 나는 이 환상이 마지막 때의 복음 전파에서의 승리와 깊은 관련이 있다고 생각한다.

첫째 이유로는 마태복음 24장의 가르침 때문이다. 마태복음 24장에는 마지막 때에 일어난 주요 사건으로 미혹(4~5절), 재난의 시작으로서의 전쟁, 기근, 지진(6~8절), 박해와 순교, 미움(9~10절), 모든 민족에게 복음 전파(14절)가 기록되어 있다. 또한 이러한 마태복음 24장의 이야기 속에서도 세 개의 큰 구조가 존재하고 있다. 즉 재난의 시작으로서의 환난(4~14절)과 가장 큰 환난(15~28절) 그리고 재림(29~51절)이다. 이 구조를 요한계시록 6장과 비교한다면 둘째 인에서 다섯째 인의 내용은 마태복음의 재난의 시작으로서의 환난(4~14절)에 해당하고, 여섯째 인의 내용은 가장 큰 환난(15~28절)에 해당하면서 재림의 징조적 사건(29~51절)에 해당한다. 따라서 마태복음 24장의 내용과 구조를 모두 참고해 보면 요한계시록 6장의 첫째 인인 흰 말 환상에 대한 해석은 두 가지 중의 하나이다. 즉 '복음의 승리'로 해석하는 것과 적그리스도나 거짓 선지자의 '미혹'으로 해석하는 것

그 두 가지 중의 하나이다.

　이제 나는 요한계시록 안에서 이 문제를 검토하고자 한다. 성경 해석에 있어서 가장 설득력이 있는 해석은 먼저 같은 본문에서 그 의미를 찾아 보는 것이고, 둘째로는 그 전체 책 안에서 찾는 것이며, 그 다음엔 구약 전체와 신약성경 속에서 찾는 것이다.

　먼저 1절 속의 '흰 말을 탄 자'에 대한 이미지에 관한 문제이다. 요한은 요한계시록 19장 11절 이후의 그리스도의 재림 사건 묘사에서 그리스도에 대해 "백마와 그것을 탄 자가 있으니"라고 표현하고 있고(계 19:11), 하늘에 있는 군대들이 "백마를 타고 그를 따르더라"고 기록하고 있다(계 19:14). 그리고 요한계시록 5장에서 일곱 인을 떼는 자 자신이 그리스도이시므로 네 생물의 명령을 따라 등장하는 6장 1절의 '흰 말을 탄 자'는 그리스도의 상징이 될 수 없다. 더군다나 이 흰 말을 탄 자가 적그리스도라는 해석은 요한계시록 전체에서 그것을 뒷받침할 수 있는 구체적인 근거가 전혀 없다.

　그러므로 '흰 말을 탄 자'는 요한계시록 19장 14절과 같은, 예수 그리스도에게 속한, 그분의 거룩한 군대와 같은 존재임이 틀림없다. 6장 1절의 '이기다'라는 단어는 이미 요한계시록 2~3장의 일곱 교회 공동체에게 7번이나 반복적으로 주어진 말씀으로 교회공동체들의 마지막 때의 영적 전쟁을 상징하는 단어이다. 동시에 흰 말을 탄 자가 받은 '면류관'은 승리를 통해 주어지는 상급에 해당한다. 그러므로 요한계시록 6장 1절의 이미지는 마지막 때의 복음 전파와 깊은 관련이 있으며, 사탄과의 마지막 때의 전쟁 상황에서의 복음 전파는 마치 전쟁터에 나가는 군대의 이미지에 해당한다. 그것은 치열한 투쟁에서의 승리를 통해 얻어진다는 요한계시록적 표현이라고 볼 수 있다. 그렇다면 요한계시록 6장 1절에 나타난 성공적인 복음 전파는 결국 7장에서의 14만 4,000으로 표현된 무수한 영혼들의 구원과 관련이 있다는 것이 된다.

이제 나의 관심은 이 세계적인 구원의 역사, 즉 마지막 때의 대부흥과 두 증인이 어떤 관련이 있는가 하는 것이다. 요한계시록 6장 1절의 '흰 말을 탄 자들'이 과연 두 증인을 상징하는가 하는 문제는 요한계시록 안에서 논리적으로 증명하기 어려운 부분이기는 하지만, '이기고 이기려고 하는' 정복적이고 성공적인 모습은 두 증인과 같이 하늘의 능력과 권세를 가진 특별히 선택 받은 종들이 아니면 성취하기 어려운 역사라고 본다.

실제로 기독교 역사상 수많은 부흥의 역사들이 존 웨슬리 등 선택 받은 종들을 통해 이루어졌음을 감안하면 마지막 때의 이러한 부흥은 요한계시록의 구조 안에서는 두 증인의 사역의 결과로 볼 수밖에 없다.

이제, 마지막 때에 일어날 이 모든 현상을 보여 주는 예언적인 하나의 그림이 여기에 있다.

세상의 모든 것이 파괴적인 상황으로 치닫고 있다. 전 세계의 경제는 조금씩 조금씩 그 기반이 무너지고 있다. 지금까지의 어떤 경제 이론도 도무지 맞는 것이 없다. 그만큼 경제를 예측하기가 어렵다. 자연과 환경은 급속도로 파괴되어 가고 깨끗한 식수조차도 구하기 어렵다. 세계의 곳곳에서는 예측할 수 없는 기온 변화와 기이한 천재지변이 계속된다. 모든 사람들의 마음이 걷잡을 수 없게 혼란스럽고 소망은 어디를 둘러보아도 보이지 않는다.

도시의 영혼들은 그 심령이 더 피폐해 가고 세상의 혼란을 달래기 위해 인간들은 육체적 쾌락 속에 몸을 던진다. 그 배후에는 사탄과 어둠의 천사들이 모든 도시와 마을들을 배회하며 지옥으로 던져 넣을 영혼들을 무차별적으로 사냥하고 있다. 분노와 상처들, 쓴 뿌리와 교만, 영적 무지와 강퍅함, 돈과 쾌락, 세속적 종교들과 미혹된 사탄 숭배 사상이라는 쇠사슬로 수많은 영혼들을 얽어 매어 지옥으로 끌고 가고 있다.

불 붙은 지옥의 입구에서는 용인 사탄이 그 어둠의 하수인들과 지옥의 군대를 향해 한 영혼이라도 더 지옥으로 끌고 오라고 고함을 치며 발광하고 있다. 그 곁에는 사탄의 아들인 적그리스도가 본격적으로 그의 시대를 준비하며 강력한 지옥의 악령들을 정비하고 있다. 세계의 모든 도시에는 짙은 어둠이 내린 지 이미 오래이다.

이러한 모습을 바라보는 빛이 내리비치는 또 다른 군대가 있다. 그 군대는 그리스도의 보혈로 정결케 된 주님의 신부들이다. 그들은 하나님의 전신갑주로 완전하게 무장하고 있다. 그들을 총 지휘하시는 분은 그리스도 자신이시며, 그분의 눈에는 죽어 가는 영혼들에 대한 사랑으로 피눈물이 흐르고 있다.

하나님의 군대의 최전선에는 두 증인 그룹이 모든 전선을 정비하고 신자들로 거룩한 주님의 전쟁을 독려하고 있다. 그 곁에는 주님께서 특별히 파송하신 힘센 천사와 특별한 하늘의 천사들의 강력한 모습도 보인다.

바로 그 위에는 거룩한 비둘기의 형상으로 보이는 성령께서 말씀의 기름 부으심과 하늘의 능력과 기적들을 마치 불처럼 거룩한 하나님의 군대들 위로 쏟아 붓고 계신다. 그 배후에는 신자들의 전체 전쟁을 지원하는 미가엘 천사장과 천군 천사들의 군단이 보인다. 저 하늘 멀리는 영광스럽게 단장한 새 예루살렘 성이 준비되어 있고 한 천사장이 임박한 주님의 재림을 알리려는 듯 거대한 나팔을 준비하고 있다.

그렇다! 새로운 전쟁이 준비되고 있다. 교회들의 마지막 영적 전쟁의 시작이다. 마지막 영혼들의 추수를 시작하는 거룩한 주님의 전쟁이다. 바로 대부흥이며 대추수이다. 무수한 많은 무리들이 세계적 영적 혼란과 환경적 열악함 속에서 그리스도께로 돌아올 것이다.

지금 이 순간, 우리의 마음에 한 가지 소원이 있다면 그것은 마지막 때의 대부흥을 우리의 눈으로 직접 목격하는 것이다. 사탄이 감히 방해할 수 없는 성령의 폭풍이 이 지구를 휩쓸고 지나가는 것을 보는 것이다. 하늘에서 떨어지는 성령의 강력한 불길이 사탄의 나라를 심판하며 지옥으로 떨어지는 수많은 영혼들 위에 떨어져 그들 가운데 회개의 역사가 임하는 것을 보는 것이다. 불신자들이 성령의 강권적인 역사로 주 예수를 영접하고 그분을 왕으로 선포하며 세상으로 뛰쳐나가는 것을 보는 것이다.

최근 캐나다의 부흥사 토드 벤틀리(Todd Bentley)에 의해서 미국 플로리다에서 치유 부흥의 바람이 불었을 때 God TV의 창시자이자 예언자 웬디 알렉(Wendy Alec)은 이 부흥 운동에 대해 다음과 같이 예언을 선포했다.

"주께서 말씀하신다. 너희가 오늘날의 일들을 너희들의 영 안에서 지금까지 보기를 갈망했을지라도, 그리고 너희들이 이 순간을 목격한 지금조차도 이것은 단지 준비 파티에 불과하다……앞으로 이루어질 날들에는 내가 본격적으로 나의 역사를 시작함으로 인해서 지금 너희들이 보고 있는 것들은 오히려 그 빛을 잃어버릴 정도가 될 것이다. 내가 나의 아들에게 말한다. 지금 내가 플로리다에 쏟아 붓고 있는 성령의 강력한 역사들은 동쪽으로 더욱 동쪽으로 흘러갈 것이다……아시아 즉, 일본, 한국, 베트남 그리고 중국까지도 흘러가 나의 영광이 그곳에서 역사할 것이다……이것은 플로리다 레이크랜드로부터 흘러가게 될 것이며, 이것은 또한 미 동부에서 미 서부 즉 미국 전 지역으로 옮겨 갈 것이다……그리고 사람들은 통곡할 것이다. 큰 애통과 확신과 회개의 큰 소리들이 일어날 것이다…… 그들의 애통의 큰 소리는 추수를 위한 눈물이 될 것이다. 그리고 열방이 나의 영광의 빛에 충격을 받을 것이며, 부흥과 나의 아들에 의해 충격에 휩싸이게 될 것이다. 그런 다음……마지막 때로 들어갈 것이다."

그러나 토드 벤틀리의 이 치유 부흥 운동이 제대로 꽃을 피우기도 전에 토드 벤틀리 자신의 중도 하차로 이 성령 운동은 큰 타격을 입게 되었다. 그리고 많은 사람들은 이 예언의 성취 여부에도 회의를 품게 되었다. 개인적인 나의 생각으로는 어떤 사역자가 부흥의 도구로서 충분히 쓰임 받지 못하고 넘겨졌을 때조차도 주님은 그분의 원래 계획을 온전히 성취하실 것이다. 즉 부흥의 촛대가 다른 곳으로 옮겨질 것이며, 주님의 이 계획은 다시 시작될 것이다. 우리는 이러한 종류의 부흥을 다시 목격하게 될 것이다.

그러나 강력한 기사와 표적을 동반하는 이러한 부흥 운동들도 미래에 일어날 더 놀라운 창조적 기적들의 초기 단계일 뿐이다. 지금은 주님의 성령께서 일차적으로 그분의 교회들을 흔들어 깨우고 계신다. 18세기 이후 세계를 지배한 인간 중심의 합리주의 세계관과 현실주의에 물들은 그분의 백성들에게 주님은 초자연적인 권능을 보여 주시고 계신다. 능력의 기름 부으심을 주시고, 그분께서 살아 계심을 직접 증거하시고, 고통 가운데 신음하는 주님의 백성들을 기사와 표적으로, 특히 병 고침의 역사 가운데 위로해 주시는 것이다.

이제 부흥의 역사가 깊어질수록 그 다음 단계는 치유의 기적뿐만 아니라 회개의 영이 집회 때마다 강력하게 부어질 것이다. 주님의 재림이 점점 가까이 다가오고 있기 때문이다. 주님은 그분의 백성들을 거룩한 신부로 맞이하기 원하시기 때문에, 세상과 타협한 가운데 순결한 믿음을 잃어버린 그분의 교회들과 백성들 가운데 마음을 찢는 회개의 영은 필수적이기 때문이다.

주님께서는 엘리야의 때와 같이 그분의 백성들 가운데 무너진 언약의 제단을 먼저 회복하실 것이다. 선지자 엘리야는 갈멜 산에서 하늘로부터 강력한 불을 받기 전에 먼저 이스라엘 백성들을 앞으로 나오게 하고 무너진 야훼 하나님의 제단을 보여 주었다.

"엘리야가 모든 백성을 향하여 이르되 내게로 가까이 오라 백성이 다 그에게 가까이 가매 그가 무너진 여호와의 제단을 수축하되 야곱의 아들들의 지파의 수효를 따라 엘리야가 돌 열두 개를 취하니 이 야곱은 옛적에 여호와의 말씀이 임하여 이르시기를 네 이름을 이스라엘이라 하리라 하신 자더라"(왕상 18:30~31).

이 제단은 갈멜 산 중턱에 자리 잡은 하나님의 제단으로 그 옛날 이스라엘 백성들이 이곳에 나아와 하나님을 뜨겁게 예배하고 기도하고 찬양하던 거룩한 곳이었다. 그러나 세월이 흐름에 따라 하나님을 향한 그 첫사랑도 잃어버리고, 그들의 삶 속에서 현실과 타협하면서 물질 축복주의 신앙인 바알 종교를 숭배하기 시작했고 결국은 참된 하나님을 버리게 된 것이다.

그들은 여전히 하나님의 이름을 부르고 있었지만, 그들의 마음은 이스라엘 곳곳에 산재한 산당들과 푸른 나무 밑에 마련된 바알들의 제단에 가 있었다. 그래서 날이 갈수록 하나님의 제단을 찾던 이들은 점차 줄어들고 마침내 그 제단이 무너지고 잡초만 무성한 버림받은 제단이 되었던 것이다. 그 패역한 이스라엘 백성들 앞에서 선지자 엘리야의 마음은 하나님만을 향한 그 특별한 열심으로, 무너져 내린 그 하나님의 영광에 대한 애통함으로 가득 찼다.

하나님의 거룩한 전사인 선지자 엘리야는 이스라엘 전체를 뒤덮은 그 어두움의 권세에 대한 하나님의 거룩한 분노로 그의 가슴은 들끓어 오른다. 그리고 무너진 바로 그 제단에서 이제는 잃어버린 주 하나님의 이름과 잊혀진 하나님의 영광의 흔적을 보며 통곡하고 이스라엘 가운데 회복되어야 할 하나님의 영광을 위해 돌 제단을 쌓기 시작한다. 그리고 이 제단이 야곱에게 주어졌던 언약을 따라 열두 개의 돌로 다시 수축되었을 때, 그 위에 거룩한 하늘의 불이 임한 것이다.

주님은 마지막 때에 주님의 임재가 강해질수록, 기사와 표적이 두드러질수록, 그와 비례하여 회개와 거룩함의 영을 하늘로부터 쏟아 부으실 것이다.

많은 신자들이 강력한 회개의 영 가운데 그들의 삶 속에서 팽개쳐 버렸던 하나님의 무너진 제단을 생각하고 통곡할 것이다. 세상과 타협하면서 살아온 많은 죄악들 앞에서 목 놓아 울 것이다. 하나님을 찾는 갈급한 영혼들은 하나님의 언약을 따라 영적인 열두 개의 돌로 거룩한 심령의 제단을 회복하게 될 것이며, 바로 그 심령 위에 하늘의 거룩한 불이 임하게 될 것이다.

주님께서는 교회 안의 부흥 운동을 통해 무너진 하나님의 교회들을 회복시키실 것이다. 주님의 백성들이 거룩한 신부들로 거듭날 것이다. 그러나 이것으로 끝난다면 아무런 의미가 없다.

주님의 궁극적인 목적은 주님의 재림 전에 한 영혼이라도 더 많이 추수하는 것이기 때문이다. 하나님의 백성들이 거룩한 신부로 거듭난 다음, 엘리야의 제단에 떨어진 불처럼 하늘로부터 강력한 불의 권능을 받아 마지막 때의 주님의 군대로 재편성된다. 그리고 불신자들의 영혼을 사탄과의 영적 전쟁 가운데 추수할 것이다. 또한 마지막 날을 보기까지 많은 집회들 가운데 주님은 근본적으로 선포되는 메시지의 방향을 바꾸어 놓으실 것이다.

즉 사도행전에 나오는 베드로의 설교에서 보는 것처럼 "그런즉 이스라엘 온 집은 확실히 알지니 너희가 십자가에 못 박은 이 예수를 하나님이 주와 그리스도가 되게 하셨느니라"(행 2:36)라는 십자가의 복음뿐만 아니라 마지막 때의 영원한 복음, "하나님을 두려워하며 그에게 영광을 돌리라 이는 그의 심판의 시간이 이르렀음이니 하늘과 땅과 바다와 물들의 근원을 만드신 이를 경배하라"(계 14:7)는 말씀이 함께 선포되며 메시지의 주제에 있어서 점진적인 변화가 일어날 것이다.

치유와 회복에서 회개의 메시지로, 회개의 메시지에서 재림의 메시지로 변화가 일어날 것이다. 하나님께서는 마지막 심판을 위해 다시 이 땅에 오실 아들 예수로 선포되는 메시지에 영혼들을 추수하는 권능을 부어 주실 것이다.

지금은 곳곳에서 일어나는 부흥의 소식을 듣고 달려온 갈급한 신자들이 집회를 채우지만, 마지막 때에는 변화된 신자들을 따라온 수많은 불신자들이 세계의 스타디움과 체육관과 강당들을 채우게 될 것이다. 그들은 십자가에 달린 그 예수가 그들의 주이심을 고백할 것이고, 다시 이 땅에 오실 주님을 맞기 위해 준비하라는 메시지를 받게 될 것이다. 그 불신자들이 모인 가운데 강력한 회개의 영과 하늘에서 불이 임할 것이며, 그들은 자신의 죄악을 통회 자복할 것이며 인간이 상상할 수 없는 숱한 창조적인 기적들을 목격할 것이다.

교회들은 몰려온 불신자들로 가득 차고 그들을 주님의 재림을 위한 거룩한 신부들로 준비시키는 일들이 일어날 것이다. 교회들을 통해 그들의 삶은 근본적으로 변화될 것이며, 그들을 통해 사회와 세상은 거룩한 영향을 받게 될 것이다. 바로 이것이 미래의 두 증인이 감당할 사역이다.

그 불신자들이 초신자들이 되고 그들이 주님의 사도와 선지자들이 되어 이 사회와 세상 속에 복음의 영향력을 미치며 적그리스도를 대적하기 위한 거룩한 군대로 일어날 것이며 또 다른 불신자들의 영혼을 추수하게 될 것이다!

그리고 이들은 어떠한 세상의 박해와 고난 속에서도 끝까지 죽임 당하신 어린양의 이름과 보혈의 능력으로 승리할 것이며, 어떤 이들은 적그리스도의 세계 정부 아래에서 순교당하게 될 것이다. 이것이 우리가 기도하는 진정한 대부흥의 결과이다. 아멘!

부흥의 희망은 어디에 있는가?

성령이 부어지는 곳
죄를 깨닫고 심판을 두려워하는 곳에
주님의 의가 지배하는 곳에
부흥의 희망이 있다.

우리가 거룩한 하나님의 임재만을 갈망할 때,
그밖의 모든 것을 거부할 때,
세상의 즐거움을 모두 포기할 때
그때 하나님이 우리에게 귀를 기울이실 것이다.

부흥을 위한 필사적 기도는
말씀으로 교회를 깨끗케 할 것이다.
그때 신부는 흠 없는 흰 세마포를 입고
주님이 오실 길을 예비할 것이다.

부흥의 열쇠는 기도이다.
성령님이 인도하시는 기도,
울면서 드리는 철야기도,
이렇게 기도할 때,
무거운 짐이 벗겨질 것이고,
죄인들이 울며 돌아올 것이고,
속박의 사슬이 끊어질 것이고,
세상의 욕망의 불이 꺼질 것이다.

깨끗케 된 그리스도인들이 울며 기도할 때
잃어버린 영혼들이 하나님의 영에게 순종할 것이다.
하나님의 생명의 물이 흘러 넘치는 것이
하나님의 방법에 의한 부흥이다.

- 에스텔 기포드 잭슨 -

지금까지 이 땅에서 주님의 나라를 위해 복음을 전하다가 피를 흘린 순교자들을 위해서도 대부흥은 반드시 올 것이다. 한 영혼을 위해 그리스도의 심장으로 사역하며, 주님의 눈물로 세상을 중보하며 기도하는 신실한 종들의 기도에 주님이 응답하시기 위해서도 대부흥은 일어날 것이다. 지금 이 시간에도 그러한 대부흥이 준비되고 있다.

CHAPTER 02

마지막 때의 영성과 패러다임
마지막 기독교의 소망
두 증인이 온다

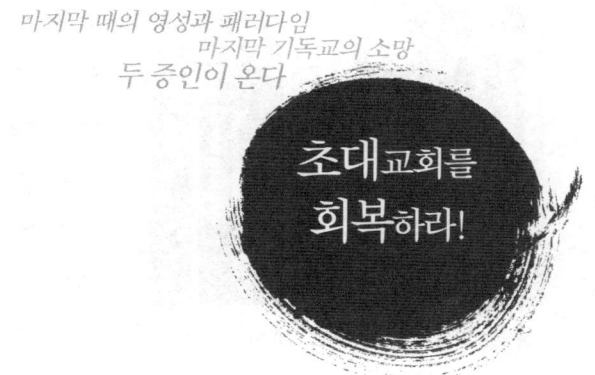

초대교회를 회복하라!

　오늘날의 교회들은 참된 교회의 원형을 초대교회에서 찾는다. 특히 말씀대로 살지 못하는 신자들의 불일치한 삶 때문에 기독교 자체가 세상 사람들로부터 손가락질을 당하고 불신을 받는 현대 사회 속에서 복음 전파를 위해 교회들은 성령의 역동적인 역사와 아름다운 신자들 간의 교제, 주변의 칭송을 받았던 사도행전적 교회의 모델을 그리워하는 것이다.

　특히 영적으로 성령의 음성에 민감한 깨어 있는 교회들은 1세기 초대교회에로의 절대적인 회복을 꿈꾸고 있다. 사도행전적 교회들이야말로 성령께서 절대적으로 다스리시는 이상적인 교

회의 모델이 아닌가?

지금 주님께서는 인간의 이성과 합리주의 사고가 그분의 교회를 지배하고 있음을 보신다. 오늘날의 신자들이 초대교회의 초자연적인 역사를 부인해 버리고 교회 안에서조차 물질주의가 성령의 자리를 대체해 버린 교회들의 실상을 보며 탄식하고 계시는 것이다. 모든 상황들이 마지막 때로 치닫고 있기 때문에 성령의 계시들은 초대교회의 영성을 회복하기 위해 바쁘게 움직이고 있다.

선지자 요엘, 초대교회와 마지막 교회를 예언하다

그 옛날 선지자 요엘은 하나님의 성령이 선택적으로 임하는 구약의 선지자 시대와는 달리 성령이 물 붓듯이 쏟아 부어지는 초대교회들의 탄생과 마지막 교회들을 동시에 예언하였다.

"그 후에 내가 내 영을 만민에게 부어 주리니 너희 자녀들이 장래 일을 말할 것이며 너희 늙은이는 꿈을 꾸며 너희 젊은이는 이상을 볼 것이며 그때가 내가 또 나의 영을 남종과 여종에게 부어 줄 것이며 내가 이적을 하늘과 땅에 베풀리니 곧 피와 불과 연기 기둥이라"(욜 2:28~30).

사도행전 2장에서 사도 베드로는 이 요엘 선지자의 예언을 인용하면서 바로 이 말씀이 성취되었음을 선포하고 있다. 베드로는 마가의 다락방에 임한 불 같은 성령의 역사를 체험하고 이 사건으로 요엘 2장이 곧 이루어졌음을 직감한 것이다.

그렇다! 선지자 요엘의 예언이 초대교회에서 이루어진 것이다. 그것이 사도행전의 역사이다. 우리가 알다시피 성령의 폭포수 같은 기름 부으심을 받은 베드로의 설교는 수천 명에 달하는 적대적인 유대인들의 영혼을 뒤흔들어 놓았고(행 2:37) 베드로를 통한 성령의 권능은 예루살렘 성전의 앉은뱅이를 일으키며(행 3:8) 그의 그림자에 환자들을 놓은즉 기적적인 고침이 일어나는 원동력이 되었다(행 5:15~16).

그런데 사도행전 2장의 오순절 사건은 재미있게도 열왕기상 18장에 등장하는 엘리야의 갈멜 산 사건과 아주 유사한 내용을 보여 주고 있다.

아합 왕과 이세벨의 박해 속에서 엘리야는 갈멜 산에서 바알의 선지자들과 영적 전쟁을 감당해야만 했다. 마찬가지로 베드로와 제자들도 주님께서 십자가에서 고난을 당하시고 죽임 당하신 박해 상황 속에서, 그분께서 명령하신 하나님의 나라 확장이라는 위대한 지상 명령을 감당해야만 했다. 엘리야에게 임한 하늘의 불은 주님의 제자들에게도 동시에 필요했던 것이다. 이 부분을 좀더 구체적으로 살펴보자! 엘리야의 이야기 속에서 엘리야의 제단에 임한 불이 얼마나 강력했는지 그리고 그 불이 어디까지 임했는지 성경은 다음과 같이 자세하게 기록하고 있다.

"이에 여호와의 불이 내려서 번제물과 나무와 돌과 흙을 태우고 또 도랑의 물을 핥은지라"(왕상 18:38).

이와 유사한 사도행전의 기록을 보라.

"홀연히 하늘로부터 급하고 강한 바람 같은 소리가 있어 저희 앉은 온 집에 가득하며 마치 불의 혀처럼 갈라지는 것들이 그들에게 보여 각 사람 위에 하나씩 임하여 있더니"(행 2:2~3).

즉 성령의 불이 다락방에 모인 120명의 제자들 모두에게 빠짐없이 임했다는 것이다.

한 가지 더 재미있는 사실은 열왕기상의 기자가 여호와의 불이 엘리야의 제단에 임하는 모습을 '핥음'(히브리어 라하크)으로 표현하여 마치 불이 혀로 핥는 것같이 번제물과 나무와 돌과 흙과 도랑의 물을 핥았다고 표현하고 있는데, 이와 같이 사도행전의 저자 누가는 마가의 다락방에 임한 성령이 '불의 혀' 같이 임했다고 표현함으로 엘리야의 불이 성령의 불과 깊은 관계가 있음을 증거해 주고 있다.

그렇다면 사도행전의 제자들은 왜 엘리야의 제단에 임한 그 불이 필요했던 것인가?

예수 그리스도의 십자가 사건 이후 사도행전의 제자들은 유대교의 박해 상황 속에서 그리스도의 복음을 땅 끝까지 전해야만 했다(행 1:8). 그 목적을 위해서는 지금까지의 단순한 제자공동체가 아닌 전혀 새로운 성격의 공동체가 필요했을 것이다. 그것은 3년 동안의 예수님을 중심으로 한 제자훈련의 공동체가 아니었다. 이 새로운 공동체는 예수께서 보내 주신 성령을 중심으로 하는 강력한 선교적 공동체였다.

이 성령 중심의 새로운 교회는 일차적으로는 유대교와 영적으로 싸워야 했고, 이차적으로는 당시의 로마 황제 숭배 사상 및 이방인 종교와의 갈등과 마찰을 감수해야만 했던 공동체였다. 즉 사도적 초대교회는 다른 종교와 로마 세계로부터 박해를 받을 수밖에 없는 고난받는 공동체의 운명을 갖고 시작된 것이다.

이것은 마치 엘리야가 바알 제사장들과 수행한 야훼 하나님의 거룩한 영적 전쟁을 수행하는 것과 같았고, 엘리야가 그의 전쟁을 성공적으로 수행하기 위해 하늘에서 오는 불의 능력이 필요했던 것처럼 오순절에 그 제자 공동체에 임한 성령의 불은 세상과의 싸움에서는 필연적인 것이었다.

그리고 엘리야 사역의 목적이 이스라엘 가운데 여호와의 유일한 하나님 되심을 드러내는 사역이었던 것과 같이(왕상 18:36~37, 39) 초대교회 공동체의 거룩한 영적 전쟁의 목적 또한 예수 그리스도를 세상 가운데 주님으로 증거하고 하나님의 아들로서 그 구원의 이름을 영화롭게 하는 것이었다(행 2:33~36).

그러므로 오순절에 임한 성령의 불은 이러한 목적을 성취하기 위해 반드시 필요했던, 하늘로부터 오는 거룩한 능력 그 자체이며(눅 24:49), 성령 세례(행 1:5)이며, 그리스도의 증인 됨을 위한 권능이었다(행 1:8).

이 성령의 불은 오늘날 세상 속에서 지치고 곤고한 신자들에게도 절대적으로 필요한 것이다. 세상과 이기기 위해 필요한 것이고 무력하게 죽어 가는 현대 교회에 필연적인 것이다. 교회가 세상을 깨우기 위해서도 이 불이 필요하다. 그리스도를 권능 있게 전하기 위해 필요한 것이다. 이 불은 잃어버린 하나님의 영광을 회복하기 위해 필연적인 것이다. 이 불은 마지막 때의 주님의 나라를 확장하고 영혼들을 추수하기 위해서도 필연적인 것이다. 그렇다. 바로 하늘에서 떨어지는 거룩한 불의 능력이다. 지옥의 불을 이길 수 있는 하늘의 불이다. 사탄의 권세를 깨뜨릴 수 있는 하늘의 권세이다. 이 권세는 바로 주님의 보좌로부터 주어지는 것이다.

엘리야가 수축한 제단에 불이 떨어졌을 때 이스라엘 백성들 속에 일어난 회심의 역사를 보라. 이스라엘 백성들은 엎드려 이렇게 고백한다.

"여호와 그는 하나님이시로다 여호와 그는 하나님이시로다"(왕상 18:39).

여기에서 하나님은 히브리어로 보면 '하 엘로힘'이라는 단어가 사용되고 있는데, 이는 '유일하신 하나님'(The God)이라는 뜻이다. 즉 바알을 하나님으로 숭배했던 바로 그들이 여호와를 유일하신 하나님으로 다시 인정하고 경배하는 회심의 역사가 일어났음을 단적으로 나타내고 있다.

사도행전 2장도 마찬가지이다. 베드로가 다른 사도들과 함께 성령의 불을 받고 그 권능으로 설교했을 때 예수님을 박해했던 바로 그 유대인 회중 사이에서 놀라운 회개의 역사가 일어났다

"그들이 이 말을 듣고 마음에 찔려 베드로와 다른 사도들에게 물어 이르되 형제들아 우리가 어찌할꼬 하거늘"(행 2:37).

그러므로 성령의 이 불은 모든 은사들과 기적들의 원천이 된다. 이 불은 일찍이 영국을 흔들어 깨운 존 웨슬리에게 임했던 하나님의 부흥의 불이다. 이 불은 미국의 대각성 운동을 불러일으켰던 조나단 에드워드에게 임했던 바로 그 말씀의 불이다. 미국 내에 영적 부흥과 수많은 불신자들의 회심을 불러일으켰던 복음 전도자 찰스 피니에게 임했던 바로 그 뜨거운 영혼 사랑의 불이다. D.L 무디로 하여금 수많은 영혼들을 구원케 만들었던 하나님의 능력이다.

이 불은 우리가 간절히 사모하고 기도할 때 우리에게 임할 것이다. 예수님이 요단 강에서 '기도하실 때' 하늘이 열리며 성령이 비둘기 형체로 임했던 것과 같이 성령의 불은 임할 것이다. 엘리야가 기도할 때 이 불은 그의 제단에 임했다. 그리고 마가의

다락방에서 제자들이 "마음을 같이하여 오로지 기도에 힘쓸 때" 성령의 불이 임했다(행 1:14).

그렇다. 다름아닌 기도가 비결이다. 간절한 기도가 하늘의 문을 열리게 만든다. 기도가 하늘의 불이 떨어지게 만든다. 기도의 문이 열릴 때 하늘의 능력이 이 땅에 임하게 된다.

우리는 이 땅에 오신 예수님조차도 이러한 성령의 불이 필요하셨음을 기억할 필요가 있다. 요단 강에서 예수께 성령이 임한 사건은 그리스도께서 수행하셔야 했던 이 땅의 거룩한 전쟁을 위해 하늘로부터 능력이 부여된 것으로 해석된다. 그날 예수님이 요단 강에서 세례 받으시던 그때, 하늘이 열리고 음성이 들린다.

"이는 내 사랑하는 아들이요 내 기뻐하는 자라"(마 3:17).

누가는 마가의 본문을 그대로 인용하여 다시 사용하고 있다. 이 구절은 이사야 42장 1절의 "내 마음에 기뻐하는 자 곧 내가 택한 사람을 보라"에서, 그리고 시편 2편 7절의 "너는 내 아들이라 오늘 내가 너를 낳았도다"에서 각각 인용된 것이다. 이사야 42장과 시편 2편은 '야훼 하나님의 거룩한 전쟁' 이라는 주제가 강하게 나타나는 본문들이다.

주님은 하나님의 긍휼을 품고 메시아적 전사(Messianic Warrior)로 이 땅에 오신 것이다. 그렇다. 그분께서는 하나님의 거룩한 용사이시다. 주님께서는 그분의 백성들을 사탄의 나라로부터 빛의 나라로 옮기기 위해 싸우러 오신 분이다. 그것을 위해 주님께서는 능력으로 싸우셔야 했고, 사랑으로 피를 흘리셔야만 했다.

동일한 이 전략을 마지막 때의 교회들이 받을 것이다. 주님께서는 많은 교회들이 성령의 권능 있는 사도행전적 교회로 회복되도록 도우실 것이다.

더 많은 교회들이 하늘의 불을 받아야 한다. 더 많은 교회들이 하늘의 능력을 받아야만 한다. 그래야만 싸울 수 있다. 교회는 영적 기관이며 하늘의 군대이다. 영적인 능력과 권세 없이는 단 한 명의 영혼도 제대로 구원할 수 없다. 마지막 때의 교회들은 성경이 말하는 하늘의 능력들과 기적들의 의미를 더 잘 이해해야만 한다. 왜냐하면 기적들은 하나님의 나라를 완성하기 위해 유용한 영적 무기이기 때문이다.

마지막 때의 영성과 패러다임
마지막 기독교의 소망
두 증인이 온다

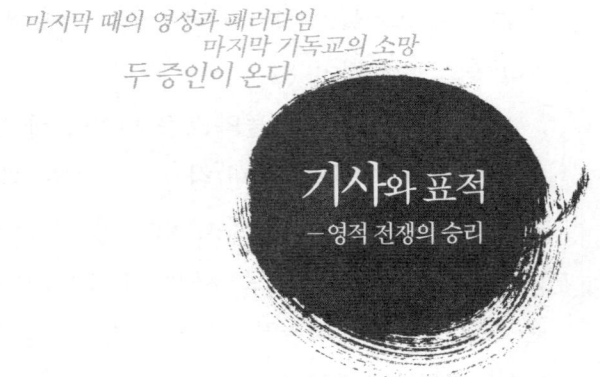

기사와 표적
—영적 전쟁의 승리

　선지자 요엘이 예언한 하늘과 땅의 이적들은 주님의 재림 이전에 이 땅에 나타날 마지막 때의 특징적인 사건들이다. 다시 한번 더 요엘의 예언을 보자.

　"내가 이적을 하늘과 땅에 베풀리니 곧 피와 불과 연기 기둥이라 여호와의 크고 두려운 날이 이르기 전에 해가 어두워지고 달이 핏빛 같이 변하려니와 누구든지 여호와의 이름을 부르는 자는 구원을 얻으리니 이는 나 여호와의 말대로 시온 산과 예루살렘에서 피할 자가 있을 것임이요 남은 자 중에 나 여호와의 부름을 받을 자가 있을 것임이니라"(욜 2:30~32).

위의 예언 속에 예고된 전쟁은 하나님께서 그분 자신의 영광을 드러내기 위해 친히 싸우시는 전쟁이다. 선지자 요엘의 입장에서 보면 마지막 때의 기사와 표적은 하나님께서 수행하시는 거룩한 전쟁에 있어 하나의 중요한 도구이다. 요엘 선지자는 이것에 대해 '여호와께서 큰 일을 행하셨다'라는 말로 표현하고 있다(욜 2:20~21). 이것은 이스라엘이 직면한 고통스러운 문제들을 하나님께서 점진적으로 해결하는 것이 아닌, 극적으로 해결할 것임을 나타낸다.

즉 예루살렘과 남 유다 백성들은 그들의 죄악과 하나님의 언약을 거역함으로 이방인들에게 포로로 잡히고 온갖 고난을 겪다가 하나님의 기적적인 간섭으로 인해 예상치 못한 때에 궁극적 구원을 받게 된다는 것이다. 그날이 바로 '여호와의 날'로 자기 백성을 위해 간섭하실 초자연적 이적들이 하늘과 땅에서 베풀어지는 날이다(출 4:21, 7:3,9; 신 4:34;34:11; 사 8:18).

이것이 하나님의 전쟁이다. 기사와 표적에는 바로 이러한 영적 전쟁의 성격이 포함되어 있는 것이다. 주님은 그분의 백성들을 치유하고 구원하기 위해 놀라운 기사와 표적들을 행하실 것이며, 동시에 이러한 치유와 기적들을 통해 하나님의 백성들 가운데 존재하는 사탄의 견고한 진을 깨뜨리신다.

그러므로 주님의 기적들과 능력들이 나타나는 곳이 곧 영적 전쟁이 불붙는 곳이다. 그곳에 하나님의 백성들의 영적 속박이 깨어지고, 육체적 치유가 일어나며, 주님의 영광을 목격함으로 삶의 변화가 일어나는 것이다. 이것이 마지막 때에 권능 있는 교회들과 두 증인이 행할 영적 전쟁이다.

사도행전의 저자 누가는 요엘 2장 28절의 '그 후에'(after this)를 '말세에'(행 2:17)로 해석함으로써 이 하나님의 거룩한 전쟁이 마지막 때의 성격을 가지고 있으며, 바로 그 종말이 오순절 사건과 함께 시작된 것으로 이해한다.

그러므로 요엘 선지자가 선포했던 '여호와의 크고 두려운 날'(욜 2:31)이 '주의 크고 영화로운 날'(행 2:20)이 된다. 그러므로 이 날에는 각지에서 예루살렘으로 모여든 경건한 유대인들이 주의 이름을 부름으로써 구원을 받아야 할 시점인 것이다(행 2:21). 누가는 요엘 2장 28~29절에 기록된 성령의 폭발적인 기름 부음이 모든 육체에게 임하는 사건의 결과로 선지자의 영이 임할 것이며, 여호와의 남종과 여종까지 복음을 증거하게 될 것임을 강조한다. 그래서 사도행전 2장 18절에는 선지자 요엘과는 달리 "예언할 것이요"라는 문장이 특별히 추가되어 있다.

예언 사역은 마지막 때 교회들의 특징적인 사역 중의 하나로 자리 잡게 될 것이다. 개인과 국가, 열방에 대한 참된 예언은 하나님의 뜻을 바르게 계시한다. 개인에 대한 예언은 하나님께서 그 한 사람을 이 땅에 창조하고 이루고자 하시는 하나님의 원래의 창조 목적과 뜻을 제시한다. 국가나 민족도 마찬가지이다. 높은 차원의 예언 사역은 그 국가나 민족 속에 가리워진 하나님의 영광을 드러내고 높일 것이다.

사탄은 한 개인이나 어떤 한 국가를 통해 원래 주님께서 계획하고 사용하고자 하셨던 하나님의 목적과 뜻을 거역하도록 역사하게 마련이다. 그리고 하나님께서 받으시기에 합당한 영광을 자신이 받기 위해 몸부림친다. 그러므로 어두움 가운데 은밀하게 감추어진 사탄의 계획들을 빛 가운데 노출시키고 하나님의 영광을 드러내는 전략적 차원의 예언 사역은 당연히 권능이 있고, 이 사역 자체가 영적 전쟁에 속하는 것이 된다.

그러나 우리가 늘 조심할 것이 있다. 개인과 국가에 대한 은사적 능력으로서의 예언은 언제나 그 한계가 있다는 점이다. 지금까지의 기독교 역사를 보면 이러한 은사적 예언 사역은 언제나 교회 내에 갈등과 분열을 야기해 왔다. 많은 신자들은 마치 점쟁이가 다른 사람들의 미래를 알아맞히는 주술적 성격으로서의 예언의 은사를 추구해 왔다. 과연 그러한가? 아니다. 성경적 예언 사역은 교회 내에서 덕을 갖추도록 권면하는 것이고, 예수 그리스도를 닮아 가도록, 성화의 삶을 살도록 인도하는 데 그 목적이 있다.

많은 신령한 것을 추구하는 신자들은 자신이 더욱 기도하고 말씀을 묵상하며 때로는 인내 가운데 주님의 길을 추구하는 성숙한 신앙의 길을 배우는 것이 아니라, 소수의 예언의 은사를 가진 은사자들을 절대적으로 의존함으로써 스스로는 아무것도 결정하지 못하는 영적 어린아이가 되어 버렸다. 또한 은사를 받은 분들은 자신이 소유한(?) 예언의 은사를 비롯한 각종 은사들을 스스로 우월한 자리에다 올려놓고 신령한 자로 자처하는 영적 교만에 빠져 버렸다. 심지어는 이러한 은사를 통해 많은 재물을 추구함으로 스스로의 영혼을 지옥 불속으로 던져 넣는 어리석음을 범하기도 했다.

주님의 능력으로서 예언은 반드시 회복되고 확장되어야 한다. 그러나 그 활용에는 지혜와 겸손이 뒤따라야만 한다. 은사적 능력으로서의 예언과 계시는 언제나 성경 말씀에 종속되어야 하며, 그 말씀을 증거하는 하나의 부차적인 은사로서의 역할이 되어야 한다. 예언이 말씀을 우선할 수는 없다. 예언이 말씀과 불일치될 수도 없다. 같은 성령으로부터 나오는 능력들이기 때문이다.

나의 소견으로 볼 때 가장 바람직한 사역은 대중적인 예언적 증거 사역이다. 이것은 말씀에 대한 심오한 깊이에 기초하여 하늘로부터의 기름 부으심이 능력으로 함께 나타나는 메시지의 선포 스타일을 말한다.

더불어 오늘날의 은사주의 운동들이 좀더 넓은 의미의 영적 부흥을 이 땅에 끌어내는 참된 성령 운동을 지향했으면 하는 간절한 바람이 있다. 정말 우리가 원하는 것은 그 옛날 영혼들을 휩쓸고 지나갔던 위대한 부흥을 다시 경험하는 것이다. 역사적인 부흥의 현장에 임했던 바로 그 동일한 성령을 체험하는 것이다.

오늘날 곳곳에서 기사와 표적, 각종 은사들의 역동적인 나타남을 얼마든지 볼 수 있다. 어떤 분은 많은 회중을 모아놓고 입으로 '훅' 불면 사람들이 그냥 넘어지기도 한다. 손으로 가볍게

터치하면 성령의 불을 받고 땅에 데굴데굴 구르기도 한다. 많은 사람들이 땅에 반복해서 넘어진다. 예언 기도를 받고 입신하고, 육체의 치유를 받는다. 갈급했던 심령들이 이러한 성령의 기름 부음이 강한 곳을 두루 찾아다니며 주님의 임재와 치유, 영혼의 만족을 경험하기도 한다.

그러나 많은 경우에 은사의 나타남을 경험한 신자들의 모습을 바라보면서 우리가 절망하는 것은 그들 가운데 참된 회개와 삶의 구체적인 변화가 도무지 일어나지 않는다는 사실이다. 정말 하늘 문이 열리고 성령이 임하시면 우리 속에 회개의 심령이 왜 터지지 않는가? 거룩한 주님의 나타나심 앞에서 자신의 죄악이 아주 선명하게 보여 지옥에 떨어지는 듯한 절망적인 두려움으로 몸을 떨고 울부짖는 역사가 왜 일어나지 않는가? 성령께서 함께하심으로 인한 그 영향력과 능력이 매우 강해서 옛 모습 그대로는 도저히 살아갈 수 없어서 삶 자체가 변화되는 그런 역사가 왜 일어나지 않는가?

모든 사역자들이 다 그런 것은 아니지만 이러한 은사와 능력들의 나타남 그 자체에 연연하는 분들이 의외로 많다. 자연스럽게 성령의 깊은 임재 안으로 들어가도록 기도하는 것이 아니라, 인위적인 조작과 집단적인 감정을 유발하고 자기 과시적인 능력을 의도적으로 나타냄으로 희한한 기적들이 되도록이면 많이 나타나도록 유도함과 동시에 일부러 사람들을 바닥에 넘어뜨리려고 애쓰는 분들도 있다.

이것이야말로 능력 과시형 은사주의의 잘못된 형태가 아니겠는가? 눈에 보이는 현상에 집착하면 은사주의 운동은 실패하게 되어 있다. 복음은 현상이 아니라 본질이다. 눈에 보이지 않는 모든 세계를 자신이 다 본다고 회중 앞에서 과시하지 말라. 귀에 들리지 않는 모든 음성을 다 듣는다고 말하지 말라. 때로는 덕을 세우기 위해 절제해야 하는 경우도 있다. 참석한 신자들을 극단적 신비주의로 일부러 끌고 가지는 말라. 은혜를 주시는 이는 성령이시고 저와 여러분은 그 은혜와 능력이 흘러가는 하나의 도구에 불과하다.

그러므로 얕은 차원의 인본주의적 은사 운동이 아닌, 참된 성령이 진실로 나타나는 집회에서는 영혼들이 주님이 직접 운행하고 계심을 인식할 수 있다. 하나님의 영광이 그곳을 덮고 있음이 느껴지기 때문이다. 참으로 놀랍고 동시에 아주 자연스럽게 그 영적 흐름이 감지된다. 반면에 인위적인 은사주의는 사람들로 하여금 불편함과 역겨움을 자아내게 할 뿐이다.

은사와 능력의 나타남에 너무 집착하지 말자! 참된 부흥 운동들로부터 우리가 배운 바와 같이 이 시대에 영혼들을 깨우는 하나님의 말씀을 먼저 온전하게 선포하자. 말씀이 영혼들을 회개케 하며 심령들 가운데 자유롭게 운행하며 그 말씀이 사람들을 치유하도록 자리를 양보하자. 생수와 같은 말씀이 다시 살아나면 기사와 표적은 자연히 따라오게 될 것이다. 기사와 표적이 중요하지만 우선은 아니다. 말씀이 우선이다. 육체적 치유가 중요하지만 그 자체가 우리의 최우선적인 관심사는 아니다. 심령의 변화가 우선이다. 사탄이 두려워하는 것은 겉으로 드러나는 집회의 현상들이 아니라 근본적으로 영혼들이 변화되고 삶이 변화되는 것이다. 이것은 영혼 구원과 하나님의 나라 확장과도 직결되기 때문이다.

영혼들이 치유되고 심령들이 변화되도록 하는 것이 참된 영적 전쟁이다. 모든 기적들, 은사들과 능력들은 사탄의 나라에서 영혼들을 되찾는 주님의 거룩한 영적 전쟁 차원에서 이해되고 활용되어야 한다.

지금 주님께서는 메마르고 나약한 교회들 위에 성령을 다시 부어 주셔서 초대교회의 권능을 회복하길 원하신다. 교회들은 초자연적인 세계관을 이해하여야 한다. 우리들은 눈에 보이는 이 땅 위의 사건들을 움직이는 저 보이지 않는 영적 세계에 눈을 떠야 한다. 그리고 그 영적 세계에 대한 능력을 회복하고 사탄이 불법적으로 도둑질한 그 권세를 다시 빼앗아 와야 한다. 신자들인 우리가 우리 주께서 십자가에서 승리하시고 선포하신 놀라운 그 권세를 주장하지 않으면 사탄이 계속 그 권세를 자기 왕국을 위해 영적 위조지폐처럼 마음대로 사용할 것이다. 그리고 그것으로 많은 영혼들을 진짜처럼 믿게 하고 결국에는 지옥으로 끌고 갈 것이다.

성령께서는 주님의 백성들이 사도행전적인 교회, 즉 초대교회의 권능을 회복하도록 도와주신다. 초대교회는 말씀이 선포될 뿐만 아니라 성령의 능력들이 실제적으로 나타나는 교회였다. 성령의 능력 없이 교회는 결코 승리할 수 없다. 교회들의 권세는 세상적 부와 명예와 건물 자체에 있는 것이 아니라, 하늘에서 부어 주시는 영적 권능에 있기 때문이다.

교회는 대적 사탄과는 필연적인 전쟁 관계에 놓여 있기 때문에 사탄을 대적할 수 있는 영적 무기 없이 교회의 성공적인 사역은 기본적으로 불가능하다. 밥 존스나 피터 와그너를 비롯한 많은 사람들은 이러한 초대교회의 권능 회복을 위해 성령께서 사도들과 선지자들을 다시 일으키고 계신다고 믿는다. 소위 '오중사역'(사도, 선지자, 복음 전하는 자, 목사, 교사 – 엡 4:11)을 통한 하나님의 다스리심이 회복되고 있음을 역설한다.

데이빗 캐니스트러시도 다음과 같이 주장한다.

> "1세기의 사도적 운동을 일으켰던 사도들과 같은 영적으로 충만한 사도들 없이 교회가 확장되고 세계에 큰 영향을 미칠 것이라고 상상하는 것은 어려운 일이다. 그러므로 사도들은 오늘날 교회에 매우 필요한 존재이다."

오늘날 하나님의 백성들 가운데 능력이 살아나고 있다. 잠자는 교회들은 눈을 뜨고 주변을 둘러보라. 지금 어떤 일이 일어나고 있는지 살펴보라. 사도적 능력을 가진 신자들이 일어나고 있다. 선지자의 영을 받은 수많은 신자들이 나타나고 있다. 중보기도의 역사들이 나타나고 있다. 치유 부흥이 고개를 들고 있다. 많은 신자들이 그 영안이 열려 초자연적인 능력 가운데 사역하고 있다. 그리스도의 몸 안에서 영적 세계에 대한 계시들과 기름 부으심이 풍성하게 일어나고 있다. 하늘의 권세들을 뜨겁게 사모하는 심령이 가난한 갈급한 교회들 위에 성령의 불이 임하고 있다. 사도행전적 초대교회가 놀랍게 회복되고 있는 것이다. 그러나 이 단계가 우리의 궁극적인 목적은 아니다. 주님께서는 다음 단계를 준비하고 계신다.

CHAPTER 04

마지막 때의 영성과 패러다임
마지막 기독교의 소망
두 증인이 온다

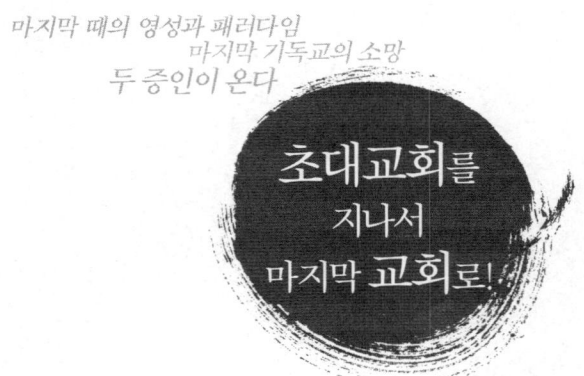

초대교회를 지나서 마지막 교회로!

1강 선지자 요엘과 사도 요한

선지자 요엘의 예언은 역사적 초대교회를 예언했을 뿐만 아니라 동시에 마지막 때의 교회를 정확히 예언하였다. 오늘날 성령께서는 잠자는 교회들을 깨우시고 초대교회의 권능을 회복하도록 도전하고 계신다. 초대교회를 회복하지 않고 어떻게 마지막 교회 시대로 넘어가겠는가? 앞으로 그리스도의 몸 안에서 사도행전적 초대교회들이 영적으로 회복될 때 성령께서는 마지막 교회 시대를 준비하도록 신자들을 촉구하실 것이다.

이러한 마지막 교회 시대를 선지자 요엘은 그의 예언서 속에서 정확히 내다보았고 사도 요한은 요엘의 예언들을 요한계시록 안에서 적절하게 인용함으로써 마지막 때에 그의 예언이 정확히 성취될 것을 강조하고 있다. 특히 구약 요엘의 '야훼의 날'은 요한계시록에서의 '주님의 재림'과 직접적으로 연결되어 있다.

조금은 딱딱하겠지만, 요엘에 나타난 이 야훼의 날을 좀 더 깊이 이해하도록 하자. 왜냐하면 두 증인의 사역을 이해함에 있어서 크게 도움이 되기 때문이다.

요엘에 나타나는 야훼의 날은 크게 두 가지의 성격을 가지고 있다. 첫째는 남 유다와 예루살렘이 하나님 앞에 죄악을 범했을 때, 그리고 그 죄악이 하나님이 보내신 선지자의 경고에도 불구하고 계속될 때 하나님은 그의 백성을 거룩한 백성으로 회개케 하기 위해 심판하시는 날로 제시된다. 이 심판의 날은 하나님이 다른 민족들을 사용하여 하나님의 백성들을 징벌케 하심으로 수행하시는 하나님의 거룩한 전쟁이다(욜 1:2~12, 15~20, 2:1~11). 둘째는 하나님께서 궁극적으로 그분의 백성들을 구원하기 위해 남 유다와 예루살렘의 대적들과 싸우시는 거룩한 전쟁으로서의 야훼의 날이다(욜 2:30~31, 3:1~15).

특히 하나님이 그의 백성 이스라엘을 대적하는 심판의 날로서의 야훼의 날은 요엘에서 세 번이나 반복해 기록되어 있다. 똑같은 심판의 날이 각기 다른 시각에서 세 번이나 반복되어 예언된 것이다. 가장 먼저 등장하는 경고는 메뚜기 떼 재앙이다. 이 재앙으로 인해 남 유다의 과일나무들이 철저히 파괴되는 것이다

(욜 1:2~12). 그 다음 경고는 땅이 황폐화될 것이라는 것이다. 하나님이 심판하심으로 모든 먹을거리들이 떨어지고 대적들에 의해 성읍이 파괴되기 때문이다(욜 1:15~20). 그리고 마지막 경고는 대적들이 메뚜기 떼와 같이 남 유다와 예루살렘을 강력한 군대로 침공하는 과정을 반복적으로 예언하고 있다(욜 2:1~11).

하나님이 그분의 백성들인 남 유다를 세 번씩이나 반복하여 심판을 예고하시는 것은 어떤 이유인가? 하나님이 남 유다의 대적들을 심판하시기 전에 먼저 그분의 백성부터 무서운 심판을 통해 정결케 하시리라는 메시지가 아닌가?

그러므로 우리는 마지막 때 주님이 재림하기 직전에 하나님께서 그분의 백성들을 먼저 심판하실 것이라는 사실을 기억해야 한다. 그때는 마냥 용서하고 은혜를 베푸시는 사랑의 주님이 아니다. 그 때에는 주님이 불꽃 같은 눈으로 칼을 들고 그분의 신부 된 교회들을 먼저 치실 것이다.

왜냐하면 공의의 칼로써 주께서 세상을 심판하실 날이 임박했기 때문이다. 사탄은 주님께서 행하시는 최후의 심판이 이루어지기 전에 주님의 범죄한 교회들을 신랄하게 참소할 것이다. 주님께서 하나님의 백성들이 죄악을 계속 범하는 것을 그냥 방치하시면서 어찌 죄악 된 세상과 불신자만 심판하실 수 있겠는가? 의외로 이 땅의 많은 교회들이 범죄하고 있다. 바로 우리들이 그렇다!

교회 안을 들여다 보자. 생각보다 많은 목사님들이 범죄하고 있다. 주님께 드려진 헌금에 불법적으로 돈을 대고 있다. 여성

신자들과 너무나 쉽게 간통의 죄를 범하고 있다. 보디발의 아내의 유혹 앞에서 살아 계신 하나님을 두려워했던 요셉의 그 두려움은 전혀 찾아볼 길이 없다. 비단 일부 목회자들에게만 해당되는 문제가 아니다. 지도자 된 장로님들이 신자들을 사업의 미끼로 이용함으로써 예수님의 영광에 먹칠을 하고 그 이름을 짓밟고 있다. 순수한 동기로 주님의 나라를 위해 함께 사역을 시작한 단체들이 사역 자체가 커지고 기부금과 이권이 개입되면서 서로 시기하고 미워하면서 분열한다. 더 나아가 상대편을 이단으로 몰아붙이면서 아예 매장시켜 버린다.

많은 경우에 하나님의 자녀 된 신자들이 인간적인 욕심으로 자신들만의 사리 사욕을 위해 무섭게 싸우고 있다. 예배를 드리는 가운데 싸우며 강대상 앞에서 교회 재산 때문에 욕설과 폭력이 난무한다. 목사가 아무런 도덕적인 죄를 범하지 않았는데도, 설교를 못한다는 한 가지 이유로 당장 나가라고 하는 교회도 있다. 새로 부임한 목회자가 마음에 들지 않는다는 이유로 어떻게 하면 저 목사를 쫓아낼까 끊임없이 묵상하며(?) 연구하는 신자들도 있다. 원수를 사랑하라는 바로 그 교회 안에서 신자들끼리도 서로 사랑하지 못하고 등을 돌리며 무섭게 저주한다. 오죽하면 이렇게 말하는 사람도 있겠는가? "우리 교회는……예수님이 오셔도 안 됩니다!"

양심에 화인을 맞은 사람들이 교회 밖에서가 아니라 바로 교회 안에서 고개를 들고 있다. 신자들이 양심에 가책이 되는 많은 죄악들을 범하면서도 주님이 너그럽게 용서해 주실 것이라고 착각한다. 다른 사람들에 비하면 나는 그런 대로 괜찮은 신자라고 스스로 위로한다. 의외로 너무나 많은 신자들이 주님의 은혜와 사랑만을 전폭적으로 의지하며 수많은 죄악들을 먹고 마신다.

주님은 언제나 사랑만을 베푸시는 너그러운 어머니와 같은가? 자식이 흙탕물 속에서 하루 종일 뒹굴어도 그대로 침대 속으로 들어가도록 허락하는 부모가 있는가? 아닐 것이다. 물로 씻기고 깨끗한 옷으로 갈아입힐 것이다. 주님도 그런 분이다. 주께서는 거룩하지 못한 자녀들을 매로 징계하시고 철저히 회개하도록 만드신다.

마지막 때는 더욱 그러할 것이다. 교회들과 신자들은 그분의 거룩한 신부들이기 때문이다. 주님은 영원한 신랑의 자격으로 신부들을 데리러 오시는 것이다. 영광스러운 그분이 더러운 신부들을 맞이하시겠는가? 지극히 정결하고 단장된 신부들을 원하실 것이다. 그러므로 주님의 재림이 가까울수록 주님은 이 땅의 교회들의 죄악에 대해 오랫동안 인내하셨던 사랑의 손길을 거두고 친히 징계의 칼을 들어 교회들을 사정없이 내리치실 것이다.

앞으로는 주님의 심판이 즉각적으로 교회에 임할 것이다! 사도행전 5장에 나오는 아나니아와 삽비라를 심판하셨던 주님이 범죄한 교회들을 즉시 심판하실 것이다. 초대교회의 신자들이 그 심판의 현장에서 두려움으로 몸을 떨었던 것처럼, 범죄한 마지막 시대의 교회들을 내리치시는 주님을 보고 많은 신자들이 두려워하게 될 것이다.

주님이 교회의 대적인 사탄을 심판하시기 전에 먼저 그분의 백성들을 대적하시며 싸우실 것이다. 범죄한 우리에게 필요한 것은 선지자 요엘의 다음과 같은 권면뿐이다.

"여호와의 말씀에 너희는 이제라도 금식하고 울며 애통하고 마음을 다하여 내게로 돌아오라 하셨나니 너희는 옷을 찢지 말고 마음을 찢고 너희 하나님 여호와께로 돌아올지어다 그는 은혜로우시며 자비로우시며 노하기를 더디하시며 인애가 크시사 뜻을 돌이켜 재앙을 내리지 아니하시나니 주께서 혹시 마음과 뜻을 돌이키시고 그 뒤에 복을 내리사 너희 하나님 여호와께 소제와 전제를 드리게 하지 아니하실는지 누가 알겠느냐 너희는 시온에서 나팔을 불어 거룩한 금식일을 정하고 성회를 소집하라 백성을 모아 그 모임을 거룩하게 하고 장로들을 모으며 어린이와 젖 먹는 자를 모으며 신랑을 그 방에서 나오게 하며 신부도 그 신방에서 나오게 하고 여호와를 섬기는 제사장들은 낭실과 제단 사이에서 울며 이르기를 여호와여 주의 백성을 불쌍히 여기소서 주의 기업을 욕되게 하여 나라들로 그들을 관할하지 못하게 하옵소서 어찌하여 이방인으로 그들의 하나님이 어디 있느냐 말하게 하겠나이까 할지어다"(욜 2:12~17).

요엘 2장의 마지막 부분에 예언된 두 번째 야훼의 날(욜 2:30~31)은 1장에서 묘사된 야훼의 날과는 분명히 구별된다. 1장은 역사적으로 남 유다와 예루살렘 심판의 날을 야훼의 날로 묘사하지만, 2장과 3장의 야훼의 날은 문맥상 이스라엘을 멸망시킨 그 대적들에 대항하는 야훼의 날이다. 특히 요엘 전체에서 2장 28~32절에 등장하는 메시지는 대단히 독특하며 중요하다.

> 그 후에 내가 내 영을 만민에게 부어 주리니 너희 자녀들이 장래 일을 말할 것이며(28절)
> 너희 늙은이는 꿈을 꾸며 너희 젊은이는 이상을 볼 것이며(29절)
> 그때에 내가 또 내 영을 남종과 여종에게 부어 줄 것이며 내가 이적을 하늘과 땅에 베풀리니 곧 피와 불과 연기 기둥이라(30절)
> 여호와의 크고 두려운 날이 이르기 전에 해가 어두워지고 달이 핏빛 같이 변하려니와(31절)
> 누구든지 여호와의 이름을 부르는 자는 구원을 얻으리니 이는 나 여호와의 말대로 시온 산과 예루살렘에서 피할 자가 있을 것임이요 남은 자 중에 나 여호와의 부름을 받을 자가 있을 것임이니라(32절)

왜냐하면 이 요엘의 메시지는 마지막 때에 관한 예언일 뿐만 아니라 단순한 남 유다와 예루살렘의 회복의 차원을 넘어 우주적이고 세계적인 구원으로 확장되고 있기 때문이다. 요엘 2장 28절은 바로 앞에 기록된 27절의 "그런즉 내가 이스라엘 가운데 있어 너희 하나님 여호와가 되고……"라는 말씀에 대한 구체적인 약속의 실현으로서 성령의 임하심(28, 29절)을 나타낼 뿐 아니라 열방의 구원을 위한 선지자적 부르심과 능력의 부어 주심으로 확대된다.

이러한 구원을 위해 하나님의 대적을 심판하기 위한 하나님의 거룩한 전쟁은 하늘과 땅에서 일어나는 이적들(30절)과 우주적인 변화(31절)를 포함할 것이다. 이 '피와 불과 연기'로 상징되는, 대적들을 향한 하나님의 전쟁과 심판에 대한 말씀이 요엘 3장에 뒤따라 나오고 있다.

2강 야훼의 날과 주님의 재림

이제 나는 요엘과 요한계시록과의 관계를 잠깐 이야기하고자 한다. 요엘의 메시지가 두 증인의 사역과 우리 주님의 재림 사건과도 밀접하게 연결되어 있다고 믿기 때문이다. 야훼의 날에 대한 다른 예언서들과 마찬가지로 선지자 요엘은 야훼의 날을 해와 별이 어두워지며 빛을 잃는 사건으로 예언하고 있다.

"그 앞에서 땅이 진동하며 하늘이 떨며 해와 달이 캄캄하며 별들이 빛을 거두도다"(욜 2:10, 3:15)

이 표현은 사도 요한에 의해 그대로 인용되며 재예언되고 있다.

"내가 보니 여섯째 인을 떼실 때에 큰 지진이 나며 해가 검은 털로 짠 상복 같이 검어지고 달은 온통 피 같이 되며 하늘의 별들이 무화과나무가 대풍에 흔들려 설익은 열매가 떨어지는 것 같이 땅에 떨어지며"(계 6:12~13).

이뿐만이 아니다. 선지자 요엘은 야훼의 날에 대해 "여호와의 날이 크고 심히 두렵도다 당할 자가 누구이랴"라고 표현하고 있고(욜 2:11), 사도 요한은 "그들의 진노의 큰 날이 이르렀으니 누가 능히 서리요"라고 표현한다(계 6:17).

선지자 요엘은 남 유다와 예루살렘의 대적들을 향한 야웨의 심판에 대해 "너희는 낫을 쓰라 곡식이 익었도다 와서 밟을지어다 포도주 틀이 가득히 차고 포도주 독이 넘치니 그들의 악이 큼이로다"라고 표현한다(욜 3:13).

마찬가지로 사도 요한은 요한계시록에서 천사가 땅의 포도를 거두어 하나님의 진노의 큰 포도주 틀에 넣고 밟은 장면으로 묘사하고 있다.

"천사가 낫을 땅에 휘둘러 땅의 포도를 거두어 하나님의 진노의 큰 포도주 틀에 던지매 성 밖에서 그 틀이 밟히니 틀에서 피가 나서 말 굴레에까지 닿았고 천육백 스다디온에 퍼졌더라"(계 14:19~20).

선지자 요엘은 하나님께서 이스라엘의 대적들을 판결 골짜기

(Verdict Valley)에서 심판하실 것을 다음과 같이 예언한다

"사람이 많음이여, 판결 골짜기에 사람이 많음이여, 판결 골짜기에 여호와의 날이 가까움이로다"(욜 3:14).

이러한 요엘의 판결 골짜기는 요한계시록에서는 주 하나님의 흰 보좌 심판으로 발전되고 있다. 다음 구절을 읽어 보자.

"또 내가 크고 흰 보좌와 그 위에 앉으신 이를 보니 땅과 하늘이 그 앞에서 피하여 간 데 없더라 또 내가 보니 죽은 자들이 큰 자나 작은 자나 그 보좌 앞에 서 있는데 책들이 펴 있고 또 다른 책이 펴졌으니 곧 생명책이라 죽은 자들이 자기 행위를 따라 책들에 기록된 대로 심판을 받으니 바다가 그 가운데에서 죽은 자들을 내주고 또 사망과 음부도 그 가운데에서 죽은 자들을 내주매 각 사람이 자기의 행위대로 심판을 받고 사망과 음부도 불못에 던져지니 이것은 둘째 사망 곧 불못이라 누구든지 생명책에 기록되지 못한 자는 불못에 던져지더라"(계 20:11~15).

또한 선지자 요엘이 메뚜기 떼를 연상하면서 대적들의 모습을 침공하는 군대로 묘사한 것(욜 1:6, 2:4~5)과 유사하게 사도 요한은 황충 재앙에서 그 이미지를 빌려서 예언하고 있음을 알 수 있다.

"황충들의 모양은 전쟁을 위하여 준비한 말들 같고 그 머리에 금 같은 관 비슷한 것을 썼으며 그 얼굴은 사람의 얼굴 같고 또 여자의 머리털 같은 머리털이 있고 그 이빨은 사자의 이빨 같으며 또 철 호심경 같은 호심경이 있고 그 날개들의 소리는 병거와 많은 말들이 전쟁터로 달려 들어가는 소리 같으며 또 전갈과 같은 꼬리와 쏘는 살이 있어 그 꼬리에는 다섯 달 동안 사람들을 해하는 권세가 있더라"(계 9:7~10).

그리고 선지자 요엘은 하나님의 대적들이 남 유다와 예루살렘을 공격하기 위해 군사를 모으고 전쟁을 준비하는 모습에 대해 다음과 같이 예언한다.

"너희는 모든 민족에게 이렇게 널리 선포할지어다 너희는 전쟁을 준비하고 용사를 격려하고 병사로 다 가까이 나아와서 올라오게 할지어다 너희는 보습을 쳐서 칼을 만들지어다 낫을 쳐서 창을 만들지어다 약한 자도 이르기를 나는 강하다 할지어다 사면의 민족들아 너희는 속히 와서 모일지어다 여호와여 주의 용사들로 그리로 내려오게 하옵소서"(욜 3:9~11).

마찬가지로 사도 요한은 주 예수님의 재림 직전에 사탄, 적그리스도와 거짓 선지자가 지옥의 군대를 소집하는 모습을 다음과 같이 예언하고 있다.

"또 여섯째 천사가 그 대접을 큰 강 유브라데에 쏟으매 강물이 말라서 동방에서 오는 왕들의 길이 예비되었더라 또 내가 보매 개구리 같은 세 더러운 영이 용의 입과 짐승의 입과 거짓 선지자의 입에서 나오니 그들은 귀신의 영이라 이적을 행하여 온 천하 왕들에게 가서 하나님 곧 전능하신 이의 큰 날에 있을 전쟁을 위하여 그들을 모으더라"(계 16:12~14, 참조 20:7~8).

그리고 요엘 안에서 남 유다와 예루살렘의 회복에 대한 약속이 하나님께서 시온에서 그들과 함께하심에 초점이 맞추어진 것처럼(욜 2:27, 3:20~21) 요한계시록 안에서는 새 하늘과 새 땅에서 바로 그 약속이 완성될 것임이 예언되고 있다(계 21:1~7). 이와 같이 선지자 요엘의 예언은 사도 요한의 예언과 어느 정도 깊은 관련성이 있음을 알 수 있다.

이제 마지막으로 선지자 요엘의 예언이 두 증인에게도 마찬가지로 적용될 수 있음을 살펴보자.

3강 요엘 2장이 두 증인에게도 성취되다

선지자 요엘의 예언, 특히 요엘 2장에 기록된 말씀은 일차적으로는 종말의 시작으로서의 예수 그리스도의 초림 사건과 오순절 사건에서 이미 성취되었다. 이제는 마지막 때의 완성으로 예수 그리스도의 재림 사건에서 다시 성취될 것이다.

요엘 2장에서 예언된, 남 유다 및 예루살렘의 대적들을 심판하시는 야훼의 날과 그 영적 전쟁은 요한계시록 안에서는 사탄의 도시인 바벨론, 적그리스도, 거짓 선지자 및 용인 사탄을 심판하시는 주 예수 그리스도의 재림 사건으로 완성된다.

그러므로 요엘 2장에서 예고된, 성령을 충만하게 부어 주심은 오순절 사건뿐만 아니라 마지막 인간 역사의 완성 시기인 예수 재림 직전에 활동할 두 증인에게도 그대로 적용된다. 앞으로 두 증인 그룹이 이끌게 될 사도적이고 선지자적인 영성과 능력을 소유한 마지막 시대의 교회들은 사도행전에 기록된 초대교회들과는 달리, 주 예수님의 재림을 준비하는 마지막 시대의 마지막 교회들의 이미지이기 때문이다.

즉 사도행전적 교회가 기독교의 시작이라면, 두 증인적 교회들은 기독교의 마지막 모습이다. 초대교회의 사도들과 선지자들이 신약시대에 처음으로 모습을 드러낸 처음 사도들과 선지자들이라면, 두 증인은 마지막 사도들이요 마지막 선지자들이다. 초대교회들이 기독교를 이 땅에 세우기 위한 영적 전쟁을 본격적으로 시작했다면 두 증인적 교회들은 그 영적 전쟁을 완성할 것이다.

요엘 2장에 예언된 물 붓듯이 부어지는 성령의 충만함이 사도행전 2장의 베드로를 비롯한 사도들에게는 불의 혀같이 임하였다. 그리고 이 불의 혀는 그리스도를 증거하기 위한 입술의 능력이 되었다. 마찬가지로 이 성령은 마지막 때의 두 증인에게도 오직 그리스도를 증거하기 위한 입술의 권세로 동일하게 다시 임하게 될 것이다.

또한 요엘 2장에 예언된 피와 불과 연기는 사탄의 나라를 깨뜨리고 하나님의 나라를 확장시키는 하나님의 거룩한 기적들이었다. 이는 사도행전의 베드로를 비롯한 사도들의 이적들에서 실제로 나타났고 마지막 때의 두 증인을 통해 다시 나타날 것이다.

그러므로 눈을 떠서 멀리 바라보라. 머지않은 장래에 두 증인 영성의 강력한 물결이 세계를 휩쓸게 될 것이다. 그리고 주님께서 예비하신 지상 마지막 교회들이 우리에게 달려오게 될 것이다. 지금은 주님께서 교회들에게 초대교회의 권능을 부어 주시고 있는 단계이다. 그러나 주님의 때가 되면 성령께서는 다음 단계로 우리들을 이끌고 가실 것이다.

즉 초대교회의 회복 단계가 지나면 주님의 성령께서는 마지막 교회들에 대해 말씀하실 것이며, 두 증인의 사역에 대해 구체적인 깨달음과 비전, 성경적인 참된 환상들과 계시들을 부어 주실 것이다. 동시에 두 증인적 교회들의 대적인 마지막 적그리스도에 대한 구체적인 환상과 성경적 계시가 임하게 될 것이다. 왜냐하면 두 증인시대-적그리스도 시대-에 주님의 재림을 준비하며 이끌어 갈 이 지구상의 마지막 교회들이 필요하기 때문이다. 그렇기 때문에 마지막 사도들과 선지자들이 준비되어야 한다. 두 증인이 준비되어야 한다.

이제 사도행전적 교회들의 회복 너머 조만간 두 증인적 교회들이 그 모습을 드러낼 것이다.

05 CHAPTER

마지막 때의 영성과 패러다임
마지막 기독교의 소망
두 증인이 온다

최종적인 영혼 추수

"그때에 큰 지진이 나서 성 십분의 일이 무너지고 지진에 죽은 사람이 칠천이라 그 남은 자들이 두려워하여 영광을 하늘의 하나님께 돌리더라"(계 11:13).

요한계시록 11장에 예언된 두 증인의 최종적인 사역은 적그리스도가 세상을 본격적인 그의 지배 체제로 끌고 들어가기 직전의 시점에서 일어난다.

두 증인이 마지막 때의 상황에서 가지는 중요한 선교적 의미는 이들이 그리스도의 재림을 준비하는 공개적 복음 전도 활동의 마지막 무대를 형성하기 때문이다.

두 증인은 실제적인 마지막 영혼 추수 운동을 주도하게 된다. 특히 위의 구절은 두 증인 사역에 의해 유대인들을 포함한 이방인 불신자들이 그리스도에게로 돌아올 것을 생생하게 예언하고 있다. 이 마지막 때의 회심 사건, 즉 그리스도 재림 직전의 영혼 추수 사건이 갖는 중요한 의미에 대해 사도 요한은 다음과 같이 하늘의 24장로들이 선포하고 있는 내용을 통해 강조하고 있다.

"일곱째 천사가 나팔을 불매 하늘에 큰 음성들이 나서 이르되 세상 나라가 우리 주와 그의 그리스도의 나라가 되어 그가 세세토록 왕 노릇 하시리로다 하니 하나님 앞에서 자기 보좌에 앉아 있던 이십사 장로가 엎드려 얼굴을 땅에 대고 하나님께 경배하여 이르되 감사하옵나니 옛적에도 계셨고 지금도 계신 주 하나님 곧 전능하신 이여 친히 큰 권능을 잡으시고 왕 노릇 하시도

> 다 이방들이 분노하매 주의 진노가 내려 죽은 자를 심판하시며 종 선지자들과 성도들과 또 작은 자든지 큰 자든지 주의 이름을 경외하는 자들에게 상 주시며 또 땅을 망하게 하는 자들을 멸망시키실 때로소이다 하더라"(계 11:15~18).

위에 언급된 하늘의 24장로들은 무엇을 선포하고 있는가? 아직 마지막 재앙은 시작되지도 않았다. 주님의 재림도, 하나님의 흰 보좌 심판도 아직은 아니다. 그럼에도 불구하고 이들은 두 증인 사역이 끝난 직후 죽은 자를 심판하실 때가 왔다고 선포한다. 주의 종들을 상주실 때라고 선포한다. 땅을 망하게 하는 자들을 멸망시킬 때라고 선포한다. 이러한 심판은 장차 흰 보좌 심판에서나 이루어질 구원의 완성이다.

그런데 하늘의 24장로들이 지금 그것을 미리 선포하고 있는 것이다. 무슨 의미인가? 하늘의 24장로들은 두 증인에 의한 마지막 때의 회심 사건을 통해 이미 이 땅에서의 구원의 역사가 실제적으로 끝났음을 인정하고 있는 것이다.

다시 말해서 두 증인이 박해 상황 속에서도 공개적으로 그리스도의 복음을 전파하고 죽임을 당함으로써 지구상에서는 실제적인 마지막 추수가 완성되었다는 것이다. 물론 적그리스도 통치하에서도 구원받는 영혼들이 존재할 것이다. 그러나 두 증인의 공개적 복음 전파 시대에 비하면 극소수가 될 것이다. 그때는 신자의 믿음 자체도 지키기 힘든 지하교회 시대로 들어가기 때문에 이 땅 위의 대대적인 영혼 추수 운동은 사실상 끝난 것이나 다름없다.

이 사실은 요한계시록 14장에 등장하는 '구름 위에 앉으신 이'인 예수님의 추수 모습을 통해서도 입증된다. 이것은 두 증인이 죽임을 당하는 환상 직후 요한이 하늘에서 본 또 다른 환상이다.

"또 내가 보니 흰 구름이 있고 구름 위에 인자와 같은 이가 앉으셨는데 그 머리에는 금 면류관이 있고 그 손에는 예리한 낫을 가졌더라 또 다른 천사가 성전으로부터 나와 구름 위에 앉은 이를 향하여 큰 음성으로 외쳐 이르되 당신의 낫을 휘둘러 거두소서 땅의 곡식이 다 익어 거둘 때가 이르렀음이니이다 하니 구름 위에 앉으신 이가 낫을 땅에 휘두르매 땅의 곡식이 거두어지니라"(계 14:14~16).

어떤 분들은 요한계시록 11장 13절에 등장하는 "그 남은 자들이 두려워하여 영광을 하늘의 하나님께 돌리더라"는 구절을 이해할 때 이들 불신자가 눈앞에서 벌어지는 하나님의 무서운 경고적 심판 앞에서 '잠시' 두려움에 사로잡혀 '일시적으로' 고백한 내용으로 보기도 한다. 그러나 사도 요한의 예언은 이들의 고백이 진실되고 참된 회개의 역사가 될 것임을 증거하고 있다.

왜냐하면 이들의 회개는 요한계시록 9장의 여섯째 천사 나팔 재앙인 유브라데 전쟁 사건(성경은 이 재앙을 '둘째 화'라고 부르기도 한다)으로 살아남은 자들이 끝까지 회개치 않음과 날카로운 대조를 이루고 있기 때문이다. 요한은 다음과 같이 기록한다.

"이 재앙에 죽지 않고 남은 사람들은 그 손으로 행하는 일을 회개치 아니하고 오히려 여러 귀신과 또는 보거나 듣거나 다니거나 하지 못하는 금, 은, 동과 목석의 우상에게 절하고 또 그 살인과 복술과 음행과 도둑질을 회개하지 아니하더라"(계 9:20~21).

또한 요한계시록 11장 13절에 기록된 바와 같이 성 십분의 일만이 무너졌다는 것은 이 심판이 전면적인 세상의 멸망을 의미하는 것이 아니라는 것을 말해 준다. 이 사건은 불신자들로 하여금 회개를 통해 구원하시려는 하나님의 경고적 심판이다.

따라서 이 남은 자들의 고백은 진정한 회개를 통한 마지막 때의 또 다른 부흥이다. 이 지진의 재앙에서 살아남은 자들은 두 증인이 살아 있을 때 이미 선포했던 마지막 시대의 복음과 기적들과 지진 사건을 듣고 보며 최종적인 회개를 촉구하는 살아 계신 하나님의 음성으로 받아들이게 될 것이다. 이들이 고백하는 '하늘의 하나님'이란 표현을 통해 이 모든 현상들과 심판들의 주도적 결정이 사탄이나 적그리스도가 아닌, 오직 하늘의 하나님께 속한다는 것을 불신자들도 그때 인정하게 될 것이라는 환상을 요한은 진리 가운데 보고 있는 것이다.

두 증인을 통해 일어날 마지막 때의 부흥과 영혼 추수 운동은 기독교에 대한 환난과 박해, 우주와 자연의 재앙적 징조들 가운데 일어날 것이며, 이 과정에서 특히 유대인들을 비롯한 타종교인들의 대대적인 개종과 회심이 있을 것으로 예측된다. 144,000명이라는 상징적인 수많은 무리들이 전 세계적인 영혼 추수 운동을 의미하는 대부흥이라면, 예루살렘에서의 두 증인의 영혼 구원 사역은 유대인 중심의 최종적인 영혼 추수 운동이 될 것이다.

나는 개인적으로 이 유대인들의 영혼 추수 운동을 통해 사도 바울이 그렇게 기도했던 이스라엘의 회복이 이루어질 것으로 믿는다(롬 9~11장).

> "형제들아 너희가 스스로 지혜 있다 하면서 이 신비를 너희가 모르기를 내가 원하지 아니하노니 이 신비는 이방인의 충만한 수가 들어오기까지 이스라엘의 더러는 우둔하게 된 것이라 그리하여 온 이스라엘이 구원을 받으리라 기록된 바……"(롬 11:25~26).

이 최종적인 유대인 중심의 영혼 추수 운동으로 기독교의 복음전파 시대가 끝남과 동시에, 거의 실제적인 주님의 재림 준비도 끝날 것이다. 그리고 적그리스도의 본격적인 통치시대로 들어가면서 살아 있는 신자들은 대환난 가운데 주님의 재림을 기다리게 될 것이다.

06 CHAPTER

마지막 때의 영성과 패러다임
마지막 기독교의 소망
두 증인이 온다

교회여, 환난을 대비하라!

충돌하는 두 세계관

우리는 하나님의 두 증인과 땅에 거하는 불신자들이 서로 상반된 세계관을 소유하고 있으며, 필연적으로 서로 충돌할 수밖에 없다는 사실을 직시해야 한다. 요한계시록 11장에 예언된 두 증인이 기본적으로 가지고 있는 세계관은 마지막 때에 하나님의 거룩한 전쟁을 수행해야 한다는 초자연적인 영적 전쟁 세계관이다.

반면에 땅에 사는 불신자들의 세계관은 세속적인 도시 바벨론의 모습을 통해서 구체적으로 기록되어 있다. 그것은 철저히 물질중심적이고 종교다원주의적이며 지상중심적이고 또한 현실주의적 세계관이다.

요한계시록 17장과 18장에 언급된 악의 도시 바벨론은 요한계시록 21장과 22장에 나오는 하늘에 속한 자들의 궁극적인 도성인 새 예루살렘과는 본질적인 면에서 크게 대조를 이루고 있다. 새 하늘과 새 땅은 우리 주 예수님께 속한 그분의 거룩한 신부로 나타나지만, 땅의 도시 바벨론은 사탄에게 속한 더러운 음녀로 나타난다.

바벨론은 말 그대로 땅에 거하는 자들의 세계관과 가치관을 근원적으로 만들어 가는 막강한 권력을 가진 지상 도시나 종교 시스템이라고 볼 수 있다. 음녀 바벨론은 정치적인 통합, 경제적인 풍요로움과 사치스러움, 육체적인 음행으로 나타나는 지상적 쾌락주의 및 영적인 타락으로 나타나는 종교적 미혹 모두를 소유하고 있다. 이 모든 것은 주님이 보시기에 가증스러운 것들로 사탄에게 속한 사탄의 영적 구토물들이다. 이 모든 것은 하나님께서 창조하신 귀한 영혼들을 유혹하고 미혹하여 영원한 지옥 불속으로 끌어내리는 사탄의 능력과 권세에 속하는 것들이다.

이 음녀 바벨론의 모든 소유물은 잃어버린 영혼들이 이 땅에서 얻고자 몸부림치는 눈에 보이는 것들이다. 세상 사람들은 눈에 보이지 않는 세계에는 관심이 없다. 그들의 관심은 오직 손으로 만질 수 있는 물질 세계이다. 많은 사람들이 죽으면 그만이라는 생각으로 살아가고 있다.

더 정확하게 말하자면 영적인 눈이 사탄에 의해 가리워져 있는 것이다. 영원한 세계를 볼 수 있는 영적인 깨달음이 없다. 오직 눈에 보이는 물질에 인생을 투자한다. 좋은 집과 좋은 차를 소유하고 이 세상에서 출세하고 부와 물질과 쾌락을 추구하는 것이 인생의 큰 목적이 된다. 때때로 그들도 인생이 무엇인지 고민하고, 어떻게 인생을 가치 있게 살아갈 것인지 몸부림도 치지만 주님의 성령 안에 거하지 않는 한 결코 거듭날 수 없다. 진리 안에 있지 않는 한, 일부 세상 사람들이 추구하는 소위 '영적인 것들'은 사탄이 만들어 놓은 영혼의 함정이요, 덫이요, 속박일 뿐이다.

많은 세상 사람들에게 예수님은 유일한 구원자가 아니다. 다만 인류의 위대한 선생 중의 한 사람일 뿐이다. 그렇기 때문에 그들은 '오직 예수'만을 외치는 기독교를 이해할 수 없다. 그들은 종교간의 평화를 원한다. 모든 종교들이 서로 존중하며 살기를 원한다. 그렇게 할 때 그들의 마음이 편해진다. 그들은 왜 기독교가 오직 예수만을 고집하는지 도무지 이해할 수 없다. 그들은 다른 종교들과의 공존과 평화를 파괴하는 기독교야말로 지극히 무례한 종교이고 독선적이고 배타적인 집단이라고 생각한다.

따라서 때가 되면 많은 사람들이 기독교를 대대적으로 비판할 것이고 박해하게 될 것이다. 마지막 때에는 수많은 영혼들이 추수되는 대부흥도 있겠지만 많은 이름뿐인 신자들이 박해 속에서 예수님께 등을 돌리고 불신자들과 함께 적그리스도를 따르게 될 것이다.

많은 사람들이 사랑하는 악의 도시 바벨론의 배후에는 적그리스도인 짐승이 있으며, 또 그 배후에는 용인 사탄이 존재하고 있다. 많은 영혼들은 매우 아름다운 모습과 놀라운 능력으로 위장한 적그리스도에게 미혹되어 그를 사랑하게 될 것이며, 그를 맹목적으로 뒤따르게 될 것이다.

결과적으로 수많은 영혼들이 예수 그리스도의 복음을 거부하고 고집스럽게 지옥행을 스스로 선택하게 될 것이다. 그러나 바알에게 무릎 꿇지 않은 칠천 명의 남은 자들처럼 깨어 있는 참된 신자들은 적그리스도의 정체를 분명히 알고 그를 대적하게 된다.

그러므로 본질적으로 사탄의 나라인 바벨론과 하늘에 속한 신자들은 이 땅에서 결코 공존할 수 없다. 특히 바벨론이 "성도들의 피와 예수의 증인들의 피에 취한지라"라는 사도 요한의 예언적 표현(계 17:6)은 음녀 바벨론의 궁극적인 원수가 바로 하나님의 백성들임을 단적으로 말해 주고 있다.

그렇기 때문에 하나님의 백성들은 영적으로는 사탄에게 속한 도시 또는 세상 권력을 힘입고 있는 거대한 종교 집단으로 상징되는 바벨론 가운데 신앙을 지켜 나가는 과정에서 많은 고난을 받고 순교의 피를 흘려야만 할 것이다.

하나님의 백성들이 추구하는 하늘에 속한 가치관과 초자연적 영적 전쟁 세계관은 때로는 그 착한 행실로 인해 사람들로 하여금 하나님께 영광을 돌리게 하며(마 5:16) 온 백성에게 칭송을 받을 수도 있으나(행 2:47) 궁극적으로는 주 예수처럼 핍박을 받으며(마 5:11), 환난에 넘겨지며 모든 민족에게 미움을 받게 될 것은 분명한 사실이다(마 24:9).

이것은 하나님의 백성들과 이 땅에 사는 세상 사람들이 추구하는 인생의 가치관과 목적이 서로 충돌하기 때문이다. 그리고 세상과 우주와 마지막 때를 바라보는 서로의 생각들이나 세계관이 서로 날카롭게 충돌하기 때문이다. 사도 바울은 신자들과 세상적 사상이나 세계관 사이에서의 영적 싸움을 일찍이 간파한 바 있다.

"우리가 육신으로 행하나 육신에 따라 싸우지 아니하노니 우리의 싸우는 무기는 육신에 속한 것이 아니요 오직 어떤 견고한 진도 무너뜨리는 하나님의 능력이라 모든 이론을 무너뜨리며 하나님 아는 것을 대적하여 높아진 것을 다 무너뜨리고 모든 생각을 사로잡아 그리스도에게 복종하게 하니"(고후 10:3~5).

우리는 요한계시록 11장에서 두 증인이 이 땅에 사는 사람들을 대상으로 선포해야만 했던 메시지의 핵심적인 내용이 무엇인지 추측할 수 있다. 사도 요한이 받고 소화해야만 했던 '작은 책'—실제적으로는 두 증인이 열방을 향해 선포해야 할 책이다—이 무엇인지 요한계시록의 연구자들 간에 약간의 이견은 있으나 마지막 때의 심판에 대한 내용임에는 틀림이 없다. 장차 나타날 두 증인은 예수님의 재림을 포함한 종말론적인 내용, 즉 요한계시록 자체의 내용을 강력하게 선포할 것으로 보인다. 이것은 죄악의 지적과 회개, 그리고 그것을 통한 거룩함, 주 예수를 통한 구원의 유일성과 임박한 재림과 종말론, 최후의 심판의 실재, 영원한 천국인 새 예루살렘과 영원한 지옥을 포함하는 내용이 될 것이다.

이러한 두 증인의 마지막 때의 증거 사역은 눈에 보이는 지상적 세상 가치만을 추구하는 사람들로부터 비웃음을 사게 될 것이며, 그들이 외치는 천국과 지옥의 교리는 21세기 포스트 모더니즘 사회로부터 비이성적이고 독단적인 것으로 취급될 것이다. 그리고 세속적인 세계관을 가진 이 땅에 사는 많은 사람들로부터 비판과 박해를 초래할 것이다. 마지막 적그리스도가 추진하는 정치적, 경제적, 종교적 세계 평화에 걸림돌이 되기 때문이다. 그리고 두 증인과 마지막 기독교는 모든 종교에 구원의 진리가 있다고 믿는 종교다원주의 정책에 고집스럽게 대항할 것이기 때문에 더욱 미움을 받게 된다.

환난 통과인가? 휴거인가?

적그리스도와 관련하여 이 글을 읽고 있는 여러분에게 한 가지 의문이 일어날 것이다. 그것은 적그리스도의 환난기를 신자들이 통과할 것인가, 아니면 그 직전에 휴거할 것인가 하는 문제이다.

오늘날 신자들이 가장 관심을 갖는 중요한 주제 중의 하나인 환난과 휴거 문제는 여전히 논쟁적이다. 왜냐하면 요한계시록과 종말론에 관해서 완벽한 해석을 내릴 수 있는 사람이 이 세상에는 아무도 없기 때문이다. 그러나 우리가 믿기에는 많은 진실한 주님의 종들과 교회들을 통해 마지막 때에 반드시 알아야 할 진리들에 대해 더 많은 풍성한 계시들과 깨달음들이 나타나리라고 본다.

대환난의 때에 관하여 소위 세대주의적 신자들은 다음의 구절을 중요시한다.

"이 일 후에 내가 보니 하늘에 열린 문이 있는데 내가 들은 바 처음에 내게 말하던 나팔 소리 같은 그 음성이 이르되 이리로 올라오라 이 후에 마땅히 일어날 일들을 내가 네게 보이리라 하시더라 내가 곧 성령에 감동되었더니 보라 하늘에 보좌를 베풀었고 그 보좌 위에 앉으신 이가 있는데"(계 4:1~2).

세대주의를 따르는 분들은 요한계시록 6장 이후의 요한의 환상들을 교회 중심이 아닌 철저히 유대인 중심으로 이해하는 견해를 가지고 있는데, 이들은 위의 장면에서 사도 요한이 영으로 하늘에 이끌려 올라가는 모습을 대환난이 시작되기 전 신자들이 휴거하여 결과적으로 대환난을 피하는 것으로 해석한다. 그러나 이렇게 보는 것은 사실 요한계시록 해석에 무리가 따른다. 왜냐하면 사도 요한이 하늘의 보좌로 올라간 이유는 대환난을 피하기 위해서가 아니라 마지막 때의 환상과 계시들을 받기 위한 목적이었기 때문이다.

어떤 이는 요한계시록 11장에서 두 증인이 부활한 후 승천하는 것을 교회 전체의 휴거로 이해하고 환난 도중 휴거설을 주장하기도 한다. 이것은 두 증인을 추상적인 교회 공동체로 보기 때문이다. 그러나 이렇게 볼 때 교회 전체를 상징하는 두 증인이 먼저 죽어야만 한다는 구절을 어떻게 이해해야 할까? 죽어야만 다시 살아나는 부활도 있기 때문이다. 교회 전체가 죽는다는 것을 상징적으로 이해하려면 짐승인 적그리스도에 의해 지상의 모든 교회 전체가 동시에 파괴되는 것으로 이해해야만 한다.

적그리스도에 의해 많은 교회들이 박해를 받을 것은 분명한 사실이지만, 그렇다고 지상의 교회들과 숨어 있는 모든 교회들이 모두 사라진다는 것은 불가능하다. 주께서 다시 오실 그날까지 주님의 교회가 이 땅에서 완전히 사라질 수는 없기 때문이다. 두 증인을 상징적으로만 해석할 때 따르는 무리한 해석이다.

교회가 적그리스도의 대환난을 면할 것인가, 아니면 그 환난을 통과할 것인가? 할 수만 있다면 환난 전에 휴거되면 좋겠다는 생각이 든다. 여기에는 다양한 의견들이 있다. 나의 개인적인 입장에서 볼 때에는 교회가 환난을 통과할 가능성이 높다고 본다. 이미 앞에서 언급한 바와 같이 마지막 때의 대부흥으로 추수될 14만 4,000명은 '큰 환난'에서 나오는 자들로 예언되어 있기 때문이다. 물론 우리가 마지막 때의 일련의 사건들을 목격하게 될지, 우리 자녀들의 세대가 그것을 경험할지는 아무도 모른다. 그러나 현재 세계적으로 나타나는 여러 가지 동향들과 징조들을 볼 때 앞으로 한 세대 안에 이러한 일들이 일어날 가능성이 매우 높다고 이야기한다면 너무 무리한 예측일까?

어떤 분들은 교회가 대환난 전에 휴거될 것이라는 주님의 계시와 생생한 환상을 보았다는 분들도 많다. 그럼에도 불구하고 중요한 것은 어떤 견해가 맞는가 따지기보다는 어떤 마음으로 마지막 때를 준비해야 하는가를 묻는 것이 더 성경적이다. 성경은 우리에게 항상 깨어 있으라고 말씀하고 있기 때문이다. 교회가 설령 대환난 전에 휴거가 될지라도 교회는 환난을 대비해야 한다. 교회가 편안하게 환난 전에 휴거될 것이라고 안심하고 있는 것보다는 환난을 대비하는 것이 훨씬 안전하다.

사실 환난 전에 휴거되는 것을 믿든, 환난 후에 휴거되는 것을 믿든 이것은 우리의 구원 자체와는 아무런 상관이 없는 교리에 속한 문제이다. 이 문제를 가지고 싸울 필요는 없다. 다만, 우리는 언제라도 주님을 맞이할 준비를 하고 있어야만 한다. 이것이 주님께서 말씀하시는 가장 확실하고 정확한 계시이다.

인간 역사의 마지막 단계로 접어드는 길목에서, 교회들은 마지막 때의 환난들을 대비해야만 한다. 교회들이 올바른 종말론을 신자들에게 가르쳐야 한다. 이것은 두려움을 주자는 것이 아니다. 세상 속에서 잠들어 있는 교회들을 깨워야 한다는 것이다. 동시에 올바른 종말론은 진리를 거짓으로 왜곡하며 미혹하는 이단들의 침투도 방지할 수 있다.

다가오는 새로운 시대는 마지막 때에 대한 성경적이고 올바른 가르침을 절대적으로 필요로 한다. 그러나 많은 교회들이 이처럼 중요한 주님의 재림과 마지막 때의 메시지들을 선포하고 가르치기를 두려워하는 이유가 무엇인가? 가뜩이나 힘들어하는 교인들에게 공포감을 불러일으키고 부담감을 주는 것이 싫어서 인가? 그들에게 필요한 것이 오직 긍정적 사고방식과 긍정적인 메시지이기 때문인가? 이상한 교회로 취급받는 것이 두려워서인가? 성령의 역사들과 종말론을 가르치기 때문에 오히려 이단 교회로 취급될 것 같은 막연한 두려움 때문인가?

확신하건대, 이 모든 두려움의 배후에는 사탄과 악한 영들이 존재한다. 악한 존재들은 교회들이 이러한 마지막 때의 진리들을 영혼들에게 전하기를 원치 않는다. 왜냐하면 이러한 진리들이 잠자는 영혼들을 깨우며 영혼들을 미혹과 세상적 쾌락으로부터 구원해 내기 때문이다.

세상과 역사의 마지막 심판 불이 눈앞에 있는데 하나님의 참된 교회들이 경고의 나팔을 불지 않을 수 있겠는가? 이 나팔은 그 옛날 구약의 선지자들이 맡은 일차적인 의무였다. 두 증인의 영성을 가진 마지막 교회들은 세상의 선지자로서 이 거룩한 책임에 최선을 다할 것이다. 두 증인적 교회들의 이 선지자적 사명은 에스겔의 사명문 속에서 분명히 발견된다. 다음의 구절을 읽어 보자.

"칠 일 후에 여호와의 말씀이 내게 임하여 이르시되 인자야 내가 너를 이스라엘 족속의 파수꾼으로 세웠으니 너는 내 입의 말을 듣고 나를 대신하여 그들을 깨우치라 가령 내가 악인에게 말하기를 너는 꼭 죽으리라 할 때에 네가 깨우치지 아니하거나 말로 악인에게 일러서 그의 악한 길을 떠나 생명을 구원하게 하지 아니하면 그 악인은 그의 죄악 중에서 죽으려니와 내가 그의 피 값을 네 손에서 찾을 것이고 네가 악인을 깨우치되 그가 그의 악한 마음과 악한 행위에서 돌이키지 아니하면 그는 그의 죄악 중에서 죽으려니와 너는 네 생명을 보존하리라"(겔 3:16~19).

바벨론의 그발 강가에서 포로로 끌려와 있던 이스라엘 백성들 가운데 에스겔은 그들의 영혼의 파수꾼(watchman)으로 부름을 받는다(겔 3:17).

선지자 에스겔은 악인에 대해서는 그의 죄를 지적하고 그 악한 길에서 떠나도록 선포할 책임이 있었고, 의인에 대해서도 죄악을 미리 경고함으로 죄를 짓지 않도록 할 직무가 있었다. 만일 에스겔이 그 선지자적 사명을 올바로 감당하지 못하면 여호와께서는 그 피의 값을 에스겔의 손에서 찾겠다고 분명히 경고하셨다.

이 말씀은 선지자의 책임이 하나님 앞에서 얼마나 엄중한가를 말해 준다. 마지막 때의 교회들도 마찬가지이다. 마지막 때의 종들도 마찬가지이다. 마지막 때의 설교자들도 마찬가지이다. 마지막 때의 선교사들도 마찬가지이다.

마지막 날들에 대하여 교회들이 마땅히 선포하고 가르쳐야 할 경고의 메시지들을 하나님의 종들이 전하지 않으면 주님께서는 최후의 심판대 앞에서 그 피의 값을 찾으실 것이라는 것이다. 교회들이 경고의 나팔을 불지 않음으로 인해 수많은 영혼들을 사탄과 세상에 빼앗겨 버린 바로 그 피 값을 말이다.

교회들이 마지막 때의 현상들을 이해하고 주님의 재림을 준비하지 못하면 결코 '휴거' 될 수 없다. 준비하는 교회들만이 환난 전이든, 환난 후이든 휴거될 것이다. 주님이 성령을 통해 교회들을 향하여 말씀하시는 마지막 계시들을 신자들이 알아야만 거룩한 그리스도의 신부로 주님을 기다릴 수 있다. 동시에 적그리스도와 싸울 수 있고 악한 세상과도 싸울 수 있는 강한 군대가 될 수 있다. 교회여, 환난을 대비하라! 그것만이 교회가 살 길이다.

07
CHAPTER

마지막 때의 영성과 패러다임
마지막 기독교의 소망
두 증인이 온다

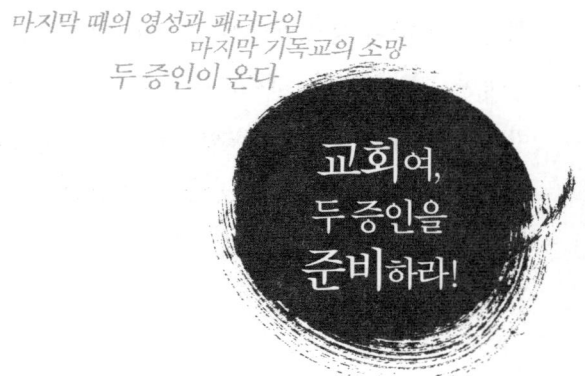

내가 보기에 두 증인의 영성의 바다에는 기독교의 핵심적인 교리들과 다양한 영성의 물결들이 모인다. 주님이 교회들과 신자들에게 원하시는 회개와 거룩함의 교리, 즉 거룩한 그리스도의 신부로 세워지는 영성이 여기에 있다. 세상을 깨우는 말씀과 주님의 예언을 전하는 공동체로서의 선지자적 영성도 여기에서 발견할 수 있다.

무너진 교회의 본질을 회복하며 하나님의 백성들 가운데 회복되어야 할 영적 부흥의 몸부림도 이 속에 있다. 현대 교회가 잃어버린 초자연적인 세계관과 하늘의 은사적 능력도 여기 두 증인 영성의 바다에 존재한다. 오직 주님을 의지하고 사랑하며 그분만을 따라가다가 한 모금 피를 토하고 죽을 수 있는 순교자의 영성도 여기에 있다.

주님이 사랑하는 영혼들을 위하여 중보기도를 하며 그 영혼들을 주님이 이 땅에 다시 오시는 날까지 최선을 다해 그리스도께로 인도하는 영혼 추수 운동도 여기에 있다. 초대교회부터 지금까지 신자들이 인정하든 인정하지 않든 관계없이 지속적으로 진행되어 온, 하나님의 나라와 사탄의 왕국 간의 최후의 영적 전쟁의 영성도 모두 이 두 증인의 영성의 바다 한복판에서 함께 용솟음치고 있다.

앞으로 마지막 세대의 교회들은 초대교회의 회복을 지나 두 증인적 교회, 즉 마지막 사도들과 선지자들을 양육하며 주님의 재림을 세상으로 하여금 준비시키는 마지막 기독교의 모습으로 진행될 것이다. 이것이 주님의 뜻이다. 이것이 오늘날 전 세계에서 일어나고 있는 기독교 영성 운동들이 도달하게 될 종착역이다.

지금까지 함께 묵상해 본 요엘의 다음 구절을 상기하자.

"그 후에 내가 내 영을 만민에게 부어 주리니 너희 자녀들이 장래 일을 말할 것이며 너희 늙은이는 꿈을 꾸며 너희 젊은이는 이상을 볼 것이며 그때에 내가 또 나의 영을 남종과 여종에게 부어 줄 것이며 내가 이적을 하늘과 땅에 베풀리니 곧 피와 불과 연기 기둥이라"(욜 2:28~30)

주님의 영이 물 붓듯이 부어지는 마지막 날들에 이러한 성령 충만한 신자들 가운데 두 증인이 나타날 것이라는 것은 쉽게 추측할 수 있다. 그러나 두 증인이 꼭 전문 사역자들만을 의미한다고 생각해서는 안 된다. 위의 본문을 살펴보면 자녀들이 예언을 할 것이요, 청년들이 환상을 보며, 늙은이들이 꿈을 꾼다고 되어 있다. 심지어 남종과 여종, 즉 당시의 노예 계층에까지 성령이 부어질 것이 예언되고 있다. 여기에 사역자와 평신도의 구별이 있겠는가? 아이와 늙은이의 구별이 있겠는가? 남자와 여자의 구별이 있겠는가? 많이 배운 자와 못 배운 자의 구별이 있겠는가?

단언컨대, 모든 인종과 모든 계층을 초월하여 남녀노소를 불문하고 주님이 준비하신 그릇들이 두 증인의 그룹으로 쓰임 받게 될 것이다. 많은 목사들과 선교사들이 사도적 권능을 받고 두 증인의 리더십으로 주님께 쓰임 받게 될 것이다. 그러나 수많은 평신도 가운데서도 두 증인의 영성과 능력이 동시에 일어날 것이다. 초대교회 당시 베드로와 요한 같은 사도적 직분을 가진 사도들도 존재했지만, 스데반이나 빌립 집사 같이 사도적 직분은 아니지만 사도들과 똑같은 권능을 행한 집사층이 존재했다. 이와 같이 마지막 날들에도 마찬가지가 될 것이다.

앞으로는 주님 앞에 그 심령이 깨끗하고 순수한 아이들이 성령을 받고 예언하며 사탄과의 영적 전쟁 차원에서 중보기도의 용사들로 부름 받을 것이다. 이들은 꼬마 증인들이 될 것이다. 청년들이 주님의 능력으로 복음을 전할 때 기사와 표적이 나타나며 마지막 시대에 주님이 이끄시는 전체 군대의 강력한 한 그룹의 부대로 쓰임 받을 것이다. 이들은 말 그대로 청년 증인들이 될 것이다. 평범한 주부들이 깊은 기도 가운데 주님을 만나고 그분의 거룩한 신부요, 전사로 거듭나서 가정의 골방에서 기도 가운데 열방을 다스리게 될 것이다. 이들 중 리더의 위치에서 사역하는 소수의 여성들에게선 성령의 권능으로 세계의 수많은 여성들에게 영향력을 미치며 주님의 나라를 놀랍게 확장시키는 일들이 수시로 일어날 것이다. 이러한 여성들이 바로 두 증인의 영성과 능력으로 사역하는 신부들이 될 것이다.

그러므로 교회여, 마지막 세대를 준비하라! 두 증인의 영성을 준비하라! 거룩한 주님의 증인들을 준비하라! 이것이 적그리스도의 시대를 대비하며 주님의 재림을 준비하는 일이 될 것이다. 수많은 어린 심령들을 말씀과 기도로 깨우라! 그들이 두 증인이 될 것이다. 여성들을 중보기도의 용사로 훈련시키라! 그들 중에서 두 증인이 나타날 것이다. 청년들을 영적으로 훈련시키며 말씀을 가르치고 하늘의 능력과 은사들을 적극적으로 임파테이션 시키라! 그들이 앞으로 주님의 나라를 주도할 것이다! 평신도들을 사역의 동역자들로 존중하고 함께 일하라! 그들이 세상에서, 직장에서, 가정에서 두 증인적 사역자가 될 것이다. 그들이 마지막 때의 평신도 사도들과 선지자로서 적그리스도의 체제에 대항하게 될 것이다. 바로 그들이 정치, 경제, 사회, 문화 등 모든 분야에서 주님의 재림을 준비할 것이며, 자신의 일터에서 영혼들을 추수할 것이다. 그들이야말로 마지막 날들에 추수의 낫을 든 강력한 군대이다.

마지막 때의 교회여, 두 증인을 두 사람으로만 한정하지 말라. 두 증인적 사도와 선지자들이 전 세계적으로 구름 떼처럼 일어날 것이다. 그들이 인간의 역사를 마무리 지을 것이며 마지막 주님의 나라를 함께 완성할 것이다.

그들이 수많은 영혼들을 예수 그리스도께로 인도하며 적그리스도와 끝까지 싸울 것이다. 요한계시록 11장에는 두 증인이 적그리스도에게 죽임을 당한다. 그러나 두 증인의 강력한 영적 영향력으로 수많은 다른 증인들이 미리 준비될 것이다. 그들이 두 증인의 죽음 이후에도 이 땅의 영혼들을 주님께로 인도하고 보호하며 끝까지 적그리스도에 대적할 것이다. 그들 가운데서 수많은 순교자들도 배출될 것이지만, 그들을 통해서 주님은 큰 영광을 받게 되실 것이다.

다시 강조하거니와 지금 사탄은 마지막 때를 바라보며 지상에서 마지막 적그리스도와 그의 군대를 준비하고 있다. 반대로 주님은 영적으로 깨어 있는 사도적이고 선지자적인 교회들을 통해 두 증인을 준비하고 계신다.

이 책을 읽고 있는 바로 당신이 주님의 그 두 증인일 수 있다. 그렇다! 바로 저와 여러분이다! 우리들에게 주님이 맡기신 바로 그 영혼들이 있다. 마지막 때의 주님의 나라가 우리에게 달려 있다. 이 지구의 미래와 세상이 바로 우리들의 양 어깨에 놓여 있다. 우리의 사명은 주님께서 오시는 바로 그날 이 땅에서 완전히 끝나게 될 것이다.

"마라나타, 아멘 주 예수여, 어서 오시옵소서!"

나가는 말

　부족하지만 이 책은 나의 기도이며 눈물이며 땀이다. 이 책을 통해 오직 주님께만 영광이 드려지기를 기도한다. 오직 주님의 성령님만이 이 책을 그분의 뜻대로 사용하실 것이다.
　마지막으로 나의 가슴속에서 울려 나오는 기도가 있다. 동시에 이 기도는 이 책의 심장에서 터져 나오는 기도이기도 하다. 그 기도는 이런 것이다.

　주여, 우리의 영의 눈을 열어 주소서.
　사탄의 권세 가운데 고통받는 이 땅의 영혼들을 보게 하시고,

그들을 보며 눈물 흘리시는 주님의 심장을 보게 하소서.
주여, 저희를 세상의 죄악으로부터 정결케 하시고,
우리를 거룩한 주님의 신부로 준비하게 하소서.
주여, 주님의 다시 오심을 준비하는 이 마지막 때에
영원한 주님의 나라와 영광을 위해
이 땅에 강력한 주님의 군대가 일어나게 하시고,
하늘로부터 임하는 거룩한 불의 권능으로 덧입혀 주소서.

주여, 세상과 타협하지 않는 순교자적 영성으로
우리를 충만하게 하시고,
영원한 새 하늘과 새 땅의 소망으로
우리의 가슴을 항상 뜨겁게 채워 주소서.

주여, 하늘의 군대들인 빛의 천사들로
우리를 통해 싸우시는 주님의 거룩한 전쟁에서
늘 승리할 수 있도록 우리를 은혜 가운데 붙드시며,
하늘의 보좌에 상달되는 기도의 권세를 허락하시고
잃어버린 한 영혼을 위해 지옥 불속에라도
들어갈 수 있는 간절한 영혼 사랑이
영원히 식지 않도록 도와주소서.

주여, 주님의 영원한 말씀을 삶 가운데 묵상하며
주님의 복음을 전할 때

기사와 표적이 일어나게 하시며,
모든 영광을 오직 주 예수님께 돌리는 겸손함을
영원히 잃지 않게 도우소서
주여, 주님의 다시 오심을
일상적인 삶 가운데 늘 사모하며
끝까지 이 땅에서 변화된 거룩한 삶을 살도록 도와주소서.

귀하신 우리 주 예수 그리스도의 이름으로 기도드립니다.
아멘.

|판권소유|

마지막 때의 영성과 패러다임/ 마지막 기독교의 소망
두 증인이 온다

2009년 5월 8일 인쇄
2009년 5월 15일 발행

지은이 | 오수송
발행인 | 이형규
발행처 | 쿰란출판사

주소 | 서울 종로구 이화동 184-3
TEL | 02-745-1007, 745-1301~2, 747-1212, 743-1300
영업부 | 02-747-1004, FAX / 02-745-8490
본사평생전화번호 | 0502-756-1004
홈페이지 | http://www.qumran.co.kr
E-mail | qumran@hitel.net
  qumran@paran.com
한글인터넷주소 | 쿰란, 쿰란출판사

등록 | 제1-670호(1988.2.27)

책임교열 | 김영미 · 최진희

값 10,000원

ISBN 978-89-5922-739-6 93230

* 이 출판물은 저작권법에 의해 보호를 받는 저작물이므로 무단 복제할 수 없습니다.
  잘못된 책은 교환해 드립니다.